Shareholder Value
und seine Weiterentwicklung zum
Market Adapted Shareholder Value Approach

Entwicklungslinien, Probleme und Lösungsansätze einer
Shareholder Value orientierten Unternehmensführung

von

Kai-Uwe Wellner

Tectum Verlag
Marburg 2001

Die Deutsche Bibliothek - CIP-Einheitsaufnahme

Wellner, Kai-Uwe:
Shareholder Value und seine Weiterentwicklung zum
Market Adapted Shareholder Value Approach.
Entwicklungslinien, Probleme und Lösungsansätze einer
Shareholder Value orientierten Unternehmensführung.
/ von Kai-Uwe Wellner
- Marburg : Tectum Verlag, 2001
Zugl: Erlangen-Nürnberg, Univ. Diss. 2001
ISBN 3-8288-8281-1

Tectum Verlag
Marburg 2001

FÜR MEINEN BRUDER KARSTEN

Inhaltsverzeichnis

Abbildungsverzeichnis

Abkürzungsverzeichnis

A.	Ausgabe
Abb.	Abbildung
AG	Aktiengesellschaft
AktG	Aktiengesetz
APT	Arbitrage Pricing Theory
APM	Arbitrage Pricing Modell
AR	Aufsichtsrat
Art.	Artikel
Aufl.	Auflage
AV	Anlagevermögen
Bd.	Band
BewG	Bewertungsgesetz
BFuP	Betriebswirtschaftliche Forschung und Praxis
BSC	Balanced Scorecard
bzw.	beziehungsweise
bzgl.	bezüglich
ca.	circa
CAPM	Capital Asset Pricing Modell
CEO	Chief Executive Officer
CFO	Chief Financial Officer
CFROI	Cash Flow Return on Investment
CV	Customer Value
CVA	Cash Value Added
DAX	Deutscher Aktien Index
d.h.	das heißt
DCF	Discounted Cash Flow
Diss.	Dissertation
DM	Deutsche Mark
DUB	Delta-Unterschieds-Brutto-Cash-Flow
Eh	Endwert des Unternehmens
EDV	elektronische Datenverarbeitung
EPS	Earnings per share
EStG	Einkommensteuergesetz
etc.	et cetera
EV	Employee Value
EVA	Economic Value Added
evtl.	eventuell
f.	folgende
FCF	Free Cash Flow
ff.	fortfolgende

FIFO	First In First Out
FK	Marktwert des Fremdkapitals
FN	Fußnote
GewSt	Gewerbesteuer
GewStG	Gewerbesteuergesetz
GmbH	Gesellschaft mit beschränkter Haftung
HGB	Handelsgesetzbuch
HM	Harvard Manager
Hrsg.	Herausgeber
IAS	International Accounting Standards
i.d.R.	in der Regel
i.e.S.	im engeren Sinne
i.w.S.	im weiteren Sinne
i.S.	im Sinne
Jg.	Jahrgang
Kap.	Kapital
KG	Kommanditgesellschaft
KgaA	Kommanditgesellschaft auf Aktien
KGV	Kurs-Gewinn-Verhältnis
KSt	Körperschaftsteuer
LIFO	Last In First Out
MASA	Market Adapted Shareholder Value Approach
M&A	Mergers & Acquisition
Max.	Maximum
Min.	Minimum
Nr.	Nummer
No.	Nummer
NOPAT	Net Operating Profit after Taxes
ROE	Return on Equity
ROI	Return on Investment
RWE	Rheinisch-Westfälische-Elektrizitätswerke Aktiengesellschaft
S.	Seite
s.a.	siehe auch
o.ä.	oder ähnliche
o.V.	ohne Verfasser
SEC	Security and Exchange Commission
SGF	strategische Geschäftsfelder
SHV	Shareholder Value
Sp.	Spalte
SVA	Shareholder Value-Ansatz
u.	und
u.a.	unter anderem

US	United States
USA	United States of America
US-GAAP	United States Generally Accepted Accounting Principals
u.U.	unter Umständen
UV	Umlaufvermögen
Vgl.	vergleiche
Vol.	Volume
vs.	versus
VSt	Vermögensteuer
WACC	Weighted Average Cost of Capital
z.B.	zum Beispiel
ZfbF	Zeitschrift für betriebswirtschaftliche Forschung
ZEW	Zukunftserfolgswert
z.T.	zum Teil

1 EINFÜHRUNG UND GRUNDLAGEN

1.1 Problemstellung und Bezug

Als 1986 Alfred Rappaport[1] das Buch „Creating Shareholder Value. The New Standard of Business Performance" in den USA veröffentlichte, wurde es schnell zu einem Bestseller unter den praxisbezogenen wirtschaftswissenschaftlichen Büchern. Der Grundgedanke von Rappaport's Shareholder Value Theorie liegt darin, „daß der Unternehmenserfolg am ökonomischen Wert gemessen werden sollte, der für die Eigentümer geschaffen wird ..."[2].

Durch die großen Vorzüge der Performancemessung nach dem Shareholder Value-Konzept, die Bedeutung institutioneller Kapitalgeber[3] im anglo-amerikanischen Sprachraum, und die dortige frühe Hinwendung der Unternehmen zu ihren Anteilseignern, fand der Shareholder Value Gedanke in diesen Gegenden eine schnellere Verbreitung als in den europäischen Ländern[4].

Die in Amerika und Europa in den letzten Jahren stark zugenommenen Unternehmenszusammenschlüsse (Mergers & Acquisitions, M&A) führten zu einer weiteren Verstärkung dieses Trends[5]. Die M&A Aktivitäten ließen für viele Unternehmen nicht nur die „Finanzierung dieser zum Teil „Mega Deals" zum Problem werden, sondern auch die langfristige Überlebensfähigkeit der Unternehmen"[6].

Oft werden Einzelunternehmungen und Personengesellschaften in ihrer Eigenkapitalversorgung durch die Abhängigkeit von einer oder wenigen Personen, die mit ihrem gesamten persönlichen Vermögen haften, begrenzt. Die Eigentümer- bzw. Shareholder Value-Orientierung ist bei diesen Personengesellschaften aufgrund der Eindeutigkeit der Eigenkapitalinteressen und deren Einflussmöglichkeiten am stärksten ausgeprägt. Dies nicht erst seit der Diskussion um den Shareholder Value, sondern aufgrund der oft gegebenen Personalunion zwischen Eigenkapital und Management.

---

[1] VGL. RAPPAPORT, ALFRED (1986).
[2] RAPPAPORT, ALFRED (1995): Seite XIII.
[3] VGL. LADERMANN, JEFFREY M. (1993): S. 36f.
[4] VGL. FOSHAG, JÖRG (1998).
[5] VGL. GERKE, WOLFGANG; BANK, MATTHIAS (1998): S. 36f.
[6] FRUHAN, WILHELM E. (1998): S. 64f.
     VGL. GÜNTHER, THOMAS (1994): S 19f.

Anders ist die Situation bei Kapitalgesellschaften mit beschränkter Haftung, wie sie zum Beispiel die Aktiengesellschaft darstellt. Aufgrund der beschränkten Haftung wird das Risiko des Kapitalanlegers begrenzt. Zudem kann das Aktienkapital aus den Einlagen vieler Personen bestehen, die sich auch zur Risikominimierung an mehreren Gesellschaften beteiligen können[7]. Gerade wegen dieser beschränkten Haftung (maximal durch Einlage und Kursgewinne/-verluste) "nehmen die Gläubiger am Risiko der Kapitalgesellschaft teil"[8]. Die laufenden Geschäfte der Kapitalgesellschaften werden hierbei von angestellten Managern durchgeführt, die den Kapitalgebern Rechenschaft schuldig sind. Diese Konstellation der Trennung von Eigentum und Management war ein wesentlicher Bestandteil für die Entwicklung des Shareholder Value-Konzeptes. Seine Anwendung darf sich trotz der oft einseitigen Erläuterungen zu den Aktiengesellschaften nicht alleine auf diese beschränken. Der Grund für die Betrachtung von großen Aktiengesellschaften liegt an der teilweisen offenen Diskrepanz zwischen Eigentümer- und Fremdinteresse an den Unternehmen. Zudem befinden sich große Unternehmen (und dies sind meistens Aktiengesellschaften) mit einer breit gestreuten Eigentümerstruktur verstärkt im öffentlichen Blickfeld von Medien, Bürgern und Forschung[9].

Den Wert der Anteilseigner zu steigern obliegt jedem Unternehmen und ist nicht zwingend von der Rechtsform und seiner Größe abhängig. Zu diesen Unternehmen gehören neben den gängigen Rechtsformen auch Genossenschaften, Staatsbetriebe, Non Profit Organisationen, Stiftungen etc.[10]. Diese These begründet sich auf der Tatsache, daß verschiedene Unternehmen mit unterschiedlichen Größen und Rechtsformen oft auf dem gleichen Markt agieren. Jede Rechtsform und Größe hat für die Unternehmen einen spezifischen Vorteil, da sie ohne diesen Vorteil nicht wettbewerbsfähig wären und vom Markt verdrängt würden. Ziel der Unternehmen muß es aber – unabhängig dieser Voraussetzungen – sein, ihren Wert für die Anteilseigner zu steigern, da das Kapital der Anteilseigner sonst aus den Unternehmen abgezogen und anderswo gewinnbringender angelegt wird[11]. Bei sogenannten Non Profit Organisationen, Staatsbetrieben und Stiftungen liegt der Wert der Anteilseigner nicht in einer hohen materiellen Verzinsung ihrer Investition, sondern in der

---

[7]   VGL. NEUMANN, MANFRED (1991): S. 264.
       VGL. DAY JONATHAN; WENDLER, JAMES (1998): S. 29f.
[8]   NEUMANN, MANFRED (1991): S. 264.
[9]   VGL. DICKSON, MARTIN (1999).
       VGL. BLÄSKE, GERHARD; FUCHS THEODOR (1997).
[10]   VGL. HARBRECHT, WOLFGANG (1997): S. 117.
[11]   VGL. PORTER, MICHAEL E. (1989): S 112ff.

Umsetzung bestimmter teilweise nicht materieller Unternehmensziele und Dienstleistungen.

Die vorliegende Arbeit bezieht sich aufgrund der vielfältigen Problematik, die sich durch Trennung von Kapital und Management ergeben, im wesentlichen auf größere, meistens börsennotierte Kapitalgesellschaften.

Die angesprochenen Unternehmensübernahmen und der verschärfte globale Wettbewerb, sowohl für die Unternehmensendprodukte als auch für das dazu notwendige Kapital, haben neben einer starken Kundenmacht zu einer verstärkten Machtposition der Anteilseigner und der Internationalisierung der Kapitalmärkte geführt[12].

Seit Beginn der 90er Jahre vergrößert sich im deutschsprachigen Raum die Anzahl jener Unternehmen, die den Shareholder Value Gedanken eingeführt haben oder dies zumindest proklamieren[13]. Neben der Diskussion um den Shareholder Value erscheinen in regelmäßigen Abständen Ranglisten der Top Shareholder Value-Unternehmen in Deutschland[14]. Diese Rankings haben mittlerweile einen enormen Einfluß sowohl auf das Investitionsverhalten in die Kapitalgesellschaften als auch deren Leistungsmessung. Meistens ist dies hierzulande noch nicht in dem Umfang wie bei amerikanischen Firmen sichtbar, aber der Einfluss auf das Investitionsverhalten und die Bedeutung der Rankings ist stetig steigend[15]. Bei den verschiedenen Ausprägungen trifft man hierbei auf unzählige Abwandlungen des Shareholder Value. So wird der englische Begriff Shareholder Value im deutschen Sprachraum oft mit Wertmanagement[16], Wertorientierung[17], Marktwertmaximierung[18] etc. umschrieben. Mittlerweile gehört auch in Mitteleuropa der Shareholder Value zu einem der am meisten diskutierten und kontrovers interpretierten Themen der neuen Managementliteratur.

---

[12] VGL. ECKERT, STEFAN (1997): S. 216f.

[13] VGL. DUFEY, GUNTER; HUMMEL, ULRICH (1997): S. 184.
VGL. NN (1997A).
VGL. NN (1997C).

[14] VGL. BÜHNER, ROLF (1993): S. 749f.

[15] VGL. NN (1997A). Zeigt, daß der Shareholder Value noch kein Erfolgsmaßstab in deutschen und kontinentaleuropäischen Unternehmen ist.
VGL. NN (1996B): S. 607.
Zum Vergleich der Rahmenbedingungen und Umsetzung des Shareholder Value in Amerika und Europa siehe auch Kapitel 5.1.1.

[16] VGL. GOMEZ, PETER (1993).

[17] VGL. WEBER, JÜRGEN: KNORREN NORBERT (1997C): S. 5f.

[18] VGL. BÜHNER, ROLF (1992): S.418f.

Der Begriff Shareholder Value wird jedoch – nicht zuletzt wegen der vielfältigen Definitionen und Ausrichtungen – häufig von Mitarbeitern und Management nur als Finanzgröße gesehen[19].

Eine einseitig finanz- und aktienkursorientierte Shareholder Value basierte Unternehmensführung kann durch seine monoistische Ausrichtung zu einer kurzfristigen und einseitigen Wertbetrachtung der Unternehmen führen, die wesentliche Erfolgspotentiale nicht ausreichend berücksichtigt[20].

Viele Unternehmen, Berater und Publikationen benutzen eigene Modelle und Kennzahlen zur Hinführung und zum Vergleich einer wertorientierten Unternehmenssteuerung für unterschiedliche Unternehmen verschiedener Branchen[21]. Die BAYER AG bezieht sich beispielsweise auf den „DUB" (Delta-Unterschieds-Brutto-Cash-Flow)[22], Siemens auf den „Return On Net Asset" und den EVA (Economic Value Added), der Schweizer Pharmakonzern Hoffmann La Roche auf Cash Value Added (vereinfacht gesagt: Übergewinn[23]) und Boeing auf Cash Flow[24] als Wertsteigerungsmeßinstrument[25].

Bei der Umsetzung des Shareholder Value-Ansatzes im operativen Tagesgeschäft werden jedoch zahlreiche Probleme deutlich. Diese sind u.a. rechentechnischer Natur, so z.B. bei der Ermittlung einer einheitlichen Berechnungsgrundlage und der Definition von Shareholder Value Komponenten. Bedeutende Probleme finden sich auch unternehmensintern in den Bereichen Organisation und Strategie[26].

Im Hinblick auf das Wettbewerbsumfeld muß es das interne und externe Ziel jedes Unternehmens sein, seinen Unternehmenswert langfristig zu steigern. Eine Shareholder Value Ausrichtung entspricht daher einer konsequenten Weiterentwicklung der bisher praktizierten Modelle zur Unternehmensführung[27]. Dies beinhaltet die Ausrichtung des gesamten Unternehmens auf den langfristigen Shareholder Value Gedanken[28]. Shareholder Value stellt

---

[19] VGL. JAHN, THOMAS; PRANDL, PAUL (1997): S. 92-125.
[20] VGL. NÖLTING, ANDREAS (1998A): S. 172f.
[21] VGL. KÜTING, KARLHEINZ; EIDEL, ULRIKE (1997).
[22] VGL. NÖLTING, ANDREAS (1998B): S. 114f.
[23] Detaillierte Darstellung zum Cash Value Added und Übergewinn in Kapitel 3.2.4.
[24] VGL. RAPPAPORT, ALFRED (1983): S. 28-38.
[25] VGL. NN (1996A): S. 481-495.
[26] VGL. RAPPAPORT, ALFRED (1983): S. 28f.
[27] VGL. WEBER, JÜRGEN; KNORREN NORBERT (1997C): S. 8.
      VGL. VOLKART, RUDOLF (1996).
[28] VGL. GOMEZ, PETER (1990): S. 560f.

nicht nur ein neues Finanz- und Planungsinstrument dar, sondern erfordert in seiner Operationalisierung tiefgreifende Veränderungen in allen Teilbereichen des Unternehmens sowie ebenfalls bei den externen Partnern[29].

Nur ganzheitliche Veränderungen können zu einer optimalen kunden-, markt,- und eigentümerbezogenen Unternehmensausrichtung führen, die nicht den Shareholder Value-Ansatz als „number crunching exercise"[30] der Finanz- oder Controllingabteilung simplifiziert, sondern als flexibel angepasstes Instrument für die interne und externe Unternehmenssteuerung nutzt.

VGL. BICKFORD, LAWRENCE C. (1981): S. 131-152.

[29] VGL. LANGENBACH, WILM; WERTZ, BORIS (1997).

[30] VGL. DAY, GEORGE S.; FAHEY, LIAM (1990): S. 156-162.

1.2 Zielsetzung und Abgrenzung

Zielsetzung dieser Arbeit ist es, einen Überblick über die Komplexität der Existenz und Anwendung wertorientierter Managementansätze zu geben. Diese werden im wesentlichen dargestellt, kritisch hinterfragt und weiterentwickelt.

Eine vollständige und detaillierte Beschreibung der einzelnen Shareholder Value Modelle einschließlich ihrer Prämissen und Implikationen soll jedoch auf Grund des rein deskriptiven Charakters dieser Arbeit nur in den relevanten Teilbereichen erfolgen. Prägnant sollen die Vorzüge und Nachteile des Shareholder Value-Ansatzes gemäß herrschender Meinung in der Managementliteratur und aufgrund der Einschätzung des Autors hierbei gegenüber herkömmlichen und neueren Methoden der unternehmensorientierten Wertsteigerung wie z.B. dem Stakeholder Value, Economic Value Added (EVA) und anderen Weiter- und Gegenentwicklungen des Shareholder Value Gedankens deskriptiv dargestellt werden. Dabei wird normativ auf die Notwendigkeit einer langfristigen, ganzheitlichen Umsetzung in der unternehmerischen Praxis hingewiesen .

Die Arbeit will des weiteren zeigen, daß die Grundaussagen des Shareholder Value den klassischen und moralischen Unternehmenszielen entsprechen und nicht ganz so neu und revolutionär sind, wie sie oft in der Fach- und Publikumspresse beschrieben werden.

Die kritische Auseinandersetzung mit dem Shareholder Value ist hierbei Voraussetzung für eine langfristige, erfolgreiche und unternehmensweite Einführung des Shareholder Value. Basis hierfür ist die Weiterentwicklung des Shareholder Values durch die Integration der Kunden, Mitarbeiter und unternehmensexterner Rahmenbedingungen.

Ein weiterer Betrachtungspunkt der Arbeit ist die Analyse der Organisationsprobleme bei der Implementierung und der länder- und unternehmensspezifischen Rahmenbedingungen bei der Einführung des Shareholder Value[31]. Diese werden in der einschlägigen Literatur bisher nur am Rande angesprochen und in der Praxis meist vernachlässigt. Zu unspezifiziert, und oft an den vorhandenen Strukturen und Bedürfnissen der Unternehmen vorbei, wird das Thema der marktwertorientierten Unternehmenssteuerung behandelt. Hierbei muß auch von der monoistischen Denkstruktur der externen Finanzwelt bezüglich des Unternehmens und der Anteilseigner abstrahiert werden. Es muß zusätzlich auf andere Shareholder Value relevante Interessengruppen, beson-

---

[31] VGL. DUFEY, GUNTER; HUMMEL, ULRICH (1997): S. 187f.

17

ders auf Kunden, Mitarbeiter und den Wettbewerb eingegangen werden, um eine maximale eigentümerorientierte Wertsteigerung zu erreichen. Dies erfolgt ohne eine Vernachlässigung der Shareholder Value Maximierung, da eine individuelle Anpassung an die unternehmensinternen und -externen Bedürfnisse Grundvoraussetzung für den Shareholder Value ist.

Besonders die Förderer und Weiterentwickler des Shareholder Value Gedankens, die Unternehmensberatungen, vernachlässigen oftmals praxisbezogene Schwierigkeiten bei der Umsetzung einer kunden- und eigentümerwertorientierten Unternehmenssteuerung.

Die Ziele der Ansätze werden zur Vereinfachung oft zu schematisch und mathematisch als finanzielle Rechengrößen und Aktienkursentwicklungen dargestellt. Es fehlt ihnen oft die Transparenz und Vermarktung, die ein Verständnis der Unternehmensziele klar darstellen, um diese leicht zu kommunizieren. Eine langfristige Implementierung in allen Bereichen sowie deren interne und externe Vermarktung mit dem Ziel, Wettbewerbsvorteile zu schaffen, erfolgt oftmals nicht. Grund dafür ist die fehlende Konsequenz bei der Implementierung, der Weiterentwicklung sowie bei der internen und externen Kommunikation der Projekte.

Ausgehend von der angelsächsischen Entwicklung und der fehlenden konzeptionellen Anpassung an lokale Bedürfnisse ergeben sich häufig Probleme der spezifischen und (unternehmens-) kulturellen Adaption[32]. Dies führt zwangsläufig zu Widerständen bei den Mitarbeitern, erhöhten Kosten bei der Umsetzung, Unverständnis bei internen und externen Partnern und Fehlschlägen bei der Umsetzung der Konzepte[33]. In Deutschland ist besonders bei neuen, börsennotierten Unternehmen eine starke Hinwendung zum Shareholder Value-Konzept zu beobachten, zumindest solange es um die Erstnotierung an den Börsen und den zumeist kurzfristigen Vertrauensaufbau bei den Investoren für den Börsengang des Unternehmens geht. Inwieweit dies auch langfristig erfolgt ist oftmals fraglich, wie die extrem negative und überraschende Entwicklung bei einigen hochgelobten Unternehmen des Frankfurter „Neuen Marktes" Ende des Jahres 2000 gezeigt hat[34]. Aber auch länger notierte Unternehmen zeigen verstärkt den Trend zur eigentümerorientierten Wertsteigerung. So waren in Deutschland von 66 untersuchten, börsennotierten

---

[32] VGL. DAY, GEORGE S.; FAHEY, LIAM (1990): S. 160.

[33] VGL. CHATTERJEE, SAYAN; LUBATKIN, MICHAEL H.; SCHWEIGER, DAVID M.; WEBER YAAKOV (1992): S. 320.

[34] Als Beispiel seien hier am Frankfurter Neuen Mark notierte Unternehmen wie EMTV, Informatec, Intershop, Letsbuyitcom oder Bintec genannt.

Unternehmen in der Zeit von 1991-1995 nur 20% wertsteigernd und Shareholder Value-orientiert. Im Zeitraum von 1996-1998 waren bereits 40% der untersuchten Unternehmen Shareholder Value-orientiert und steigerten ihren Unternehmenswert[35].

Die Einführung des Shareholder Value-Konzeptes muß durch diverse organisatorische Maßnahmen auf verschiedenen Unternehmensebenen vorbereitet und nach der Einführung begleitet werden. Nur so läßt sich der wertorientierte Unternehmensansatz in der Praxis umsetzen und eine optimale Allokation der Ressourcen ermöglichen[36].

Die vorliegende Arbeit soll die vorhandenen Wertsteigerungssysteme des Shareholder Value darstellen und analysieren. Darauf aufbauend zeigt die Arbeit Möglichkeiten und Vorteile, die sich durch eine Auseinandersetzung mit dem Stakeholder Value und dem Shareholder Value, seiner spezifischen Implementierung und der damit einhergehenden langfristige Wertsteigerung ergeben.

Sie soll darlegen, daß durch konsequentes Shareholder Value Management die langfristige Wettbewerbsfähigkeit und der Unternehmenswert gesichert und verbessert werden können. Dies ist nicht nur zum Vorteil der Eigentümer, die langfristig eine angemessene Rendite erzielen, sondern auch für die Mitarbeiter, deren Arbeitsplätze langfristig gesichert werden, sowie für die Kunden, die durch optimales Marketing beste Leistungen erhalten, und weitere externe Interessengruppen (Stakeholder), deren verschiedene Ansprüche am besten von „gesunden Unternehmen"[37] erfüllt werden können. Dieser, alle relevanten Interessengruppen berücksichtigende Stakeholder Value Ansatz, wird hierbei als Mittel der Zielerreichung zum maximalen, langfristigen Shareholder Value gesehen, sozusagen zum Market Adapted Shareholder Value Approach (MASA). Der zum Market Adapted Shareholder Value Approach weiterentwickelte Ansatz soll hierbei entsprechende Vorstellungen der Stakeholder und Shareholder zusammenführen und optimieren. Es wird eine optimale Nutzung der wesentlichen Stakeholder zur Shareholder Value Maximierung im Rahmen des MASA angestrebt. Die MASA Implementierung verbessert dadurch langfristig die Positionierung des Unternehmens gegenüber

---

[35] VGL. POSTAN, BASIL (1998): S. 2.

[36] VGL. KÄSTLI, RENE (2000).

[37] Als gesundes Unternehmen soll pauschal ein Unternehmen verstanden werden, welches sich langfristig gegenüber dem Wettbewerb durchsetzt, den Kunden ein adäquates Preis-Leistungsverhältnis bietet und den Shareholder Value unter Einhaltung der ethischen und gesetzlichen Normen langfristig maximiert.

dem Wettbewerb und steigert den Unternehmenswert. Durch diese verbesserte Position am Markt kann das Unternehmen gezielt die Interessen der relevanten zur Shareholder Value Maximierung nötigen Stakeholder beeinflussen.

1.3 Methodisches Vorgehen und Aufbau der Arbeit

Die in Kapitel 1 getroffenen Aussagen und Abgrenzungen zeigen die Aktualität, die spezifischen Weiterentwicklungen und die divergenten Umsetzungen des Shareholder Value in der Praxis.

Die Arbeit geht in Kapitel 2 auf die relevanten normativen Grundideen der Betriebswirtschaftslehre ein. Die betrachterbezogenen Betriebstheorien zeigen die verschiedenen Einflußpositionen und Perspektiven der Betriebstheorien auf[38]. Weiterhin erfolgt neben der generellen Bestimmung des Shareholder Value-Ansatzes eine kritische Diskussion der herkömmlichen Maßstäbe zur Messung des Unternehmenserfolges. Dabei werden die verschiedenen buchhalterischen Erfolgsgrößen betrachtet und die Mängel und Probleme der klassischen buchhalterischen Erfolgsmessung erläutert.

Über die geschichtliche Entwicklung des Shareholder Value und dem damit verbundenen Wertmanagement wird seine heutige Herkunft und Bedeutung betrachtet. Hierbei soll auch gezeigt werden, daß der Shareholder Value eine Weiterentwicklung und „Renaissance der ursprünglichen unternehmerischen Fragen nach der Performance"[39] darstellt.

Im Rahmen der Entwicklung, Darstellung und Bedeutung werden die verschiedenen Ausprägungen, Konzepte und Weiterentwicklungen des Shareholder Value-Ansatzes in Kapitel 3 aufgezeigt. Beschreibung, Vergleich und kritische Darstellung dient zur Veranschaulichung des umfassenden Charakters des Shareholder Value als Performancemaßstab.

Am Ende von Kapitel 3 wird kritisch die aktuelle Auslegung des Shareholder Value-Konzeptes beurteilt. Hierbei sollen neben den grundlegenden Vorteilen die Problembereiche dargestellt werden. Sie beinhalten die Probleme der Ermittlung des Shareholder Value, den Zielmonismus, die Finanzlastigkeit sowie die damit fehlende umfassende Konzeption, die fehlende Vermarktung des Konzeptes und die Performance Messung.

Mit dieser Grundlage wird in Kapitel 4 die Abwendung vom monoistischen Shareholder Value zum Stakeholder Value dargestellt. Es werden Ansätze, Bedeutung, Anspruchsbegründung und die kritische Auseinandersetzung der Integration verschiedener interner und externer Anspruchsgruppen, den Stakeholdern, erörtert[40]. Am Ende von Kapitel 4 wird aufgezeigt, daß erst eine

---

[38] VGL. HAHN, OSWALD (1997): S. 19.
[39] SIEGERT THEO (1991): S. 244.
[40] VGL. U.A. JANISCH, MONIKA (1992).

optimale Shareholder Value-Orientierung die Berücksichtigung weiterer Interessengruppen ermöglicht[41]. Ziel ist es, den Einfluss externer und interner Anspruchsgruppen als Mittel zur langfristigen Implementierung des Shareholder Value mit Hilfe des Market Adapted Shareholder Value Approach (MASA) darzustellen. Basis des MASA sind hierbei die zur Shareholder Value Maximierung relevanten Gruppen der Kunden (External Value) und der Mitarbeiter (Internal Value).

In Kapitel 5 wird dargelegt, wie diese Implementierung, basierend auf der US-amerikanischen Herkunft und seinen Rahmenbedingungen, auf die jeweiligen unternehmensspezifischen und kulturellen Anforderungen in Europa, besonders in Deutschland angepasst werden kann.

Im zweiten Teil des Kapitels 5 folgt eine kurze Erörterung der Integration aller wesentlichen Unternehmensabteilungen in den neuen Market Adapted Shareholder Value Approach[42]. Besonders wird dabei auf die Mitarbeiter in Form des Employee Value und die Kunden in Form des Customer Value als Basis der Shareholder Value Maximierung eingegangen. Zudem wird auf die externe Vermarktung der geschaffenen Anteilseignerwertmaximierung und den sich daraus ergebenden Wettbewerbsvorteile im Rahmen der Finanzierung, Kundengewinnung, Organisationsaufbau und Unternehmenswertgenerierung verwiesen. Es soll dargelegt werden, daß die interne Umorientierung aufgrund externer Gegebenheiten erfolgt und die Marktbedürfnisse und Mitarbeiter als wesentlicher Einfluß der Shareholder Value Maximierung oberste Priorität besitzen und diese auch dementsprechend extern und intern umgesetzt und vermarktet werden.

Abschließend werden in Kapitel 6 die wesentlichen Voraussetzungen zur erfolgreichen Visionseinführung und Umsetzung des Shareholder Value Modells in Thesenform dargestellt. Die Implementierung des Market Adapted Shareholder Value Approach muß hierbei über die Ziele des Unternehmens gestellt werden und als Teil der Unternehmensvision gesehen werden. Die Vision beinhaltet hierbei die Vorstellung, daß diese (selbst) durch kontinuierliche Verbesserung nie erreicht wird, (bei Erreichbarkeit wäre die Vision nur ein

VGL. SPREMANN, KLAUS (1989): S. 742-745.

VGL. BEAUCHAMP, TOM L.; BOWIE, NORMAN E. (HRSG.) (1993).

VGL. STEINMANN, HORST (1969).

[41] VGL. FRIEDMAN, MILTON (1993): S. 55-60.

[42] VGL. U.A. BÜHNER, ROLF (1990).

VGL. BRUNE, JENS W. (1995).

VGL. WEBER, JÜRGEN; KNORREN NORBERT (1997A).

Ziel) sondern immer langfristig für das Unternehmen Bestand hat und von den internen und externen Interessengruppen wahrgenommen wird.

2 BETRIEBSTHEORIEN UND DIE KLASSISCHE MESSUNG DES UNTERNEHMENSERFOLGES

2.1 Betrachterbezogene Betriebstheorien

Wirtschaftsunternehmen sind in der heutigen Zeit mehr denn je in verschiedene Systeme wie z.B. Kapitalmärkte, Wettbewerb, Kooperationen sowie nationale und internationale Unternehmenseinheiten eingebunden[1]. Diese Verflechtungen sind sowohl materieller als auch immaterieller Natur. Die Unternehmen sind in lokale und grenzüberschreitende Marktverflechtungen[2] als auch in verschiedenste interne und externe Abläufe und Prozesse eingebunden. Gerade durch diese Zusammenhänge muß das Unternehmen sich bewußt sein, was, wie, wozu und womit es etwas erreichen will.

Die Frage nach den Prioritäten und der Art der Betrachtung wirtschaftlicher Unternehmen führte in der deutschen und internationalen Betriebswirtschaftslehre zu verschiedenen Betrachtungsweisen. Man spricht hier von drei grundsätzlichen Betrachterpositionen des Systems Betrieb[3].

Die personenbezogene Position bezieht sich auf die unmittelbar Betroffenen des Unternehmens: die Eigentümer und die Arbeitnehmer.

Die zweite Betrachtungsform bezieht sich auf die soziale Einbindung des Unternehmens in ihre Umwelt, insbesondere in die Gesamtwirtschaft.

Die dritte Betrachtungsweise sieht den „Betrieb als selbständiges Gebilde"[4], welches eine Eigendynamik entwickelt (Betriebsbezogene Position).

2.1.1 Personenbezogene Betrachtungsweisen

Der klassische Shareholder Value-Ansatz wird von Kritikern oft als eine extreme eigentümer- (finanzwirtschaftlich-) orientierte Betrachtungsposition gesehen, die nur die finanzwirtschaftliche Seite, nicht aber die arbeitsorientierte Seite sieht[5].

---

[1] VGL. HAHN, OSWALD (1997): S. 25f.
   VGL. PORTER, MICHAEL E. (1989): S. 415f.
[2] VGL. PORTER, MICHAEL E. (1989): S. 430-432.
[3] VGL. HAHN, OSWALD (1997): S. 20f.
[4] VGL. HAHN, OSWALD (1997):S. 20.
[5] VGL. JANISCH, MONIKA (1992): S. 103f.

Die finanzwirtschaftliche Betriebstheorie gilt hierbei als die älteste Betrachtungsweise[6]. Rieger vertritt diesbezüglich die Position, daß der Betrieb ein frei verfügbares „Objekt des Eigentümers ist"[7]. „Die Unternehmung ist eine Veranstaltung zur Erzielung von Geldeinkommen – hier Gewinn genannt – durch Betätigung im Wirtschaftsleben. Wenn wir also von einem Zweck der Unternehmung reden, so kann es nur dieser sein, Gewinn zu erzielen, und zwar für den Unternehmer"[8]. Die völlig freie Verwendung des erwirtschafteten Gewinnes und die souveräne Entscheidung über die Betriebsmittel können heute als überholt gelten. Die finanzwirtschaftliche Betrachtungsweise stellt eine Extremsituation dar und ist aufgrund der u.a. gesetzlich geregelten Einflussnahme und anderer Faktoren der Unternehmensverflechtung mehr oder weniger Teil der beschriebenen Systemverflechtung [9]. Rieger kann hierbei nicht eine einseitige Betrachtungsweise, die nicht das Umweltsystem einbezieht und nur die Gewinnmaximierung sieht, vorgeworfen werden, da Rieger das gesamte Unternehmen als System betrachtet[10].

Diese reine finanzwirtschaftliche Theorie ist in einer derart extremen Aussage in der heutigen Betriebswirtschaftslehre kaum mehr vertreten. Sie spielt aber für die heutige Sicht der Betriebswirtschaftslehre eine bedeutende Rolle[11].

Die andere, der finanzwirtschaftlichen Position gegenüberstehende Theorie, ist die an den Arbeitnehmern ausgerichtete Betriebstheorie[12]: Mitbestimmung, Arbeitsplatzsicherung und Lohnmaximierung sind hierbei die Ziele der Betriebe.

Es eröffnet sich generell die Frage, wie jeweils die finanzwirtschaftliche- oder arbeitnehmerorientierte Betrachtungsweise individuell erfüllt werden kann. Zur langfristig optimalen Gewinnerwirtschaftung benötigt man ein ausgewogenes soziales Arbeitsumfeld. Genauso benötigt man für die angemessene Arbeitnehmerorientierung genügend Gewinn, um diese Vorstellungen zu befriedigen[13].

---

[6] VGL. HAHN, OSWALD (1997): S. 20.

[7] RIEGER, WILHELM (1964): S. 42.

[8] RIEGER, WILHELM (1964): S. 44.

[9] VGL. HAHN, OSWALD (1997): S.20.

[10] VGL. HAHN, OSWALD (1979): S. 49f.

[11] Auf die historische Entwicklung des Shareholder Value und der heutigen Bedeutung wissenschaftlicher Grundkonzeption und inhaltlicher Vorstellungen über die Betriebswirtschaftslehre (u.a. Rieger, Gutenberg etc.) wird in Kapitel 3.3.1. detaillierter eingegangen.

[12] VGL. U.A. KOUBEK, NORBERT (1974).

[13] VGL. NEUMANN, MANFRED (1982): S. 66ff.

Diese Betriebsbetrachtungen werden allgemein als zu enge Ansichten kritisiert, die die primäre Aufgabe des Betriebs in der Erfüllung individueller und/oder gruppenspezifischer Interessen sehen[14].

2.1.2 Gesamtwirtschaftliche Betrachtungsweise

Die Einbindung des Unternehmens in eine planwirtschaftliche Gesamtwirtschaft hat sich in den Zentralverwaltungswirtschaften sozialistischer Staaten als nicht langfristig realisierbar erwiesen.

Aktuell ist jedoch die gemeinwirtschaftliche Betrachtungsweise, die unabhängig von den am Unternehmen beteiligten Personen ihre beeinflußte und beeinflussende Umwelt als eine Einheit ansieht. Diese Einheit zeichnet sich durch die exogene Zielsetzung gesamtwirtschaftlicher Produktivität aus.

Die humanitäre Orientierung basiert auf der Basis motivationstheoretischer Überlegungen mit dem Ziel der Selbstverwirklichung der Mitarbeiter am Arbeitsplatz. Sie entwickelt Führungsprinzipien, die „einen Zusammenhang von individueller Bedürfnisbefriedigung und ökonomischer Zielerreichung ermöglichen sollen"[15]. Sie geht aber noch über die Interessen der im Unternehmen arbeitenden Menschen hinaus[16] und bezieht zusätzlich die Konsumenteninteressen mit ein[17]. Die Orientierung an den Bedürfnissen der Konsumenten erscheint jedoch logisch, da ein Unternehmen im Normalfall ohne ein deutliches Interesse an seinen Abnehmern in einer freien Marktwirtschaft nicht wirtschaften kann[18].

Das Kapitalwirtschaftsmodell von Steinmann versucht hierbei unter dem liberalen Grundprinzip der Wirtschaftsordnung und den fundamentalen, gesellschaftlichen Ordnungsprinzipien, die Interessen anderer Gruppen, besonders der Arbeitnehmer, in die Unternehmensverfassung zu integrieren[19].

Mit der Weiterentwicklung der gesamtwirtschaftlichen Sicht zu einer Betrachtungsweise, die den Interessenausgleich als Betriebsaufgabe ansieht, entwickelt sich das Unternehmen mehr und mehr zu einem sozialen System[20].

---

[14]   VGL. HAHN, OSWALD (1997): S.20.
[15]   STEINMANN, HORST; SCHREYÖGG, GEORG (1991) S. 53.
[16]   VGL. LIKERT, RENSIS (1967): S. 38ff.
[17]   VGL. LIKERT, RENSIS (1967): S. 21.
[18]   Bedingt ausgenommen von dieser Notwendigkeit der Konsumenteneinbeziehung, sind in Mangelwirtschaften agierende Unternehmen. Die Frage bleibt nur, inwieweit auf diese Interessen eingegangen wird.
[19]   VGL. STEINMANN, HORST; GERUM, ELMAR (1978): S. 472.
[20]   VGL. ULRICH, HANS (1970).

Ulrich spricht in diesem Zusammenhang von dem Unternehmen als: "offenes, komplexes, dynamisches, zweck- und zielorientiertes, marktgerichtetes und marktabhängiges, teilweise autonomes, strukturiertes, kommunikatives soziales System"[21]. Diese humanitärgesellschaftliche Orientierung der Betriebe dient der Entwicklung und Rechtfertigung des Stakeholder Ansatzes[22]. Die Weiterentwicklung des Unternehmens vom sozialen System über die Integration der Unternehmensethik hin zu einer „idealen Norm, die in der Marktwirtschaft zu einem friedensstiftenden Gebrauch der unternehmerischen Handlungsfreiheit anleiten soll"[23] ist der Versuch einer sozialen, ethisch situationsgerechten Anwendung des Gewinnprinzips[24]. Die Steuerungsmechanismen für dieses soziale System sind unternehmensspezifisch und werden sowohl von der Gesellschaft, dem Wettbewerb und dem Unternehmen selbst festgelegt. Der sozial-ethische Gewinnaspekt wird durch jeden einzelnen Vorgesetzen in seinen zwei Führungsteilfunktionen, der Lokomotionsfunktion (zielgerichtete Erfüllung der Aufgaben) und der Kohäsionsfunktion (langfristiger Zusammenhalt der Arbeitsgruppe) gesteuert und überwacht[25].

Aber auch hier ist wieder anzumerken, daß ohne die langfristige Überlebenssicherung der Unternehmung und der Erwirtschaftung eines dauerhaften Cash Flow keine Möglichkeit besteht, eine humanitäre Ausrichtung oder sonstige gemeinwirtschaftliche Ziele zu verfolgen[26]. Im Vergleich zu den Kapitaleignern haben dabei alle auf das Unternehmen beziehbare Interessen nur instrumentellen Charakter, bei denen im Konfliktfall in der Realität einer wettbewerbsorientierten Gesellschaft meist das Gewinninteresse vorgeht[27].

2.1.3 Betriebsbezogene Betrachtungsweisen

Die beiden bisher dargelegten Theorien stellen diametral entgegengesetzte Ansätze dar. Die personenbezogene Betriebswirtschaftslehre wird hierbei als zu eng und die gesamtwirtschaftliche Betrachtung als zu generell ausgelegt[28]. Beide Ansätze polarisieren und basieren auf theoretischen Annahmen wie z.B. der Einflußmöglichkeit von Gesellschaft und Eigentümer, die in der Praxis nur

---

[21] ULRICH, HANS (1970): S. 153.
[22] Zum Stakeholder Value siehe Kapitel 4 ff.
[23] STEINMANN, HORST; LÖHR, ALBERT (1992): S.95.
[24] VGL. STEINMANN, HORST; LÖHR, ALBERT (1988B): S. 301f.
    VGL. SONDAK, HARRIS (1996).
[25] VGL. STEINMANN, HORST; LÖHR, ALBERT (1992): S. 158f.
[26] VGL. LIKERT, RENSIS (1967): S. 42f.
[27] VGL. STEINMANN, HORST; GERUM, ELMAR (1978): S. 470.
[28] VGL. HAHN, OSWALD (1997): S.21f.

in abgeschwächter Form gelten. Dies bedeutet aber nicht, daß es keine Ausschläge in die jeweiligen Richtungen der personenbezogenen bzw. gesamtwirtschaftlichen Betrachtungsweisen sowohl auf staatlicher als auch privater Basis gibt.

Die betriebsbezogene Betrachtungstheorie versucht einen Ausgleich dieser beiden Extreme zu finden, indem sie das Unternehmen als ein eigendynamisches System beschreibt. Dies scheint in der heutigen Zeit für größere Unternehmen mit einer breit gestreuten Eigentümerstruktur und verschiedenen kulturellen und sozialen Rahmenbedingungen vom Ansatz und seiner Umsetzung her langfristig die flexibelste und wettbewerbsfähigste Betrachtungsweise zu sein. Hierbei entwickelt das Unternehmen eine Eigendynamik[29], die unabhängig von bisherigen Strukturen und Zielen auf neue Bedürfnisse in einem sich verändernden Umfeld der Unternehmensvision angepaßt werden kann.

Diese Eigendynamik kann sich an vier Hauptrichtungen orientieren:

Managementbezogener Ansatz: er bezieht sich auf das Führen/Organisieren des Betriebes und seiner Abläufe.

Kostenorientierter Ansatz: er stellt die Kostenstruktur des Unternehmens und des Umfeldes in den Mittelpunkt.

Marketing Ansatz: er stellt die optimale Kundenorientierung der Produkte im Rahmen des Marketing Mix in den Vordergrund.

Technologischer Ansatz: er versucht für die einzelnen Unternehmensbereiche die optimale technische Allokation der Betriebsmittel zu erreichen.

Es ist ersichtlich, daß die isolierte Betrachtungsweise einer dieser Hauptrichtungen nicht zu einem optimalen Ergebnis führt und „eine disziplin-übergreifende Wertung ausschließt"[30]. Vielmehr ist eine optimale Prozessoptimierung und Koordination der einzelnen Wertkettenbestandteile im Rahmen der Shareholder Value Idee anzustreben.

---

[29] VGL. HAHN, OSWALD (1997):S. 21.
[30] HAHN, OSWALD (1997): S. 22

2.2 Traditionelle Ansätze zur Messung des Unternehmenserfolges und ihre Grenzen

Die in der Literatur und Unternehmenspraxis diskutierten Ansätze der Unternehmensbewertung und Shareholder Value-Orientierung beruhen nicht auf direkten Zahlungsströmen zwischen den Anteilseignern und den Unternehmen, sondern auf einer Cash Flow-orientierten Sicht, die die Einnahmen und Ausgaben zwischen der Unternehmensumwelt und dem Unternehmen betrachtet.

Der Begriff Cash Flow bezeichnet eine finanzielle Kennziffer, die den in einer Periode erfolgswirksam erwirtschafteten Zahlungsüberschuß angeben soll. Die Kennziffer errechnet sich aus dem periodischen Jahresüberschuß, vermehrt um alle nicht auszahlungswirksamen Aufwendungen und vermindert um die Aufwendungen, denen keine Einzahlungen gegenüberstehen.[31] Der Cash Flow wird als der Einnahmenüberschuß pro Periode verstanden. Der Cash Flow zeigt die eigenerwirtschafteten Mittel und damit die Ertragskraft des Unternehmens. Er zeigt die Gewinnentwicklung ohne bilanzielle Verschleierung wie z.b. den in der Gewinn- und Verlustrechnung ausgewiesenen Jahresgewinn[32]. Der hierbei ermittelte Gewinn unterliegt wie in den folgenden Kapiteln detailliert dargestellt wird vielen Bewertungsrichtlinien und gesetzlichen, lokalen Vorschriften die eine objektive, vergleichbare Bewertung des Unternehmens erschweren. Der anglo-amerikanischen Cash Flow Sicht steht die kontinentaleuropäische gewinnorientierte Sicht auf Basis von Aufwand und Ertrag gegenüber[33].

Folgende Grafik zeigt den Zusammenhang zwischen den verschiedenen Ansätzen der Bewertung von Unternehmen und seinen Teileinheiten aus Gewinn- und Cash Flow orientierter Sicht und deren Basis für den Shareholder Value.

---

[31] VGL. WÖHE, GÜNTER (1986): S. 740f.

[32] In Kapitel 3.2.1. wird im Rahmen der Shareholder Value Definition detailliert auf den Cash Flow und seine verschiedenen Berechnungsgrundlagen eingegangen.

[33] VGL. GÜNTHER, THOMAS (1994): S. 16f.

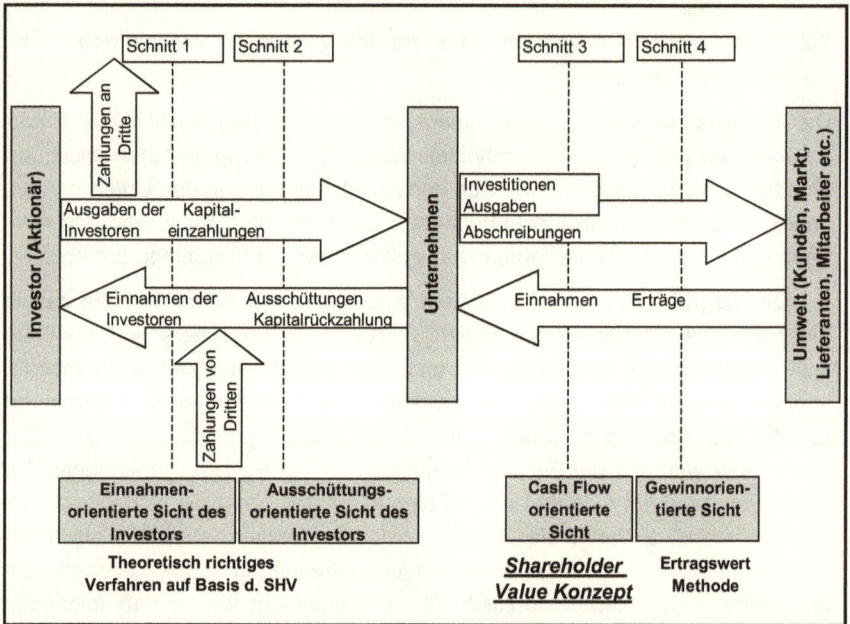

Abbildung 1: Ansatzpunkte zur Ermittlung des Shareholder Value, nach Helbing (1995b): S. 534.

Der Shareholder Value gilt hierbei als Basis der einnahmenorientierten Anlegersicht. Die gewinnorientierte Sicht (Ertragswertmethode) orientiert sich wie in der Grafik dargestellt, am bilanziell ausgewiesenen Gewinn und den Erträgen des Unternehmens. Durch die Betrachtung der Cash Flows werden die wahren erwirtschafteten Mittel des Unternehmens dargestellt. Die Auswirkungen für den Investor im Rahmen des Shareholder Value-Konzeptes unterscheiden sich in der Art des Verbleibs der Einnahmen. Diese werden entweder ausgeschüttet, um sie alternativ gewinnbringender anlegen zu können, oder sie verbleiben zur weiteren, erhöhten Einnahmenerzielung im Unternehmen. Dies aber nur, wenn der Mehrwert durch den Verbleib des Kapitals im Unternehmen höher ist als bei Alternativanlagen. Durch den Verzicht auf Ausschüttungen erhält das Unternehmen zusätzliche Möglichkeiten, die Investitionen der Anteilseigner zu maximieren[34].

---

[34] Vergleiche zur ausführlichen Darstellung Abschnitt 2.2.1.1.1.

2.2.1 Das Paradigma der buchhalterischen Erfolgsmessung

2.2.1.1 Das Gewinnkonzept

Der Gewinn wird heutzutage trotz seiner Probleme und trotz der Vorzüge des Cash Flow als der wichtigste Erfolgsmaßstab für Unternehmen angesehen[35]. Dies ergibt sich neben dem umgangssprachlichen Gewinnverständnis und der über Jahrzehnte als Erfolgskennzahl dargestellten Weise des Gewinns. Zum einen steht der Gewinn meistens an der Spitze der betriebswirtschaftlichen Zielhierarchien, zum anderen werden die verschiedenen Gewinnausprägungsformen in der Wirtschaftspresse als Unternehmenserfolg gemessen[36]. Der Gewinn wird als Differenz zwischen Betriebserträgen und Kosten einer Periode definiert. Der Gewinn ergibt sich rechnerisch aus der Ergebnisrechnung, bei der grob vereinfacht von den Verkaufserlösen Abschreibungen, Materialkosten, Lohnkosten, Kapitalkosten und Steuern abgezogen werden. Die Lohnkosten beinhalten hierbei keine kalkulatorischen Unternehmerlöhne, sondern nur die reell gezahlten Löhne. Ebenso beinhalten die Kapitalkosten in der Gewinn und Verlustrechnung keine kalkulatorische Verzinsung. Der Gewinn ist das vergangene historische Ergebnis der Gewinn und Verlustrechnung[37]. Zusätzlich wird der aktuelle Gewinn auch zur Vorausschau genutzt: „Der Gewinn gilt als Indikator für das künftig den Aktionären aus dem Unternehmen zufließende Einkommen"[38].

Dementsprechend schnell schlagen sich Gewinnmeldungen auf Aktienkurse und Ansehen des Unternehmens nieder. Es wird immer wieder vermutet, daß zwischen Aktienkurssteigerungen und damit Wertwachstum der Anteilseigner und den verschiedenen Gewinnausprägenormen der Unternehmen ein Zusammenhang besteht[39]. Dies kann aus dem Blickwinkel dieser Arbeit nur kurzfristig bejaht werden. Der Aktienkurs und damit auch der Marktwert wird häufig durch die Veröffentlichung von gewinnbasierenden Ergebnissen erheblich beeinflußt. Als jüngstes Beispiel kann hierzu der seit Beginn 2000 bis zum November 2000 halbierte Aktienkurs der DaimlerChrysler AG gesehen werden,

---

[35] VGL. BÜHNER, ROLF (1990): S. 13f.

[36] VGL. RAPPAPORT, ALFRED (1995): S. 19f.

VGL. BISCHOFF, JÖRG (1994): S. 11.

[37] VGL. NEUMANN, MANFRED (1991): S. 23f.

[38] BÜHNER, ROLF (1990): S. 13.

[39] VGL. STEWART, BENNETT (1991): S. 3f.

VGL. RAPPAPORT, ALFRED (1981): S. 140f.

der durch verschiedene Gewinnwarnungen der amerikanischen Chrysler Group mehrmals im Verlaufe des Jahres drastisch beeinflußt wurde.

Der Gewinn wird dabei in verschiedenen Ausprägungsformen wie z.B. Gewinn pro Aktie (Earnings per Share), Eigenkapitalrentabilität (Return on Investment) oder Kurs-Gewinn-Verhältnis (Price Earning Ratio) gemessen[40].

Dieses Kapitel soll zeigen, daß der Zusammenhang zwischen dem bisher ermittelten Gewinn und maximaler Marktwertsteigerung des Unternehmens für die Anteilseigner nur begrenzt existiert und selten als verläßliche Wertsteigerungskennzahl für Investoren gelten kann.

2.2.1.1.1 Gewinn und Ausschüttung

Grundsätzlich gibt es verschiedene Interpretationen des Gewinns. Besonders auffällig ist der Unterschied zwischen volkswirtschaftlichem und buchhalterischem Gewinn[41]. Der buchhalterische Gewinnbegriff zieht nicht die Cash Flows in Betracht, die allerdings bei der volkswirtschaftlichen Gewinnbetrachtung eine entscheidende Rolle spielen[42].

Für finanziell orientierte Anteilseigner ist primär der Wert des erwarteten künftigen persönlichen Einkommens von Interesse. Der Periodenertrag der Anleger setzt sich „aus den Ausschüttungen der betreffenden Periode zuzüglich der Differenz zwischen dem Kurswert am Ende der Periode und dem Kurswert zu Beginn der Periode"[43] zusammen. Ist jedoch das Unternehmensziel auf eine Gewinnmaximierung ausgerichtet, scheint es logisch, möglichst wenig an die Anteilseigner als Dividenden (Gewinnanteile) auszuschütten[44]. Durch diese Gewinnthesaurierung kann das Unternehmen den Gewinn in den zukünftigen Perioden reinvestieren, was schon bei einer minimal positiven Rendite zu einer absoluten Gewinnsteigerung führt. Aus der Sicht der Anteilseigner muß diese Rendite jedoch mindestens den Eigenkapitalkosten der Unternehmung entsprechen[45] oder der „einer Alternativ-Anlage mit gleichem Risiko auf dem Kapitalmarkt"[46]. Werden die einbehaltenen Gewinne so reinvestiert, daß die eben genannten Renditeerwartungen der Aktionäre nicht er-

---

[40] VGL. WÖHE, GÜNTER (1986): S. 47f.
[41] VGL. COPELAND, THOMAS; WESTON, FRED (1988): S. 22.
[42] VGL. COPELAND, THOMAS; WESTON, FRED (1988): S. 24.
[43] VGL. HARBRECHT, WOLFGANG (1971): S. 91.
[44] VGL. MEYERS RANDY (1996).
[45] VGL. FRUHAN, W.E. (1984): S. 84-93.
[46] BÜHNER, ROLF; WEINBERGER, HANS-JOACHIM (1991): S. 203.
     Die Eigenkapitalkosten entsprechen dabei dem Ertrag dieser Alternativanlage.

füllt werden, vernichtet das Unternehmen Aktionärsvermögen[47]. Diese Vernichtung kann nur durch Zurverfügungstellung (Ausschüttung in Form von Dividenden, oder Verkauf der Unternehmensanteile) des Aktionärsvermögens oder Erzielung zukünftiger überproportionaler Gewinnmöglichkeiten verhindert werden[48].

Beispiel: Die adidas AG stand 1995 vor der Entscheidung, entweder DM 15 Mio. an ihre Aktionäre als Dividende auszuschütten oder so zu investieren, daß in den folgenden 5 Jahren zusätzliche Erträge von jährlich DM 1 Mio. anfallen. Diese Steigerung scheint mit einer Kapitalverzinsung von 6,6% äußerst lukrativ. Bedenkt man aber, daß die Eigenkapitalkosten (ermittelt nach einer durchschnittlichen Alternativanlage bei gleichem Risiko) bei 9% lagen, und die äquivalente Verzinsung anderer Anlagen bei 8% lagen, ändert sich das Bild. Bei dieser Modellbetrachtung würde das Vermögen der Anteilseigner unter der Voraussetzung gemindert, daß das unrentable Investitionsverhalten am Kapitalmarkt bekannt wird und der Aktienkurs sich nicht erhöht. Dies funktioniert jedoch nur unter der Voraussetzung, daß sich der Aktienkurs mindestens proportional zu der veränderten Eigenkapitalverzinsung verhält. Bei der Gewinnausschüttung oder der möglichen Innenfinanzierung wird der Konflikt zwischen Management, Mitarbeitern, Anteilseignern und anderen Interessengruppen offensichtlich[49].

---

[47] VGL. RAPPAORT, ALFRED (1986): S. 22.
VGL. BÜHNER, ROLF (1990): S. 23.

[48] Harbrecht zeigt an dem Beispiel von Genossenschaften des ländlichen Raums wie die Basisdividende durch zusätzliche Preisvergünstigungen bei der Genossenschaft erhöht werden kann.
VGL. HARBRECHT, WOLFGANG (1997): S. 122.

[49] ACKERMANN, JOSEF (1995).
VGL. HAHN, OSWALD (1997): S. 348f.
Detaillierter wird in dem Zusammenhang zwischen den verschiedenen Interessengruppen im Kapitel 4 auf die Problematik eingegangen.

Cash Flow Sicht

Eigentümer, Investoren

Gewinn
(ROE>K_E)

Verlust
(ROE<K_E)

ROE
Eigenkapitalrentabilität

K_E

Δ

0

Gewinnsicht

Gewinn
(ROE>0)

Verlust
(ROE<0)

Unternehmen

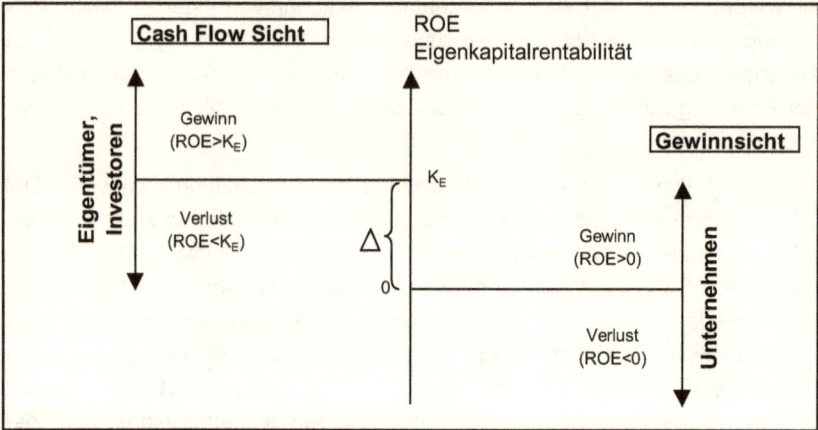

Abbildung 2: Eigentümer- und Unternehmenssicht der Rentabilität, in Anlehnung an Hax, Arnoldo C. / Majluf, Nicolas S. (1991): S. 232.

Der ROE (Return on Equity) entspricht dem Gewinn pro Eigenkapital (Eigenkapitalrentabilität). K_E entspricht hierbei den Kapitalkosten.

Die Grafik zeigt die möglichen Verschiebungen zwischen einer Cash Flow orientierten Sichtweise (Eigentümer, Investoren) und einer gewinnorientierten Sicht (Unternehmen). Der Bereich der ROE-x-Achse zwischen den Punkten 0 und K_E in der Grafik zeigt, daß bei einem ausgewiesenen Gewinn bereits ein negativer Cash Flow existieren kann und zu einer Reduzierung des Shareholder Value führt[50].

Besonders in Deutschland und in der Schweiz besitzt die Dividendenkontinuität einen höheren Stellenwert als die mittlerweile in den USA gängige wertorientierte Dividendenpolitik[51]. Dies führt bei einigen Unternehmen zu Problemen bei der Kapitalbeschaffung und einem fehlenden internationalen Interesse an der jeweiligen Aktie, was sich im internationalen Vergleich oftmals in unterdurchschnittlichen Kursentwicklungen äußert. Die früher substanzreduzierende Ausschüttungspolitik führte in den USA in den 70er Jahren zu einem drastischen Anstieg unfreundlicher Übernahmen. Die nachfolgende Unternehmenszerstückelung und der Verkauf einzelner Geschäftseinheiten führte so zu

---

[50] VGL. HAX, ARNOLDO C.; MAJLUF, NICOLAS S. (1991): S. 233.
[51] WEBER, BRUNO; BERNATH, ETIENNE (1995).

einer immensen Wertvernichtung der Aktionäre und erheblichen sozialen und wirtschaftlichen Auswirkungen[52].

Für die Gewinnausschüttung gilt das Gleiche wie für die Kapitalerhöhung. Es wird nicht durch eine Erhöhung des Gewinns mehr Marktwert geschaffen, sondern erst, wenn auch hier „die neuen Investitionen einer Verzinsung versprechen, die höher ist als die Rendite, die Anleger bei alternativen Anlagen"[53] erzielen können. Man muß jedoch bedenken, daß es sich hierbei um eine Modellbetrachtung handelt, die andere oft zu beobachtende Kurseinflußfaktoren (wie z.b. : Börsengerüchte, Insidergeschäfte, psychologisches Kauf-/ Verkaufsverhalten etc.) außer Acht läßt.

2.2.1.1.2 Zeitpräferenzen

Der Wert von Erträgen ist zeitabhängig[54]. Diese Aussage besagt, daß eine dem Anleger zufließende DM heute mehr wert ist als eine DM morgen. Investoren bevorzugen Zahlungen, „je früher diese anfallen (positive Zeitpräferenz – positiver Kapitalmarktzins)"[55]. So kann das Kapital in andere Bereiche investiert oder verkonsumiert werden. Zum einen unterliegt der Ertrag dann keinem Risiko mehr, zum anderen kann er reinvestiert oder konsumiert werden. Das Risiko der Verringerung der Mittel durch Inflation kann so minimiert werden[56]. Der Kapitalmarktzins stellt dabei „das monetäre Entgelt bzw. den Marktpreis für die jeweilige Zeitpräferenz des Anteilseigners"[57] im Gleichgewicht dar.

Bei der Gewinnermittlung bleiben Zeitpräferenzen von Anteilseignern unberücksichtigt, da der Gewinn eine allein vergangenheitsorientierte Größe darstellt, die oft nur vage Aussagen und Vermutungen auf zukünftige Entwicklungen bzgl. den Investitionswert der Shareholder zuläßt[58]. Dabei hängt die Zeitpräferenz sehr eng mit dem Risiko einer Anlage zusammen, da die Ertragsentwicklung jeder Anlagemöglichkeit mit einer subjektiven Risikoverteilung zu beurteilen ist die sich je nach dem Zeithorizont richtet[59].

---

[52] VGL. STEWART, BENNETT (1991): S. 27f.
[53] BÜHNER, ROLF (1990): S. 24.
[54] VGL. GERKE, WOLFGANG; BANK, MATTHIAS (1998): S. 16f.
[55] GERKE, WOLFGANG; BANK, MATTHIAS (1998): S. 16f.
[56] VGL. RASTER, MAX (1995): S. 26.
[57] BISCHOFF, JÖRG (1994): S. 17.
[58] VGL. RAPPAPORT, ALFRED (1986): S. 20.
[59] VGL. HARBRECHT, WOLFGANG (1971): S. 92.

2.2.1.1.3 Risikopräferenzen

Die Größe des Risikos hat für die Bestimmung des Vermögens und die Wahl verschiedener Investitionsentscheidungen einen bedeutenden Einfluß. Mit Hilfe von mikroökonomischen Finanzmodellen wie der Portfolio Theorie, läßt sich für den Anleger eine optimale Kapitalverteilung bemessen[60]. Diese optimale Kapitalverteilung ergibt sich in dem Portfolio, das bei gleichem Risiko die höchste Rendite im Vergleich zu den anderen Portfolios aufweist[61]. Für ein Unternehmen existieren nach Rappaport grundsätzlich zwei Arten von Risiko: das Geschäfts- und das Finanzrisiko[62]. Durch Umschichten der Risikoklassen kann der Anleger sein Risiko streuen und eine optimale Risiko/Rendite Relation erwirtschaften.

Folgendes Beispiel zeigt, daß das Geschäftsrisiko im Zusammenhang mit der Risikopräferenz eines rational handelnden, risikoscheuen Anlegers nicht in der Gewinnermittlung berücksichtigt wird: Zwei Unternehmen sollen aufgrund ihres erwarteten Gewinnwachstums verglichen werden. Sie kennen bzw. bestimmen die Gewinnwachstumsraten und Wahrscheinlichkeiten für die nächsten 4 Jahre.

Wahrscheinlichkeit in %	Gewinnwachstum von Unternehmen A	Wahrscheinlichkeit in %	Gewinnwachstum von Unternehmen B
30 %	0%	20 %	1%
50%	10%	20%	2%
20%	20%	60%	14%
Erwartungswert	9%	Erwartungswert	9%

Abbildung 3: Gewinnwachstum und Wahrscheinlichkeiten des Gewinnwachstums, nach Bühner (1990): S.19.

Für beide Unternehmen ergibt sich ein gleicher Gewinnerwartungswert von 9%. Unterschiedlich ist jedoch das Risiko der Gewinnerzielung. Dies kann durch die Standardabweichungen der Gewinnwachstumsraten gemessen werden, die in diesem Fall für Unternehmen B (6,1% vs. 7%) spricht. Unterschiedlich ist jedoch der Risikoeinsatz der zu dem erwarteten Gewinnwachstum von 9% führt. Dies legt folgende Abbildung 4 dar:

---

[60] VGL. HARBRECHT, WOLFGANG (1971): S. 96f.

[61] VGL. GERKE, WOLFGANG (1995c): S. 1539.

[62] VGL. RAPPAPORT, ALFRED (1986): S. 21.

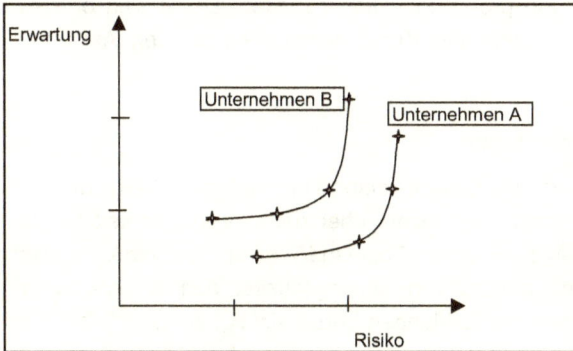

Abbildung 4: Erwartungswert und Risiko der Gewinnentwicklung, eigene Darstellung.

Wie die Abbildung 4 zeigt, ist daher Unternehmen B bei gleichem Gewinnwachstum und geringerem Risiko zu bevorzugen. Aus der Sicht des Shareholders ist statt des buchhalterischen Gewinns der Erwartungswert und die Standardabweichung des Gewinns zur Performancemessung heranzuziehen[63]. Hierdurch kann sich die Erfolgsbeurteilung unternehmerischer Entscheidungen erheblich ändern und es ergibt sich eine eindeutigere Sicht der Shareholder Value Steigerung und deren Steigerungspotentiale[64].

Das Finanzrisiko ergibt sich bei Unternehmen, die bei zunehmender Verschuldung ein höheres Insolvenzrisiko haben, welches die Aktionäre durch höhere Renditen ausgeglichen haben möchten. Solange der Leverage-Effekt[65] eintritt wird dem Ziel Gewinnmaximierung Rechnung getragen. Das Finanzrisiko ist aus der Sicht der Aktionäre nur sinnvoll, wenn der zusätzliche Gewinn auch das zusätzliche Risiko kompensiert[66].

Die Problematik liegt dabei in der zukünftigen Schätzung (der Unsicherheit) der Risiken und der Cash Flows[67]. Durch Revidierungen dieser Planzahlen ergeben sich zum Teil extreme Schwankungen auf die Unternehmens-

---

[63] VGL. SCHNEIDER, DIETER (1987): S. 396f.

    VGL. GERKE, WOLFGANG (1995C): S. 1542f.

[64] VGL. HAX, ARNOLDO C.; MAJLUF, NICOLAS S. (1991): S. 250f.

[65] Als Leverage-Effekt wird hier verstanden, daß die Rendite zusätzlich fremdfinanzierter Investitionen höher ist als die Kapitalkosten und somit der Gewinn steigt (Gesamtkapitalrendite > Fremdkapitalkosten)

    VGL. GERKE, WOLFGANG; BANK, MATTHIAS (1998): S. 311f.

[66] VGL. BÜHNER, ROLF (1990): S. 20

[67] VGL. HARBRECHT, WOLFGANG (1971): S. 96.

bewertungen von professionellen Analysten. Damit sind oftmals enorme Bewertungsänderungen und Kurschwankungen an den Aktienmärkten zu beobachten.

2.2.1.1.4 Investitionen

Der buchhalterische Gewinn eines Unternehmens zeigt die Entstehung von Erträgen auf, sagt aber nichts über deren Verfügbarkeit für die Eigentümer aus. Der Cash Flow (laut. Copeland/Weston, der (volks-)wirtschaftliche Gewinn) berechnet anhand von Zahlungsflüssen den Gewinn, indem die Investitionen im Moment der Zahlungen berücksichtigt werden[68]. Der Cash Flow zeigt bei der folgenden Abbildung die Kapital/Ertrags Entnahmemöglichkeiten für den Investor:

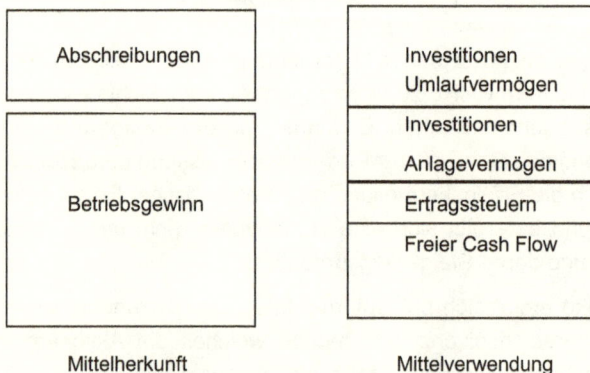

Abschreibungen	Investitionen Umlaufvermögen
	Investitionen Anlagevermögen
Betriebsgewinn	Ertragssteuern
	Freier Cash Flow

Mittelherkunft   Mittelverwendung

Abbildung 5: Unterschied zwischen Gewinn und tatsächlich verfügbaren Mitteln, nach Weber, Bruno; Bernath, Etienne (1995).

Die obige Grafik zeigt den Unterschied zwischen Betriebsgewinn und tatsächlich frei verfügbaren Mitteln, dem Cash Flow. Die Cash Flow Berechnung orientiert sich dabei an der Mittelverwendung, um die frei verfügbaren Mittel für das Unternehmen im Rahmen der Shareholder Value-Orientierung darzustellen. Die Auszahlungen für Investitionen auf der Herkunftsseite werden nur anteilig durch die Abschreibungen dargestellt, spiegeln aber nicht den tatsächlichen Kapitalbedarf wider[69]. Gerade die Investitionen in das Anlage- und Umlaufvermögen beeinflussen wesentlich den aktuellen und zukünftigen Wert des

---

[68] VGL. COPELAND, THOMAS; WESTON, FRED (1988): S. 24.

[69] VGL. RAPPAPORT, ALFRED (1995): S. 23.

Unternehmens und sind bei der Erfolgsermittlung zu berücksichtigen[70]. Der Gewinn als Kennzahl ist dazu nicht geeignet, da er als Differenz von Ertrag und Aufwand ermittelt wird und verfügbare freie Mittel sich aus der Differenz von Einzahlungen und Auszahlungen ergeben[71].

	Erträge und Aufwendungen	Korrektur	Cash Flow
Umsatz	10.000.000		
Material	5.000.000		
Personal	2.000.000		
Abschreibungen	300.000		
Sonst. Aufwendungen	1.000.000		
Gewinn vor Steuern	1.700.000		
Steueraufwand	1.190.000		
Gewinn	510.000		510.000
Zunahme an Forderungen		300.000	
Bestandserhöhung		300.000	
Investition in Sachanlagen		250.000	
Finanzmittelbedarf		850.000	850.000
Zunahme an Verbindlichkeiten		70.000	
Abschreibungen		300.000	
Erhöhung von Steuerrückstellungen		30.000	
Finanzmittelfreisetzung		400.000	400.000
Cash Flow			60.000

Abbildung 6: Gewinn und Cash Flow Vergleich, nach Bühner (1990): S. 21.

Diese Differenzen belegt Bühner anhand des in der Grafik dargestellten Zahlenbeispiels. Einem Jahresüberschuß von 510 TDM stehen Investitionen von 250 TDM ins Anlagevermögen für neue Produktionsanlagen und Investitionen in Höhe von 300 TDM ins Umlaufvermögen für zusätzliche Vorräte gegenüber. Der Geschäftsverlauf bleibt der gleiche, es ist nur die Art der Darstellung und die Ausweisung (auch zeitlich) der Gewinne und Cash Flows die sich unterscheidet.

---

[70] VGL. GOMEZ, PETER (1990): S. 559.
[71] VGL. BÜHNER, ROLF (1990): S. 21f.

2.2.1.2 Mängel der klassischen Erfolgsmessung

Die im Rechnungswesen ermittelten buchhalterischen Gewinngrößen wurden schon seit langem durch ihre mangelnde Eignung als Beurteilungsgrößen u.a. für Erfolgsbeurteilung und Investitionsentscheidungen kritisiert[72]. Im Zusammenhang mit dem Shareholder Value wird der buchhalterischen Erfolgsmessung vorgeworfen, für eine finanzielle Zielerreichung der Anteilseigner ungeeignet zu sein[73]. Die Bewertung des Unternehmens und seiner Strategien werden im Rahmen der Shareholder Value Ansätze „aus Sicht der an einer Wertsteigerung interessierten Eigentümer vorgenommen"[74]. Diese Shareholder Value orientierten Wertsteigerungen stellen den ökonomischen Wert auf Cash Flow Basis und nicht Buchgewinne mit unterschiedlichen Bewertungsgrundlagen dar. Die Transparenz des tatsächlichen Geschäftsgeschehens muß Ziel der Rechnungslegung sein[75]. „Gewinnwachstum führt nicht notwendiger Weise zur Schaffung ökonomischen Wertes für die Eigentümer"[76]. Aber nicht alleine die Unternehmensbewertung ist der Ansatz des Shareholder Value. Es handelt sich hierbei um eine ganze Philosophie, die als weitreichendes Konzept zur wertorientierten Unternehmensführung verstanden werden muß und die von einer Abkehr klassischer Erfolgsmaßstäbe auszugehen versucht.

2.2.1.2.1 Vergangenheitsorientierung des Rechnungswesens

Das externe (= die nach außerhalb des Unternehmens gerichtete Berichterstattung, insbesondere der steuerliche Jahresabschluß und Aktionärsinformationen) Rechnungswesen ist primär auf Bedürfnisse von Gruppen ausgelegt, die meistens keine internen Managementaufgaben wahrnehmen[77]. Die Rechnungslegung erfolgt hierbei immer vergangenheitsorientiert. Der wirkliche Erfolg des vergangenen Jahres läßt sich aber nur schwer beurteilen. Die vom Management getätigten Investitionen[78], Restrukturierungen, Abläufe etc., kurz alle daraus resultierenden Kosten werden erst in einer späteren Periode den

---

[72] VGL. SCHNEIDER, ERICH (1951).
[73] VGL. STEWART, BENNETT (1991): S. 22-56,
VGL. RAPPAPORT, ALFRED (1986): S. 19-50.
VGL. COPELAND, THOMAS; KOLLER, TIMOTHY; MURRIN, JACK (1994): S. 73-95.
[74] WEBER, JÜRGEN; KNORREN NORBERT (1997C): S. 7.
[75] RAMIN, KURT; FEY, GERD (1998): S. 290.
[76] RAPPAPORT, ALFRED (1995): S. 28.
[77] VGL. DUNSCH, JÜRGEN (1997).
[78] Unter Investitionen, sollen hierbei neben Anlageinvestitionen auch Humaninvestitionen, Strukturinvestitionen etc. verstanden werden.

erhofften Einnahmen gegenüberstehen[79]. Das Rechnungswesen bewältigt diese zeitlichen Verzögerungen und unsicheren Erwartungen durch die Zuweisung der tatsächlich angefallenen Kosten in die Periode, in der die Ausgaben getätigt wurden. Bei Investitionen in das Anlagevermögen erfolgt diese Zuteilung systematisch, aber mehr oder weniger willkürlich nach Abschreibungsperioden.

Die Aufgabe für das Management und die Investitionsentscheidungen der Anteilseigner ist es jedoch nicht, langfristige Unternehmensentwicklungen an Buchwerten auszurichten, die für Unternehmensexterne von geringem Interesse sind. Vielmehr sollte sich der Zusammenhang zwischen Höhe, Risiko und Zeitpunkt von Investitionen nach zukünftigen Cash Flows richten und nicht nach externen, länderspezifischen Bewertungsregeln, um kurzfristige Buchgewinne darzustellen[80]. Die Problematik der Schätzung zukünftiger Cash Flows liegt hierbei in der relativen Selektion von Annahmen die die künftige Cash Flow Entwicklung beeinflussen. Der wesentliche Fortschritt liegt jedoch in der grundsätzlichen Betrachtung zukünftiger Ergebnisrückflüsse und keiner einseitigen Vergangenheitsorientierung.

2.2.1.2.2 Wachstum versus Cash Flow

Die Periodenerfolgsermittlung ist dann kein Problem, wenn es nur Investitionen gibt, deren gesamte Ein- und Auszahlungen innerhalb einer Periode stattfinden, bzw. einmalig abgeschrieben werden. Der Erfolg könnte dann einfach durch die Veränderung des Geldbestandes zwischen Periodenbeginn und Ende ermittelt werden. Der Periodenerfolg und der Zahlungsüberschuß würden dann zusammenfallen[81]. Das Problem bleibt jedoch die Bewertung von Investitionen, die über mehrere Perioden laufen, was den Regelfall darstellt. Die Betrachtung von Unternehmen darf sich hierbei nicht auf kurzfristige, buchhalterische Zeiten und Werte beziehen, sondern muß die gesamte Lebensdauer des Unternehmens mit einbeziehen[82].

Das beschriebene vergangenheitsorientierte externe Rechnungswesen kann diese übergreifenden Erfolge und Wachstumspotentiale bzw. Risiken nicht objektiv aufzeigen. Das Rechnungswesen kann jedoch durch das zur Verfügungstellen existierender Daten die Schätzung zukünftiger Erfolge und Cash Flows ermöglichen. Durch die Schätzung der Auswirkungen verschiede-

---

[79]   VGL. RAPPAPORT, ALFRED (1995): S. 45.
[80]   VGL. RAPPAPORT, ALFRED (1995): S. 46.
[81]   VGL. BISCHOFF, JÖRG (1994): S. 19.
[82]   VGL. GERKE, WOLFGANG; BANK, MATTHIAS (1998): S. 14.

ner Strategien auf den Cash Flow kann das Management den wirtschaftlichen Wert derselben auf Geschäftsfeld- und Unternehmensebene objektiv beurteilen[83]. Diese Planungs- und Beurteilungssysteme sind am Shareholder Value[84] ausgerichtet und nur diese zukunftsgerichtete Orientierung „wird durch Cash Flows geschaffen und nicht durch willkürlich festgelegte Bewertungsregeln, die den Cash Flow unberücksichtigt lassen"[85].

2.2.1.3 Aussagefähigkeit von Kennzahlen

Aufgrund der dargestellten Probleme und Mängel des Gewinns als Maßstab des anteilseignerorientierten Unternehmenserfolges sind auch die auf Gewinn basierenden Kennzahlen nicht für eine Shareholder Value-orientierte Bewertung geeignet. Dies gilt auch weiterhin, wenn der Gewinn durch Kennzahlen, Bewertungsrichtlinien etc. relativiert wird oder ins Verhältnis (Gewinnwachstum) zu anderen Größen gesetzt wird (Return on Investment, Return on Equity)[86].

Diese Werte sind sogenannte Buchwerte, denen die Marktwertansätze des Shareholder Value gegenüberstehen. Entsprechen die Buchwerte den tatsächlichen Marktwerten, gibt es keine Unterschiede zwischen unternehmensinterner und unternehmensexterner Betrachtung[87]. Eine derartige Entwicklung ist jedoch meistens nur bei „jungen" Unternehmen zu beobachten. Erst durch geschicktes Wirtschaften und Agieren ergibt sich diese Differenz zwischen Marktwert und eingesetztem Eigenkapital der Firma[88]. Meistens wird davon ausgegangen, daß sich Anleger durch „die Nutzung bilanzieller Ansatz- und Bewertungswahlrechte, die einen höheren Gewinnausweis bewirken, täuschen lassen"[89]. Dies konnte aber in zahlreichen wissenschaftlichen Studien als nicht zutreffend nachgewiesen werden[90]. Kurzfristig mag sich durch die Art des Gewinnausweises eine zum Teil drastische Änderung des Anlegerverhaltens abzeichnen. Langfristig egalisieren sich jedoch diese bewertungsbedingten Effekte.

---

[83]   VGL. RAPPAPORT, ALFRED (1995): S. 46.
[84]   Zur Definition des Shareholder Value vergleiche Kapitel 3.1.1 f .
[85]   RAPPAPORT, ALFRED (1995): S. 47.
[86]   VGL. BÜHNER, ROLF (1990): S. 22f.
[87]   VGL. SIEGERT THEO (1995): S. 585.
[88]   SIEGERT THEO (1995): S. 585.
[89]   COPELAND, THOMAS; KOLLER, TIMOTHY; MURRIN, JACK (1993): S. 107.
[90]   VGL. BACIDORE, JEFFREY; BOQUIST, JOHN; MILBOURN, TODD (1997): S. 10-20.
       VGL. BERGMANN, JÖRG (1996).
       SCHLIENKAMP, CHRISTOPH (1980).

44

Neben der möglichen Einflußnahme auf die Wertansätze und der kurzfristigen Orientierung dieser Kennzahlen ergeben sich Informationsverluste durch die starke Verdichtung[91]. Dieses Problem wird durch die mit zunehmendem Umgang mit falschen Gewinnkennzahlen zu beobachtende immer unkritischere Distanz von Aktionären zu Kapitalgesellschaften noch verschärft[92].

2.2.1.3.1 Return on Investment

Der Return on Investment (Rückfluß des investierten Kapitals) entspringt dem amerikanischen Streben, die Kapitalrentabilität und deren Einflußfaktoren in den unternehmerischen Entscheidungsprozess einzubeziehen[93]. Allgemein wird er als Quotient aus Gewinn und investiertem Gesamtkapital definiert.

$$\boxed{\text{ROI = Gewinn/Gesamtkapital}}$$

Als buchhalterische Gewinngröße werden gewöhnlich das Gesamtergebnis vor Steuern und die Fremdkapitalzinsen herangezogen[94]. Daneben können aber auch der Bilanzgewinn oder auch der Jahresüberschuß verwendet werden[95]. Der ROI findet besonders häufig Verwendung bei betrieblichen Planungsrechnungen. Die verschiedenen Plan-Alternativen werden dabei anhand ihrer Rentabilitätsziffer und der zu erwartenden Mindestrendite verglichen.

Am ROI wird neben den bereits dargelegten Mängeln buchhalterischer Erfolgsmessung u.a. die Beeinflußbarkeit durch Finanzierungsentscheidungen, der Unterinvestitionsanreiz[96] und die Abweichung von der internen wirtschaftlichen Verzinsung kritisiert[97]. Durch eine Verlagerung der Finanzierung von

---

[91] VGL. DUNSCH, JÜRGEN (1997).

[92] VGL. WEBER, JÜRGEN(1993): S. 205-206.
Oft wird jedoch eine unkritische Distanz der Aktionäre zum Unternehmen von dem Management angestrebt. Vergleiche hierzu auch das Principle Agent Problem in Kapitel 2.2.2.2.1.

[93] VGL. RASTER, MAX (1995): Shareholder Value Management. Ermittlung und Steigerung des Unternehmenswertes, Diss. Wiesbaden 1995, S. 34.

[94] VGL. BÜHNER, ROLF (1990): S. 26.

[95] VGL. RASTER, MAX (1995): S. 35.

[96] Unter Unterinvestitionsanreiz wird der Versuch verstanden durch die Reduzierung von Investitionen und damit auch der Schaffung möglicher, zukünftiger Erträge, den ROI in der Gewinn- und Verlustrechnung zu erhöhen.

[97] VGL. BISCHOFF, JÖRG (1994): S. 35.
Zur Kritik am ROI im Bezug auf den Shareholder Value VGL. BÜHNER, ROLF (1990): S. 27,

Fremd- auf Eigenkapital kann der Zinsaufwand gesenkt werden und rechnerisch der Jahresüberschuß erhöht werden[98] (Finanzierungsentscheidung).

Die Auswirkungen des Unterinvestitionsanreizes wird bei dem Rentabilitätsvergleich verschiedener Industrie- bzw. Geschäftszweige mit hohem bzw. niedrigem Anlage- und Umlaufvermögen sichtbar. Die Höhe der Rentabilität ist deshalb als Performancemaß bei einem Vergleich unterschiedlich kapitalintensiver Unternehmen oder Unternehmensteile nur bedingt aussagekräftig. Ein Wettbewerbsvergleich oder die Kontrolle von Unternehmensteilen durch Analysten und Management mit Hilfe dieser Kennzahl hat schon zu zahlreichen Fehleinschätzungen geführt[99].

Diese Unternehmensfehleinschätzungen für Aktionäre können z.B. auf folgenden Punkten beruhen:

• Unternehmen oder Geschäftsbereiche mit einer niedrigen Kapitalintensität und Wertschöpfungstiefe bei der Kapitalallokation von Banken, Börse, Investoren etc. werden bevorzugt, da eine Vergleichbarkeit mit anderen Branchen erschwert wird.

• Kurzfristige, strategisch wichtige Investitionen werden unterlassen (kurzfristig kann so der ROI durch Reduzierung der nicht aktivierungsfähigen Forschungskosten oder ausbleibende Ersatz- und Erweiterungsinvestitionen erhöht werden).

• Auf vermögensintensive, vertikale Integrationsstrategien wird zu Gunsten von Fremdbezug von Eigenleistungen und geringerer Fertigungstiefe verzichtet um eine geringe Auswirkung auf den ROI zu erzielen[100].

VGL. RAPPAPORT, ALFRED (1983): S. 32f.,
VGL. SPREMANN, KLAUS (1992): S. 370ff.
Von Unterinvestition spricht man, wenn durch fehlende bzw. zu geringe Neuinvestitionen nicht der optimale Gewinn/Ertrag in der Periode erreicht werden kann.
VGL. SCHNEIDER, ERICH (1973).

[98]   VGL. BÜHNER, ROLF (1990): S. 27.
[99]   VGL. RASTER, MAX (1995): S. 37.
Diese Fehlentscheidungen von Managern sind u.a. auf kurzfristige (Gewinn) erfolgsabhängige Gehaltssteigerungen (Boni) zurückzuführen. Als Beispiel einer solchen Fehleinschätzung kann der BMW Kauf der britischen Autofirma Rover gesehen werden. Bei der BMW Übernahme im Jahr 1994 war der Gewinn von Rover hoch. Es fehlten jedoch die nötigen Investitionen in zukünftige Produktmodelle und Fertigungseinrichtungen. Im Jahr 2000 veranlaßte die akute Lage BMW dazu, trotz hoher Investitionen in Produktion, Vertrieb, Organisation, Marketing und eines hohen Kaufpreises, sich verlustreich aus dem Rover Geschäft zurückzuziehen.
[100] VGL. RAPPAPORT, ALFRED: S. 81-83.

So ist gerade der exzessive Gebrauch des ROI aus Sicht von Hax/Majluf der Hauptgrund, „daß Industrieunternehmen von Investitionen Abstand nehmen"[101]. Im Extremfall kann ein völliger Verzicht auf Investitionen bei Inflation zu einem steigenden ROI führen da sich alleine durch die Inflation der Zähler, sprich der Gewinn erhöht[102]. Diese „Nominalillusion"[103] kann zu einem Unterinvestitionsanreiz führen. Für die Anteilseigner entsteht so ein möglicher Wertverlust, der dem Anteil in Höhe des Kapitalwerts der nicht durchgeführten Investition entspricht.

2.2.1.3.2 Return on Equity

Der Return on Equity (Rückfluß des investierten Eigenkapitals) mißt im Vergleich zum ROI nur die Eigenkapitalrendite wobei der Gewinn in beiden Fällen gleich definiert ist und die Fremdkapitalzinsen nicht beinhaltet.

$$\text{ROE} = \text{Gewinn/Eigenkapital}$$

auch

$$\text{ROE} = \text{ROI} * \text{Gesamtkapital/Eigenkapital}$$

Der ROE wird wie der ROI häufig zur Bewertung von Geschäftsfeldern von Unternehmen sowie Unternehmen im Gesamten herangezogen. Neben den am ROI bereits dargestellten Mängeln der Erfolgsmessung, die hier ähnlicher Natur sind, wird beim ROE besonders die Beeinflußbarkeit durch finanzpolitische Maßnahmen kritisiert[104]. Dies wird besonders deutlich, wenn man im Nachhinein beurteilen soll, ob die Steigerung des ROE durch eine Verbesserung der wirtschaftlichen Leistungsfähigkeit erfolgt ist oder durch einen höheren Verschuldungsgrad (Financial Leverage Effekt) hervorgerufen wird[105]. Bei konstanter Umsatzrendite und konstantem Gesamtkapitalumschlag kann der ROE-Wert durch erhöhte Verschuldung gesteigert werden. Dies steigert jedoch nicht den wahren Unternehmenswert. Es kann sogar den Wert des

---

[101] HAX, ARNOLF C./MAJLUF, NICOLAS S. (1991): S. 112.
[102] VGL. HAX, ARNOLF C./MAJLUF, NICOLAS S. (1991): S. 113.
[103] SIEGERT, THEO (1995): S. 583.
[104] VGL. STEWART, BENNETT (1991): S. 84f.
       VGL. RAPPAPORT, ALFRED (1986): S. 43f.
       VGL. BÜHNER, ROLF (1990): S. 32.
[105] VGL. STEWART, BENNETT (1991): S. 84f.

Eigenkapitals durch das gestiegene Finanzrisiko reduzieren[106]. Damit werden z.B. risikoscheue Anteilseigner unter Umständen nicht für das Tragen eines höheren Risikos entlohnt.

Die Höhe der Fremdfinanzierung beim Return on Equity zeigt, daß der Einfluß der Kapitalstruktur auf den ROI nicht nur zu einem Manipulations-, sondern auch zu einem Organisationsproblem zwischen Anteilseignern und Unternehmensleitung über die optimale Kapitalstruktur werden kann[107].

2.2.1.3.3 Earnings per Share

Für Finanzanalysten und Investoren stellen „Gewinn je Aktie" Kennzahlen (Earnings per Share) und Kurs-Gewinn-Verhältnisse (Price Earning Ratios) mit die wichtigsten Maßstäbe zur externen Unternehmensbeurteilung dar. Sie gehören wie der absolute Gewinn zu den häufig veröffentlichten Unternehmenskennzahlen und beeinflussen nachhaltig die Bewertung der Unternehmen[108]. Die Earnings per Share Daten werden in regelmäßigen Abständen von Analysten und internem Management prognostiziert und unter bestimmten Relationen von diesen Personen betrachtet. In diesen Price Earning Ratios des Marktes und Earnings per Share spiegeln sich die Ergebniserwartungen und die Risikoeinschätzungen der Investoren wider. Das Ziel eines Unternehmens kann es jedoch bei Shareholder Value-Orientierung nicht sein, die Earnings per Share zu maximieren, sondern den Wert der Anteilseigner zu erhöhen, der dem Marktwert bzw. den diskontierten Cash Flows entspricht[109].

Nicht nur die Mehrheit der Anleger legt einen hohen Wert auf die Veröffentlichung dieser Kennzahlen, sondern auch die Verantwortlichen in den Unternehmen[110]. Die in Deutschland beliebte Gewinnthesaurierungspolitik, d.h. das Einbehalten von Gewinnen mit dem Ziel der Gewinnsteigerung, ist für die Aktionäre erst sinnvoll, wenn die einbehaltenen Gewinne nicht nur eine positive Rendite erwirtschaften, sondern diese über der Mindestrendite in Höhe der

---

[106] VGL. RAPPAPORT, ALFRED (1986): S. 23.

[107] VGL. BISCHOFF, JÖRG (1994): S. 39f.

VGL. ECKERT, STEFAN (1997): S. 214ff.

[108] VGL. KÜTING, KARLHEINZ; EIDEL, ULRIKE (1997): S. 11.

[109] VGL. COPELAND THOMAS, WESTON, FRED (1988): S. 550f.

[110] VGL. COPELAND THOMAS, WESTON, FRED (1988): S. 24f.

Eigenkapitalkosten liegt[111]. Ein gesteigerter Gewinn bedeutet daher nicht gleichzeitig einen höheren Aktien Marktwert[112].

Bei der Marktnachfrage nach Gewinnkennzahlen ist jedoch eine Veränderung zu verzeichnen. „Eine wirksame Werttransformation macht entsprechende Informations- und Kommunikationsprozesse notwendig"[113], die in geeigneter Form die Wertgenerierung intern und extern vermitteln (Value Reporting). Die zu beobachtende Veränderung hat mehrere Gründe die in den bisherigen Gewinnkennzahlen beinhaltet waren:

- Ausgaben, die zu einer möglichen Steuerreduzierung führen, werden zu dem Lagerbestand oder Anlagevermögen addiert, und nicht abgezogen.

- Wertversprechende Akquisitionen werden vermieden, wenn dadurch „Goodwill" Kosten aktiviert werden müssen.

- Forschung und Entwicklung, sowie langfristige Marktaufbaukosten werden kurzfristig abgeschrieben.

- Geringe Gewinnwachstumsraten werden durch das Fehlinvestieren in gesättigte Geschäftsfelder verlängert.[114]

Die Beurteilung nach den oben genannten Kennzahlen basiert auf der Annahme, „daß zwischen Aktienkurs und Gewinn ein starker Zusammenhang besteht. Im Vertrauen darauf wird gehofft, daß bei steigendem Gewinn pro Aktie auch die Kurse steigen."[115]

Mittlerweile verschiebt sich jedoch langsam die Betrachtungsweise vom Gewinn weg hin zum aktuellen und zukünftigen Wert des Unternehmens[116]. Denn eine Korrelation zwischen Aktienkurs und bilanziertem Gewinn ist nur kurzfristig zu beobachten. Anders ist dies bei der Korrelation zwischen Cash Flow und Aktienkurs[117]. Gerade die aktuell überzogenen Aktienkurse von verlustausweisenden Internetfirmen zeigen die zunehmend geringere Bedeutung

---

[111] VGL. BÜHNER, ROLF (1990): S. 23f.
Vergleiche hierzu auch die Ausführungen in Kapitel 2.2.1.1.4.
[112] VGL. RAPPAPORT, ALFRED (1981): S. 140.
[113] VOLKART, RUDOLF; LABHART, PETER (2000).
[114] VGL. STEWART, BENNETT (1991): S. 2f.
[115] BÜHNER, ROLF (1990): S. 13.
[116] VGL. STEWART, BENNETT (1991): S. 3.
[117] VGL. SPREMANN, KLAUS (1994): S. 363.

der klassischen Gewinnkennzahlen sowie die steigende Bedeutung der Perspektiven dieser Unternehmen[118].

2.2.2 Manipulierbarkeit des buchhalterischen Erfolgsausweises

Die unterschiedlichen Betrachtungsweisen des Erfolgs eines Unternehmens ermöglichen auch, die Art der Vermögensveränderung zu beeinflussen. Dies erfolgt nicht durch die realen Veränderungen der Ein- und Auszahlungen oder Erträge und Aufwendungen, sondern durch die verschiedenen Bewertungsmöglichkeiten hinsichtlich der Erfolgsbestimmung[119]. Auch bewirken gesetzliche Vorschriften hierbei keine Änderung, da diese kein Umdenken im Unternehmen und am internationalen Kapitalmarkt direkt bewirken[120]. Die in Deutschland am Gläubigerschutz orientierte Wirtschaftsgesetzgebung ermöglicht es den Unternehmen nach dem Vorsichtsprinzip zu bilanzieren, wodurch viele Erfolgsfaktoren nicht realistisch bewertet werden[121]. Die große Möglichkeit der Bildung stiller Reserven schafft hierbei besonders für das Management Spielräume der Ertragsverschleierung gegenüber den Eigentümern, aber auch gegenüber anderen Stakeholdern[122].

Folgendes Beispiel der unterschiedlichen LIFO- (Last In First Out) und FIFO- (First In First Out) Inventurbewertung zeigt, wie durch diese die Earnings per Share beeinflußt werden können.

---

[118] So überstieg der Marktwert vieler neuer Internet Werte im November 1999 denjenigen etlicher DAX- oder Dow Jones Werte. Dies ist sicherlich kein Indiz für eine stärkere Shareholder Value-Orientierung dieser Unternehmen, sondern in vielen Fällen nur Spekulation. Wie volatil diese Werte sind, zeigt auch die Entwicklung von November 1999 bis zum Sommer 2001, in dem deren Börsenwert oft nur noch ein zehntel des ursprünglichen Wertes beträgt, aber immer noch von den zukünftigen Erwartungen getragen wird.

[119] VGL. BISCHOFF, JÖRG (1994): S. 27.

[120] VGL. BÜHNER, ROLF (1990): S. 19.

[121] VGL. SPREMANN, KLAUS (1994): S. 363.

[122] VGL. VOLKART, RUDOLF; LABHART, PETER (2000).

	LIFO	FIFO	Lagerkosten nach Bewertung
Umsatz	100	100	4. (Lager)Teil zu 90 LIFO
Produktions- Materialkosten	-90	-25	3. (Lager)Teil zu 60
Gewinn vor Steuern	10	75	2. (Lager)Teil zu 40
Steuern	-4	-30	1. (Lager)Teil zu 25 FIFO
Gewinn nach Steuern	6	45	
Gewinn pro Aktie (100 Stk.)	0,06	0,45	

Abbildung 7: Gewinnveränderungen durch Bewertungsmethoden, nach Copeland, Thomas; Weston, Fred (1988): S. 24.

Ein anderer wichtiger beeinflußbarer Unternehmensteil liegt bei der Lagerbewertung der in Arbeit befindlichen Waren[123]. Der Wert der den Gütern durch Arbeitskraft und Veredelung im Unternehmen hinzugeführt wird, wird immer individuell nach bestimmten unternehmensinternen Maßstäben bemessen die auch keiner festen Zuordnung unterliegen[124].

Ein Mißbrauch dieser Kennzahlen kann dabei kurzfristig als Vortäuschung einer Shareholder Value-Orientierung und Unternehmenswertsteigerung genutzt werden die jedoch alleine auf Bewertungsrichtlinien beruht[125]. In diesem Fall sei z.B. an die Probleme des Baukonzerns Holzmann im Herbst 1999 oder der Schiffswerft Bremer Vulkan zu erinnern, die durch Veröffentlichung falscher Unternehmenszahlen Anteilseigner und Stakeholder getäuscht haben. Durch bewußtes Herausgeben oder sogar Manipulieren von Erfolgskennzahlen sollte den Shareholdern ein gesundes Unternehmen dargestellt werden. Die langfristige Wertentwicklung wurde dabei so sehr mißachtet, daß Kapitalschnitte oder Konkurs der letzte Ausweg aus der Misere waren und zu extremer Wertvernichtung von Kapital führten. Ein gleichzeitiges Fehlverhalten von Management, Aufsichtsorganen und Prüfungsgesellschaften ist dabei oftmals ebenfalls zu beobachten[126].

---

[123] VGL. WEBER, JÜRGEN (1985): S. 30f.

[124] VGL. SPREMANN, KLAUS (1994): S. 370ff.

[125] VGL. COPELAND, THOMAS; WESTON, FRED (1988): S. 24.

[126] Hinzuweisen sei in diesem Fall, daß es bei betrügerischen Unternehmensmanipulationen immer eine gewisse Möglichkeit unabhängig der Bewertungsschema gibt Anteilseigner, Kontrollgremien und andere Interessengruppen zu täuschen. Diese extreme Form der Fehlinformation soll aber nicht als der Normalfall von Verschleierungstaktiken gesehen werden.

2.2.2.1 Verwendung falscher Kennzahlen

Die Möglichkeiten, Bewertungs- und Manipulationsspielräume beim buchhalterischen Erfolgsnachweis zu nutzen, wurde in verschiedenen Fallstudien und Büchern dargelegt und soll in dieser Arbeit nur am Rand betrachtet werden[127].

Mit Hilfe bilanzpolitischer Instrumente, besonders der Nichtoffenlegung von Bewertungstechniken, kann der Gewinn um 10-15% gesteigert werden[128]. Es gibt verschiedene Möglichkeiten der legalen Gewinnverschleierung, so z.B. die von Zimmerer erwähnten Möglichkeiten:

- „man unterläßt die Aktivierung aktivierungsfähiger Aufwendungen,

- man atomisiert Anlagenzugänge,

- man verwischt die Grenzen zwischen Herstellungs- und Erhaltungsaufwand,

- man setzt kürzere Nutzungsdauern für Anlagen fest,

- man findet Gründe für außerordentliche Abschreibungen,

- man bewertet Vorräte je nach Bedarf unter den Anschaffungs- und Herstellkosten,

- man antizipiert drohende Preisrückgänge,

- man ist sehr pessimistisch in Bezug auf die Realisierbarkeit seines Warenlagers,

- man bewertet Forderungen unter dem Nennwert, weil man um die Bonität seiner Schuldner bangt oder um politische Risiken beim Transfer,

- man bildet hohe Pauschalwertberichtigungen für Außenbestände,

- man schöpft die Möglichkeiten zur Bildung steuerbegünstigter Rücklagen aus,

- man bildet Rückstellungen für Gewährleistungen"[129]

   ... und vieles mehr.

---

[127] Zur detaillierten Darstellung:
       VGL. SPREMANN, KLAUS (1991): S. 93.
       VGL. BÜHNER, ROLF (1994D): S. 11-72.
[128] VGL. BISCHOFF, JÖRG (1994): S. 30.
[129] ZIMMERER, CARL (1979): S. 138f.

Dadurch ist die Vergleichbarkeit der Kennzahlen verschiedener Unternehmen und Branchen, besonders in verschiedenen Ländern bei unterschiedlicher Rechnungslegung, nur bedingt möglich[130]. Um die Kennzahlen vergleichbar zu machen, müssen die Art der Abschreibung, Kapitalisierung und Bestandsbewertungen sowie die gesetzlichen Rahmenbedingungen offengelegt werden[131]. Schwerwiegender als die eingeschränkte Vergleichbarkeit zwischen verschiedenen Unternehmen ist die zwischen den Geschäftseinheiten[132]. Neben der möglichen Irreführung des Managements findet auch eine erschwerte Kapitalallokation zwischen den Unternehmen und anderen Anlageformen für die Kapitalmarktteilnehmer statt, da eine objektive Vergleichbarkeit fehlt.

Das einseitige Vertrauen von Kapitalmarktteilnehmern und Management auf bestimmte Kennzahlen kann dabei zu schwerwiegenden Fehlinterpretationen führen. Diese können zu einer beabsichtigten oder unbeabsichtigten Manipulation von Anteilseignern und sonstigen Interessengruppen führen[133].

2.2.2.2 Einflüsse auf den buchhalterischen Erfolgsausweis

Die in den vorherigen Kapiteln dargestellte Kritik am externen Rechnungswesen darf nicht fälschlicherweise als ein Versagen desselben gedeutet werden. Das Problem liegt vielmehr in den Möglichkeiten der Einflußnahme und dem Verwenden von Kennzahlen durch das Management und anderer Interessengruppen[134]. Letztere versuchen dabei, die für sie jeweils sinnvollste Wiedergabe der buchhalterischen Kennzahlen zu erreichen. Die größte Diskrepanz besteht dabei zwischen den Interessen der Eigentümer und dem Management, dies besonders vor dem Hintergrund, daß beide einen wesentlichen Einfluß auf die Darlegung der Erfolgsausweise haben[135]. Die Interessengruppen, die Wettbewerber und das wirtschaftliche Umfeld, d.h. die Gesetzgebung als Grundlage der Unternehmensbesteuerung, haben auch erhebliches Interesse am Erfolgsausweis. Eine genauere Betrachtung der Interessengruppen und ihr Einflußpotential sowie Ziele und Interessen wird in Kapitel 4 erfolgen.

---

[130] Eine internationale Bilanzierung nach US GAAP oder IAS reduziert hierbei den Spielraum, ändert aber nichts an den weiterhin bestehenden Manipulationsmöglichkeiten.

[131] VGL. SPREMANN, KLAUS (1994): S. 370.

[132] VGL. SPREMANN, KLAUS (1991): S. 93.

[133] VGL. WEBER, JÜRGEN (1985): S. 27ff.

[134] VGL. RAPPAPORT, ALFRED (1995): S. 45.

[135] VGL. SIMON, JOHN G.; POWERS, CHARLES, W.; GUNNEMANN, JOHN (1993): S. 65.

2.2.2.2.1 Das Management (Principal Agent Problem)

Die Trennung von Eigentum und Verfügungsgewalt ist die Basis für die Aufteilung zwischen den nicht mehr gleichzeitig als Entscheidungträger fungierenden Kapitalgebern (Principal) und der Verfügungsgewalt der Manager (Agent) über Produktionsmittel[136]. Hiermit ist die Einheit zwischen Kontrolle, Risiko und Gewinn aufgehoben [137]. Neben den sich mit dieser Spezialisierung ergebenden Vorteilen kommt es durch die Beauftragung von spezialisierten Managern zu natürlichen Konflikten zwischen Principal und Agent[138].

Bei vielen größeren Kapitalgesellschaften existiert diese Diskrepanz zwischen Eigentümern, den entsprechenden Kontrollorganen (und den damit verbundenen Monitoring Kosten[139]) und dem Management, da das Kapital auf mehrere Kapitalgeber aufgeteilt ist, die meistens nicht alle äquivalent ihres Kapitalanteils am Managementprozeß beteiligt sind.

Die Annahmen bei der Agency Theorie beruhen auf weitgehender Informationsineffizienz, die Basis für das Verfolgen eigener Interessen von Stakeholdern ist[140]. Es gibt auch keinen Grund anzunehmen, daß das Management als Agent der Eigentümer immer deren optimale Interessen vertritt[141]. Normalerweise besitzt das Management eine höhere Risikoaversion als die Eigentümer, da diese meistens (zumindest bei großen Aktiengesellschaften mit einer breiten Anteilseignerstreuung) ihr Risiko diversifizieren können. Die höhere Risikoaversion beruht darauf, daß der Manager einen großen Teil seines Gesamteinkommens aus dem Gehalt bezieht und damit das persönliche Schicksal eng mit dem des Unternehmens verbunden ist[142].

Die Risikobereitschaft eines Existenzgründers besitzen Manager normalerweise nur selten, da sie sich sonst u.U. selbständig machen würden. Das perfekte Maß der Anteilseignerkontrolle liegt zwischen den Extremen der kompletten Kontrolle des Managements, alle Wünsche der Eigentümer zu realisie-

---

[136] VGL. GERKE, WOLFGANG; BANK, MATTHIAS (1998): S. 33.

[137] VGL. STEINMANN, HORST; GERUM, ELMAR (1978): S. 471f.

[138] VGL. LÖHNERT, PETER (1996): S. 31.

VGL. HILL, WILHELM (1996): S. 413f.

[139] VGL. GERKE, WOLFGANG (1995B): S. 22.

[140] VGL. GERKE, WOLFGANG (1995B): S. 18.

[141] VGL. COPELAND, THOMAS, WESTON, FRED (1988): S. 20.

VGL. HILLEBRAND, WINFRIED (1991): S. 105.

[142] VGL. SIMON, JOHN G.; POWERS, CHARLES, W.; GUNNEMANN, JOHN (1993): S. 65.

ren, und der nicht existierenden Kontrolle in dem Fall, daß das Management selbst mehrheitlicher Eigentümer ist[143].

So bleibt bei der Trennung von Eigentümern und Management meistens eine Diskrepanz zwischen der Mehrung des Wertes der Firma für die Eigentümer oder der persönlichen Wertsteigerung für das Management[144]. Das Verhältnis der Eigentümer zum Management sollte dabei so gestaltet sein, daß die wesentlichen Interessen der Eigentümer, des Managements und anderer wesentlicher Stakeholder optimal berücksichtigt werden und es nicht zu einer zu großen Diskrepanz der Ziele untereinander kommt[145]. Um diese Diskrepanz zu minimieren, werden verschiedene Anreizsysteme wie z.B. variable Gehaltsgestaltungen realisiert[146].

Das Principal Agent Problem hilft, Marktunvollkommenheiten darzustellen, die von anderen, auf effizienten Kapitalmärkten basierenden Theorien (z.B. Modigliani/Miller Theorie und Caital Asset Pricing Modell, Arbitrage Pricing Theorie[147]), nicht dargestellt werden[148].

2.2.2.2.2 Wettbewerb und Steuern (als Beispiel der wirtschaftlichen Rahmenbedingungen)

Zu einer der wesentlichen finanzwirtschaftlichen Rahmenbedingungen gehört die Besteuerung von Unternehmensgewinnen und Investitionen. Diese basieren auf den unterschiedlichsten, länderspezifischen Bilanzierungs- und Steuerrichtlinien bezüglich des ausgewiesenen Gewinns. Gerade hierbei ergeben sich neben der Verlagerung von Gewinnen in Niedrigsteuerländer etc. diverse Bilanzierungsmöglichkeiten, um ein Unternehmen arm oder reich zu rechnen. Ein aktuelles Beispiel ist die Aktivierung des „Goodwill" bei Volkswagen. Akquisitionen werden normalerweise über 5 Jahre abgeschrieben. Bei dem VW Erwerb von Rolls-Royce dagegen wurde der „Goodwill" in Höhe von 1,2 Mrd. DM komplett im Jahr der Anschaffung abgeschrieben[149]. VW drückte auf diese Art nicht nur den ausgewiesenen Gewinn und damit die Steuerlast erheblich,

---

[143] VGL. COPELAND, THOMAS; WESTON, FRED (1988): S. 21f.
   VGL. GERKE, WOLFGANG (1995B): S. 22.
[144] VGL. COPELAND, THOMAS; WESTON, FRED (1988): S. 665f.
[145] VGL. LEVITT, ARTHUR (1996): S. 2.
   VGL. DUFEY, GUNTER; HUMMEL, ULRICH (1997): S. 189f.
[146] Siehe hierzu auch die Ausführungen in Kapitel 4.2.5.2.2.
[147] Zur detaillierteren Darstellung der Modelle siehe Kapitel 3.1.2.1 und 3.1.2.2.
[148] VGL. GERKE, WOLFGANG (1995B): S. 25.
[149] VGL. SEEGER, CHRISTOPH (1999): S. 113.

sondern verzerrte für die Aktionäre das Gesamtbild des Unternehmens. Dies führt dann zu kurzfristigen Aktienkursveränderungen, die aber nicht auf fundamentalen Daten basieren[150].

2.2.2.3 Berücksichtigung der langfristigen Wertsteigerung und fehlende internationale Vergleichbarkeit

Die Gewinnung aussagekräftiger Wertdaten verursacht erhebliche Probleme, die bisher erst teilweise gelöst wurden. Wie in den vorherigen Abschnitten gezeigt, ist das traditionelle Rechnungswesen nur bedingt in der Lage, den Anforderungen an eine langfristige Wertmessung gerecht zu werden. Die Berücksichtigung und Messung der langfristigen Wertsteigerung muß die finanzielle Wertoptik auf qualitative Faktoren ausdehnen und die Kausalzusammenhänge (Balanced Scorecard = BSC) der Wertenstehung ergründen[151]. Die Grundidee der Balanced Scorecard besteht darin, ein Kennzahlsystem zu entwickeln, welches dem Management hilft, Strategien nicht nur mit Hilfe monetärer Größen umzusetzen[152].

Dieses Kennzahlensystem gilt sowohl zur Abbildung interner als auch externer Unternehmensziele und des Unternehmenserfolgs[153]. In diesem Zusammenhang ist auch wiederum auf den Börsenwert der neuen Technologieunternehmen hinzuweisen, deren Buchwert oftmals unrealistisch erscheint. Entscheidend ist hierfür die Bewertung der langfristigen, betriebsindividuellen Werttreiber[154].

Von der Problematik der Manipulierbarkeit und Uneinheitlichkeit des Rechnungswesens sind besonders internationale Vergleiche der Erfolgsmessung betroffen.

Die relativ einfache Konzeption und weltweite Verbreitung der Gewinnkennzahlen und deren Relationen legen trotz der dargestellten Probleme die Grundlage für transnationale Unternehmensvergleiche[155].

---

[150] VGL. SEEGER, CHRISTOPH (1999): S. 114. Hinzuweisen ist auf das in dem Artikel dargestellte Baetge-Bilanzrating. Es prüft Unternehmen auf 209 Indikatoren, die zu 14 wertorientierten Kennzahlen führen. Auch andere Unternehmensbewertungen, die über die veröffentlichten Bilanzen hinaus nach Wertmaximierung analysiert werden, zeigen eine ähnliche Tendenz.

[151] VGL. VOLKART, RUDOLF; LABHART, PETER (2000).

[152] Auf die weitere Bedeutung und Umsetzung der BSC wird in Kapitel 5.3. eingegangen.

[153] VGL. NÖLTING ANDREAS (1999): S.112-119.

[154] VGL. LANGENBACH, WILM; WERTZ, BORIS (1997).

[155] VGL. KÜTING, KARLHEINZ; EIDEL, ULRIKE (1997): S. 11.

Die internationale Vergleichbarkeit ist jedoch nicht immer gegeben. Neben den nationalen Bewertungsspielräumen bei der Kostenrechnung und Buchhaltung weichen die Berechnungen der Erfolgsgrößen stark voneinander ab. Sie erschweren eine Vergleichbarkeit der Zahlen[156]. Trotz erheblicher Bemühungen und Erfolge bei einer international vereinheitlichten Rechnungslegung durch IAS und US-GAAP Rechnungslegung bleibt eine einheitlich, vergleichbare Unternehmenserfolgsermittlung unberücksichtigt und ist oft nur schwer nachvollziehbar[157]. Je nachdem, welche Erfolgsgröße der Earnings per Share Berechnungen zugrunde liegt, ändert sich die Aussagekraft dieser und anderer Kennzahlen. Es kann daneben aber auch die Anzahl der Aktien im Nenner der Earnings per Share Ratio variieren und ist damit nicht eindeutig festgelegt. Hier sind z.B. der Einfluß durch die Ausgabe von jungen Aktien sowie Rechte auf den Bezug von Aktien etc. zu nennen. Eine einfache Berechnung der Wertsteigerung durch den Cash Flow würde in diesem Fall eine internationale Vergleichbarkeit fördern und Fehlallokationen von Kapital vermeiden[158].

---

[156]   VGL. VGL. RAMIN, KURT; FEY, GERD (1998): S. 270.
[157]   VGL. KÜTING, KARLHEINZ; EIDEL, ULRIKE (1997): S. 11.
[158]   VGL. RAPPAPORT, ALFRED (1992): S. 91.

2.3 Fazit

Die Diskussion um die verschiedenen Arten der Erfolgsmessung haben gezeigt, daß

- eine Vielzahl von Ansatz und Bewertungsrichtlinien,
- verschiedene Einflußfaktoren,
- kurzfristiges Budget- und Bilanzdenken,
- Bildung und Auflösung stiller Reserven,
- unterschiedliche handels- und steuerrechtliche Gewinnermittlungsregeln,
- interne und externe Unternehmensbedingungen sowie
- die Einflußmöglichkeit von Kapitalintensität und Verschuldungsgrad

zu extrem unterschiedlichen buchhalterischen Erfolgsausweisen führen können.

Die entsprechenden Managemententscheidungen auf dieser Basis können zu einer nicht optimalen Bestimmung und Maximierung des Unternehmenswertes und seiner Marktposition führen. Die dargestellten Kritikpunkte dienen meistens dazu den wahren Ertrag der Unternehmen aus den verschiedensten Gründen zu verschleiern. Die generelle Vergleichbarkeit interner Bereiche und internationaler Unternehmen erschwert sich dadurch[159]. Dies beeinflusst besonders bei diversifizierten Unternehmen auch die unternehmensinterne, optimale Finanzallokation[160]. Private, professionelle Investoren und Eigentümer sind hierbei ebenso auf ein vergleichbares, einheitliches Informationswesen des Unternehmens angewiesen wie die Kontrollorgane des Unternehmens und das Management. Besonders die entsprechenden Kontrollinstanzen des Unternehmens müssen oftmals auf nicht optimalen Analysen und Zusatzinformationen des Management ihre Entscheidungen und Kontrollfunktionen wahrnehmen.

Der Jahresabschluß ist damit nur bedingt für interne Entscheidungen und externe Analysen der Überprüfung der pflichtmäßigen Auftragserfüllung des Managements verwendbar. Kritisch ist hierbei zu hinterfragen, ob der Schutz der Eigentümer nicht denen der Gläubiger gleichgestellt, bzw. zumindest verstärkt werden sollte. Eine klare, unverzerrte handels- und steuerrechtliche Gewinnermittlung auf Cash Flow Basis wäre damit ein wesentlicher Bestandteil

---

[159] VGL. WEBER, JÜRGEN; KNORREN NORBERT (1997C): S. 14f.
[160] VGL. BACIDORE, JEFFREY; BOQUIST, JOHN; MILBOURN, TODD (1997): S. 18ff.

für ein faires Funktionieren von Kapitalmärkten und einer Stärkung der Aktionärsinteressen[161]. Die erhöhte Transparenz könnte zu einem verstärkten Fokus angelsächsischer Investoren auf die europäischen Kapitalmärkte führen.

Ziel des Managements und der Eigentümer muß es daher sein, im Innenverhältnis für eine offene, ergebnisorientierte Wertbetrachtung des Unternehmens einzutreten[162]. Dies kann nicht über die bisher übliche Berichterstattung erfolgen, sondern muß sich auf den wahren erwirtschafteten Ertrag oder Verlust konzentrieren. Dieser ist, wie einige der in Kapitel 3 dargestellten Shareholder Value Modelle zeigen, nicht finanztechnischer Natur, sondern muß das ganze Unternehmen und sein Umfeld erfassen.

---

[161]   VGL. ALBERTS, WILLIAM; MC TAGGERT, JAMES (1984): S. 142f.
[162]   VGL. SEED, ALLEN (1985): S. 45.

3 DER SHAREHOLDER VALUE ALS KONZEPT DER WERTORIENTIERTEN UNTERNEHMENSFÜHRUNG

3.1 Darstellung und Bestimmung des Shareholder Value-Ansatzes

3.1.1 Der Begriff des Shareholder Value

Mittlerweile greift fast jedes große Unternehmen die Idee des Shareholder Value auf und stuft dessen Bedeutung und die Unternehmensfokussierung darauf als sehr hoch und notwendig ein. "Bald legen alle kontierten Gesellschaften in ihren Leitbildern, Aktionärsbriefen, auf den Pressekonferenzen und Präsentationen für Finanzanalysten ein Bekenntnis zum Shareholder Value ab"[1]. „Shareholder Value ist zu einem eigentlichen Schlagwort geworden"[2], was oft auf wenig präzisen Vorstellungen und unterschiedlichen Begriffsdefinitionen beruht[3]. So ist Shareholder Value sogar zum viel diskutierten Modebegriff geworden[4]. Er wird häufig benutzt, aber selten richtig verstanden und eingesetzt oder als Handlungsmaxime in Unternehmen konsequent umgesetzt[5].

Die erste umfassende Darstellung des Shareholder Value-Ansatzes, im deutschen Sprachraum oft auch Marktwertorientierung genannt, lieferte 1986 Rappaport[6]. Der Ausgangspunkt des Shareholder Value-Ansatzes ist aus der Sicht der Aktionäre (Shareholder) die Maximierung ihrer Erträge in Form von Dividenden und Unternehmenswertsteigerung (oft gemessen am Aktienkurs bzw. Marktwert)[7]. Der Nutzen der Aktionäre resultiert dabei primär aus der Wertsteigerung von Anteilen an einem Unternehmen und dem Erzielen von Erträgen aus diesem Unternehmen, die höher sind als Alternativanlagen. Somit kann der Unternehmensanteil als Investitionsobjekt betrachtet werden, für

---

[1] PHILIPP, B.C. (1995): S.23.
  VGL. RAPPAPORT, ALFRED (1995): S. 3f.
[2] VOLKART, RUDOLF (1995A): S. 1064.
[3] VGL. SEED, ALLEN (1985): S. 56f.
[4] VOLKART, RUDOLF (1995B).
[5] VGL. VOLKERT RUDOLF (1995B).
[6] VGL. RAPPAPORT, ALFRED (1986).
  Zur historischen Entwicklung des Shareholder Value-Ansatzes siehe Kapitel 3.3.
[7] VGL. RAPPAPORT, ALFRED (1998): S. 3f.
  VGL. WEBER, JÜRGEN; KNORREN NORBERT (1997B): S. 7f.

dessen Investitionswert die gleichen Kriterien wie für die Beurteilung von Investitionsprojekten herangezogen werden kann[8].

Shareholder Value soll somit nach dem Verfasser definiert werden als:

> Ausrichtung aller Aktivitäten der Unternehmung an dem Ziel, das Vermögen der Anteilseigner (über den Wert des Unternehmens) im Vergleich zu alternativen Anlagen mit gleichem Risiko zu mehren. Der Shareholder Value entspricht dabei dem Gegenwartswert der zukünftigen Kapitalzuflüsse der Aktionäre.

Der Eigenkapitalgeber strebt danach, den Wert seines finanziellen Engagements in einem Unternehmen zu steigern. Der Wert seiner Investition wird primär durch den Barwert der Zahlungsüberschüsse bestimmt, die er aus seinem Anteilsbesitz am Unternehmen erzielt[9]. Das Unternehmen muß sich jedoch bewußt sein, daß es als System zusätzlich interne und externe Beziehungen und Ansprüche zu berücksichtigen hat. Die Umsetzung von Shareholder Value darf sich dabei nicht auf kurzfristige Ziele und spekulativen Erfolg konzentrieren, sondern muß langfristig und in allen Unternehmensbereichen betrieben werden[10]. Der Shareholder Value ist somit mehr als „nur eine Kennzahl, die den Wert unternehmerischer Entscheidungen oder auch seinen aktuellen Unternehmenswert darstellen soll"[11]. Diese längerfristige, ganzheitliche Betrachtung gilt besonders für anfangs verlustbringende Neuausrichtungen oder Neugründungen von Unternehmen, wie es zur Zeit bei den sogenannten „Start up"-Unternehmen des E-commerce-Bereiches zu beobachten ist. Hierbei wird der Shareholder Value Gedanke als langfristige Zielsetzung verstanden und nicht als kurzfristig eingesetzte Finanzkennziffer[12].

Gerade die steigende Kapitalabhängigkeit von Unternehmen und die damit erforderlichen Investitionen von Anlegern in neue Geschäftsbereiche sind an die klassischen Shareholder Value Bewertungsmodelle und deren Weiterentwicklungen geknüpft[13]. Als klassischen Shareholder Value bezeichnet man den Ansatz nach Rappaport.

---

[8] VGL. HOSTETTLER, STEPHAN (1997): S. 23.
[9] VGL. GÜNTHER, THOMAS (1994): S. 14f.
[10] VGL. VOLKERT, RUDOLF (1995A): S. 1066f.
[11] EIGLER, JOACHIM (1999): S. 3.
[12] VGL. DAY, GEORGE S.; FAHEY, LIAM (1988): S. 45-57.
[13] VGL. HOSTETTLER, STEPHAN (1995): S. 308.

3.1.2 Die Aussage des klassischen Shareholder Value-Ansatzes nach Rappaport

Der Shareholder Value-Ansatz von Rappaport[14] lieferte die erste gesamtheitliche Darstellung zur wertorientierten Unternehmensführung[15]. Rappaport geht hierbei von börsennotierten Unternehmen aus, deren grundlegendes Ziel es sein muß, den Unternehmenswert zu steigern und damit zusätzlichen Wert für ihre Anteilseigner zu schaffen[16]. Dieser geschaffene Mehrwert drückt sich durch langfristige Kurssteigerungen und in der Regel steigende Dividendenausschüttungen aus, die den Vorstellungen der Anteilseigner entsprechen. Betrachtet man die Aktie als Investitionsobjekt, so entspricht der Unternehmenswert im Sinne der Investitionsrechnung „dem Barwert aller auf den Investor/Aktionär künftig zufließenden Netto-Einnahmen"[17]. Der Shareholder Value kann somit auch als

„Gegenwartswert aller zukünftigen Netto-Einnahmen des Investors"

definiert werden[18].

Unter der Annahme, daß auf einem effizienten Kapitalmarkt die Aktien mit dem Barwert der künftigen Zahlungen bewertet werden, kann der Shareholder Value als aktueller „Marktwert des Unternehmens" angesehen werden[19].

Die so berechnete Marktkapitalisierung drückt zwar den gegenwärtig vom Markt gemessenen Wert des Unternehmens aus, ist jedoch als Aussage über die Qualität des Wertes und die Zukunftsperspektiven des Unternehmens nur beschränkt aussagefähig da bei der Preisgestaltung an den Kapitalmärkten auch andere Faktoren im Rahmen der Börsenmanipulation eine erhebliche Rolle spielen[20].

Nicht nur finanzielle Mittelrückflüsse stellen eine Steigerung des Unternehmenswertes dar, sondern auch die langfristige Überlebenssicherung des Unternehmens sowie eine bessere Positionierung gegenüber den Mitbewer-

---

[14] VGL. RAPPAPORT, ALFRED (1998).

[15] Zur Entwicklung des Shareholder Value siehe Abschnitt 3.3.1.

[16] Es sei hierbei darauf hinzuweisen, daß der Shareholder Value nicht nur für börsennotierte Unternehmen, sondern für alle Unternehmen anwendbar ist, gleichgültig, ob Kapitalgeber und Management unterschiedlich sind oder nicht.

[17] HELBLING, CARL (1995A): S. 533.

[18] VGL. HOSTETTLER, STEPHAN (1997): S. 23f.

[19] VGL. BÜHNER, ROLF; WEINBERGER, HANS-JOACHIM (1991): S. 187.

[20] VGL. BANK, MATTHIAS (2000): S. 157ff.

bern und die Schaffung von Arbeitsplätzen[21]. Die Zusammenhänge zwischen der Erhöhung des Aktionärsnutzen und der Steigerung des Unternehmenswertes verdeutlicht Abbildung 8:

Nutzenpotential / Werttreiber	Produktion/ Beschaffung	Logisitk	Marketing	Absatzmarkt	Personal-management	Strategie (Planung, JV, Aquisition, Kontrolle)	Stakeholder
Umsatzwachstum	Rückwärts-integration		Aktivierung der Produktlebenszyklen	Systemlieferungen	Motivations-förderung Außendienst-schulung	Überwinden von Eintrittsbarrieren	Öffentlich-keitsarbeit intensivieren
Cash Flow Marge	Zentraler Einkauf	Konditionen-verbesserung	Preismanagement	Sortiments-optimierung	SHV orientierte Entlohnung	Analyse der Fertigungstiefe	
Investitionen ins Umlaufvermögen Anlagevermögen	Just in Time	Schließung von Außenlager		Vertriebsinvestition (shop in shop)	Qualifizierte Mitarbeiter, Maschinen-auslastung durch Schichtbetrieb	Verkauf nicht betriebsnotwendigen Vermögens	Koordination der Kunden- Mitarbeiter-Anteilseigner-Interessensgruppen-orientierten Investition
Kapitalkosten	Fremdfinanzierung			Optimierung d. Kundenkreises		Leverage Kapital	Subventionen
Ertragsteuern	Größendegression, zentraler Einkauf	Internationale Logistikstrategie	Marken-/ Marketing-steuerung	Zentrale Handels-gesellschaften	Einstellung von Steuerspezialisten	Internationale Firmenstruktur	

Abbildung 8: Valcor (value is core) Matrix der Wertsteigerungsstrategien, nach Gomez (1990), S.560.

Die in der Grafik gezeigten einzelnen Werttreiber können in allen Unternehmensprozessen zu einer Steigerung des Unternehmenswertes führen. Die Werttreiber werden durch das komplette Zusammenspiel der Nutzenpotentiale in den Prozessen maximiert. Die Analyse der einzelnen Bereiche ist dabei Grundlage für eine unternehmensweite Shareholder Value Orientierung.

Dem Sparer bzw. Investor wird laut Rappaport beim Kauf einer Aktie ausschließlich finanzielles Interesse nachgesagt. Die hierbei erwirtschaftete Rendite soll nicht schlechter als die einer Alternativanlage sein[22] und kann daher auch als wirtschaftliche Analyse der Aktieninvestition bzw. auch im Sinne einer dynamischen Investitionsrechnung gesehen werden[23]. Die Wertsteigerungsanalyse befaßt sich jedoch nicht mit den klassischen Investitionsrechnungen wie Ersatz-, Rationalisierungs-, und Erweiterungsinvestitionen, sondern mit dem gesamten Unternehmen als Anlagemöglichkeit bzw. mit dem Unternehmen als Grundlage der wertorientierten Strategieplanung[24]. Die Bewertungs-

---

21 VGL. COPELAND, THOMAS (1994): S. 97.

22 VGL. RAPPAPORT, ALFRED (1998): S. 22f.

23 VGL. BRUNE, JENS (1995): S. 63.

24 VGL. JANISCH, MONIKA (1992): S. 62.

methode beruht auf der Ertragswertmethode und einem diskontierten Cash Flow[25] als Bewertungsgrundlage[26]. Der Shareholder Value-Ansatz berücksichtigt neben den Werttreibern[27] Rentabilität und Wachstum auch den freien Cash Flow sowie die Zeit- und Risikopräferenzen der Anteilseigner[28].

Der freie Cash Flow ersetzt in diesem Konzept die bisherigen buchhalterischen Meßgrößen. Ihre erwähnten Nachteile, wie die Anfälligkeit für bilanzpolitische Maßnahmen durch das Management und die fehlende internationale Vergleichbarkeit, werden durch die Meßgröße des Cash Flows reduziert[29]. Ebenso wird der Zeitwert des Geldes, die Investitions- und Dividendenpolitik und das unternehmerische Risiko hierbei berücksichtigt[30]. Neben den Geldflüssen im Unternehmen (Cash Flow) spielen die Kapitalkosten eine wesentliche Rolle bei der anteilseigner (Shareholder Value) orientierten Unternehmensausrichtung und -bewertung.

Die Bestimmung der Kapitalkosten nach Kapitalmarktmodellen, wie das von Sharpe und Lintner entwickelte Capital Asset Pricing Model, oder die von Ross entwickelte Arbitrage Pricing Theory, führt zu einem Shareholder Value-Ansatz, in dem die moderne Kapitalmarkttheorie mit der Strategischen Planung und der Bewertung von Geschäftsfeldern verknüpft wird[31]. So können unternehmensinterne Werttreiber und Wertvernichter erkannt und verändert werden.

Der Shareholder Value-Ansatz nach Rappaport[32] legt die Ertragswertanalyse zur Bewertung der Vorteilhaftigkeit von Investitionen und zukünftigen Geschäftsentwicklungen zu Grunde. Er gilt als der klassische Shareholder Value-Ansatz.

Die Bewertungstechnik nach Rappaport basiert auf der Methode des Discounted Cash Flow[33]. Danach generiert ein Unternehmen oder dessen Teilbereiche Wert, wenn ein Cash Flow größer als Null erwirtschaftet wird.

---

[25] Die verschiedenen Cash Flow Arten und Ihre Berechnungen werden detailliert in Kapitel 3.2.1 dargestellt.

[26] VGL. GOMEZ, PETER; WEBER, BRUNO (1989): S. 25.

[27] Zur weiteren Beschreibung der Werttreiber siehe Kapitel 3.2.1

[28] VGL. RAPPAPORT, ALFRED (1998): S. 76.

[29] VGL. HELBLING, CARL (1995A): S. 535.

[30] VGL. RAPPAPORT, ALFRED (1998): S. 19ff.

[31] VGL. BISCHOFF, JÖRG (1994): S. 87.

[32] Im deutschen Sprachraum wurde dieser Ansatz besonders von Bühner und Gomez aufgenommen und weiterentwickelt.

[33] VGL. RAPPAPORT, ALFRED (1998): S. 50;
      VGL. GOMEZ, PETER; WEBER, BRUNO (1989): S. 25.

Die bisherigen Gewinngrößen[34] werden hierbei durch den Cash Flow ersetzt. Neben der geringeren Manipulierbarkeit[35] und den internationalen Vergleichsmöglichkeiten berücksichtigt der Cash Flow das Unternehmensrisiko. Bei der Berücksichtigung des Unternehmensrisikos wird der Gewinn durch die Cash Flow basierte Darstellung der tatsächlich unternehmensrelevanten Ereignisse ohne z.B. durch die Amortisation von „Goodwill" und anderen Bewertungsmöglichkeiten verfälscht dargestellt. Zudem berücksichtigt der verwendete Cash Flow die Investitions- und Dividendenpolitik da er aufzeigt in welcher Periode der Mittelzu- abfluß auftritt und sich damit das Working Capital[36] und Anlagevermögen verändert. Diese Veränderung des Working Capital wird in der Gewinn und Verlustrechnung normalerweise nicht abgebildet[37]. Letztendlich wird der Zeitwert des Geldes unter der Annahme, daß eine Geldeinheit heute mehr wert ist als morgen, berücksichtigt. So sind zwar die Erträge einer bestimmten Periode nicht gleich dem kalkulatorischen Shareholder Value Anstieg zu bewerten, jedoch sind sind sie direkt dem totalen Shareholder Value Rückfluß (Dividenden plus Aktienkursänderungen) zuzuordnen[38]. Der totale Shareholder Value Rückfluß wird dabei wesentlich von den zukünftigen Erwartungen der Shareholder Value Steigerung und damit dem Zeitwert des Geldes beeinflußt.

Besonders der frei verfügbare (Free) Cash Flow ist hierbei die wesentliche Beeinflussungsgröße zur Shareholder Value Steigerung[39]. Die Discounted Cash Flow Methode hängt hierbei im Wesentlichen von der Zuverlässigkeit der zukünftigen Cash Flow Schätzungen (ca. 5 Jahre) ab[40].

---

[34]   Zu Mängeln und Ausprägformen der klassischen Gewinnbegriffe vgl. Abschnitt 3.2.f.
[35]   VGL. HELBLING CARL (1995A): S. 535.
[36]   Working Capital wird zur Beobachtung der Liquidität genutzt. Es stellt die Differenz zwischen den Veränderungen des Umlaufvermögen und den kurzfristigen Verbindlichkeiten dar.
[37]   VGL. RAPPAPORT, ALFRED (1998): S. 15-18.
[38]   VGL. RAPPAPORT, ALFRED (1998): S. 20f.
[39]   VGL. BRUNE, JENS (1995): S. 63.
[40]   VGL. BÜHNER, ROLF (1994D): S. 17.

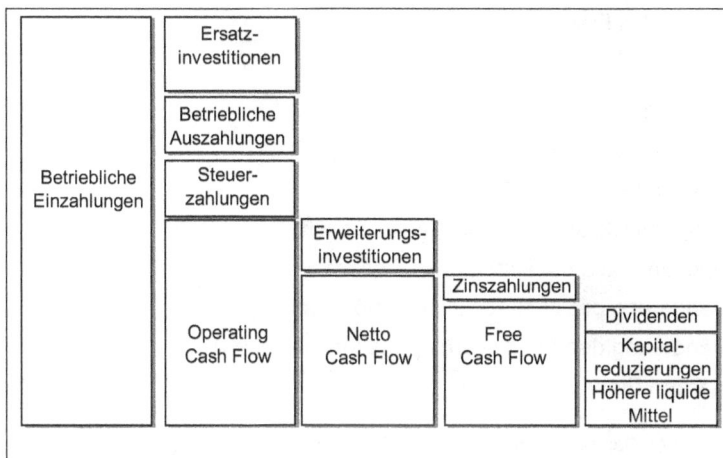

Abbildung 9: Herkunft und Verwendung des Cash Flow, nach Bühner (1994b): S. 15.

Die Abbildung zeigt die unterschiedlichen Arten des Cash Flow und deren Zusammensetzung.

Der **Operating Cash Flow** ist die Differenz zwischen den betrieblichen Einzahlungen und den Auszahlungen für den betrieblichen Leistungsprozeß.

Der **Netto Cash Flow** (= der zu diskontierende Cash Flow) ist die Differenz zwischen dem Operating Cash Flow und den kapazitätserweiternden Investitionen in Working Capital und Anlagevermögen. Er gibt Auskunft über die Investitions- und Schuldentilgungsfähigkeit des Unternehmens und beinhaltet keine Aufwendungen für Steuer und Ersatzinvestitionskapital[41].

Der **Free Cash Flow** ist der Wert, der für die Verteilung an die Anteilseigner oder zur neuen Wertschaffung zur Verfügung steht[42]. Er errechnet sich aus der Differenz zwischen Netto Cash Flow und den Kapitalaufwendungen/einnahmen. Der Free Cash Flow liefert den Anteilseignern konkrete Aussagen über die erzielte effektive Wertsteigerung des Unternehmens.

---

[41] VGL. COPELAND, THOMAS; KOLLER, TIMOTHY; MURRIN, JACK (1993): S. 31.
[42] VGL. HILLEBRAND, WINFRIED (1991A): S. 129.

Darstellung des Free Cash Flow[43]:

Umsatz
- betrieblicher Aufwand
= Betriebserfolg vor Zinsen und Steuern (EBIT)
*(1-Ertragsteuersatz)
+ zahlungsunwirksamer Aufwand (inkl. Zinsen)
- zahlungsunwirksamer Ertrag (inkl. Zinsen)
+/- Veränderung des Netto-Umlaufvermögens
+/- Veränderung des Anlagevermögens (Investitionen)
= **Free Cash Flow**

Abbildung 10: Darstellung des Free Cash Flow, eigene Darstellung.

Um den Shareholder Value des Unternehmens zu berechnen, werden laut obiger Formel die Summe aller Cash Flows innerhalb eines Prognosehorizontes betrachtet.

Der Diskontierungsfaktor für den Netto Cash Flow ergibt sich laut Rappaport aus dem Mittelwert der mit Hilfe des Capital Asset Pricing Modell (CAPM) berechneten Fremd- und Eigenkapitalkosten plus der Berücksichtigung des Risikofaktors[44].

Gerade an diesen verschiedenen, zukünftigen Cash Flows setzen die Rappaportschen Werttreiber (Value Driver) wie „Stellschrauben"[45] an. Sie beeinflussen neben den gegebenen Marktbedürfnissen, Güterpreisen[46] und der Konkurrenz den zu diskontierenden Cash Flow, den Diskontierungsfaktor und das Fremdkapital[47].

Maßgeblich in der Shareholder Value Theorie nach Rappaport sind die folgenden Werttreiber[48]:

---

[43] VGL. RAPPAPORT, ALFRED (1998): S. 25;
VGL. GOMEZ, PETER; WEBER, BRUNO (1989): S. 55.
[44] VGL. RAPPAPORT, ALFRED (1998): S. 42ff.
[45] JANISCH, MONIKA (1992): S. 67.
[46] VGL. VOLKART, RUDOLF; LABHART, PETER (2000).
[47] VGL. GOMEZ, PETER; WEBER, BRUNO (1989): S. 27f.
[48] VGL. RAPPAPORT, ALFRED (1998): S. 56ff.

- **Wachstumsdauer** (Value Growth Duration)

  Sie mißt die Dauer und periodenbezogene Veränderung des Umsatzes und die zukünftige Schätzung von Erträgen. Eine Umsatzsteigerung bedingt die Erweiterung des Anlagevermögens und des Working Capital.

- **Umsatzüberschußrate** (Sales Growth, Operating Profit, Income Tax Rate)

  Sie spiegelt das Verhältnis des Operating Cash Flow zum Umsatz wieder und zeigt den Anteil des Umsatzes, der für Renditezahlungen und Erweiterungsinvestitionen zur Verfügung steht. Die Schätzung der Ertragssteuern sollte auf dem effektiv zu zahlenden Betrag basieren, da der Betrag der kalkulatorisch festgehaltenen Steuern oftmals höher ausgewiesen wird[49].

- **Erweiterungsinvestitionsrate** (Working Capital/Fixed Capital Investment)

  Sie ist das Verhältnis des Working Capitals zur Umsatzveränderung und zeigt, welcher Umsatzanteil in das Anlage- und Umlaufvermögen investiert werden muß, um ein bestimmtes Umsatzwachstum zu erreichen. Die Investitionen hängen neben dem Umsatzwachstum von weiteren Faktoren wie z.B. der Inflation, den technologischen Veränderungen, den Wettbewerbern und dem eigenen Produkt-Mix ab[50].

  Durch Desinvestition kann zwar kurzfristig der Cash Flow erhöht werden, allerdings wird er langfristig durch mögliche geringere Umsatzwachstumsraten reduziert. Entsprechen die Einsparungen aus den nicht getätigten Investitionen dem reduzierten Umsatzwachstum, bleibt der Cash Flow gleich. Die genauen Auswirkungen der Investitionen auf den Cash Flow hängen stark von ihrer Art und der Bewertung nach Ersatz- oder Erweiterungsinvestitionen ab[51].

- **Kapitalkosten** (Cost of Capital)

  Die Mindestrendite, die ein Unternehmen erzielen muß, ergibt sich aus den Opportunitätskosten (Renditenhöhe einer Alternativanlage bei gleichem Risiko) der Eigen- und Fremdkapitalgeber. Der Diskontierungsfaktor berechnet sich aus dem gewogenen Mittel der Kapitalkosten der Kapitalgeber. Die Bestimmung der Fremdkapitalkosten durch marktübli-

---

[49] VGL. GOMEZ, PETER; WEBER, BRUNO (1989): S. 31.
[50] VGL. RAPPAPORT, ALFRED (1998): S. 54.
[51] VGL. JANISCH, MONIKA (1992): S. 68.

che Konditionen ist in der Regel einfacher als eine theoretische Herleitung[52]. Die Bestimmung der Eigenkapitalkosten erfolgt durch die Summierung des risikofreien Zinssatzes, des unternehmerischen Risikofaktors und der durchschnittlichen Risikoprämie des Marktes.

- **Risikofreier Zinssatz:**

  Obwohl es keine absolut risikofreien Anlageformen gibt, können Staatsanleihen bonitätsstarker, wirtschaftlich und politisch stabiler Staaten als Vergleich herangezogen werden.

- **Unternehmerischer Risikofaktor β:**

  Der Risikofaktor wird bei börsennotierten Unternehmen durch die Wertpapierveränderung im Vergleich zur Marktrenditenänderung, den β-Faktor gemessen. Bei nicht börsennotierten Unternehmen wird der Risikofaktor über die Analogie und die Accounting-β-Methode berechnet[53].

- **Durchschnittliche Marktrisikoprämie:**

  Sie zeigt die Varianz der Rendite für das Unternehmen und der durchschnittlichen Marktrendite im Vergleich zur Rendite für risikofreie Anlagen. Als risikofreie Anlagen gelten hierbei langfristige Staatsschuldverschreibungen bonitätsstarker Länder.

Die Grafik zeigt im Überblick den Zusammenhang der einzelnen Werttreiber mit deren Beeinflussungsmöglichkeiten, Bewertungsfelder und Unternehmensziele:

---

[52] VGL. BÜHNER, ROLF (1994A): S. 22f.
[53] Siehe hierzu die Erläuterungen in Kapitel 3.1.2.1

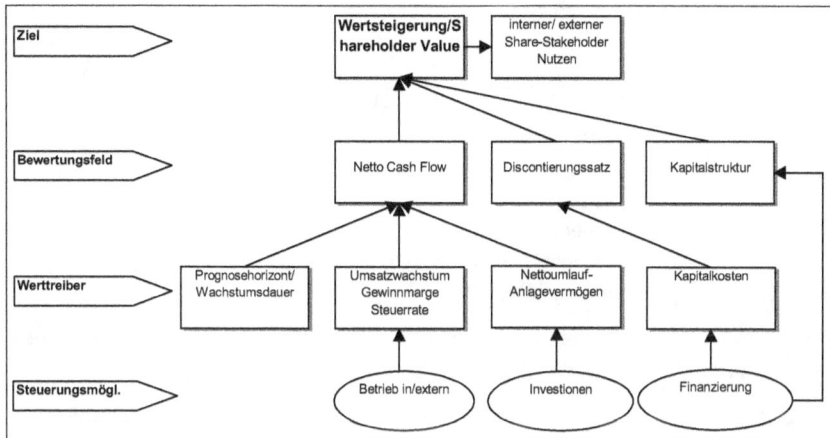

Abbildung 11: Wertsteigerungsnetzwerk, nach Rappaport (1998) S. 56.

Die Abbildung zeigt, daß mittels Beeinflussung der Werttreiber die gesamte Wertentwicklung des Unternehmens und seiner Teilbereiche gesteuert werden kann[54]. Der Ansatz nach Rappaport stellt durch die Identifikation der Wertgeneratoren und der Prognose der Auswirkungen von Handlungsalternativen ein bedeutendes Element in der strategischen Planung und deren Bewertung dar[55].

Die Anwendungsmöglichkeiten dieses Wertsteigerungsnetzwerkes liegen für das Management neben der Beeinflussung einzelner Werttreiber auch in der Bewertung einzelner Geschäftsfelder bzw. des Gesamtunternehmens.

Bei der Erfolgsbewertung im Rahmen der Shareholder Value-Analyse, entspricht der Unternehmens(-teil) wert der Summe aller abgezinsten Cash Flows innerhalb eines bestimmten Prognosezeitraumes zuzüglich der Geldflüsse außerhalb dieses Zeitraumes. Es müssen ebenfalls alle Kapitalvermögen inklusive des nicht betriebsnotwendigem Vermögen berücksichtigt werden[56].

Nach Gomez/Weber gilt für den Zukunftswert des Unternehmens folgende Formel[57]:

---

[54]   ALBERTS, WILLIAM; MC TAGGERT, JAMES (1984): S. 138-151.
[55]   VGL. BÜHNER, ROLF; WEINBERGER, HANS-JOACHIM (1991): S. 195ff.
[56]   VGL. RAPPAPORT, ALFRED (1998): S. 51.
[57]   VGL. GOMEZ, PETER; WEBER, BRUNO (1989): S. 30f.

$$ZEW = \sum_{T=1}^{h} \frac{CF_{free}}{(1+p/100)^h} * \frac{E_h}{(1+p/100)''}$$

ZEW = Zukunftseinheitswert des Unternehmens
h = Prognosehorizont
CF $_{free}$ = Frei verfügbarer Cash Flow
E_h = (Ziel) Endwert des Unternehmens am Ende des Prognosezeitraumes
P = Kapitalisierungszinssatz

Der Endwert des Unternehmens entspricht dem gesamten Verkaufswert des Unternehmens am Ende der Planungsperiode.

Um den Shareholder Value zu errechnen, muß von dem Zukunftswert noch der Marktwert des Fremdkapitals subtrahiert werden.

Es ergibt sich damit folgende Formel:

$$SHV = \sum_{T=1}^{h} \frac{CF_{free}}{(1+p/100)^h} * \frac{E_h}{(1+p/100)^h} - FK$$

SHV = Shareholder Value
FK = aktueller Marktwert des Fremdkapitals

Damit ergeben sich als wesentliche Determinanten zur Ermittlung des Shareholder Value der

1. freie Cash Flow und der Prognosehorizont,
2. der Zinssatz sowie
3. der Unternehmensendwert[58]

3.1.2.1 Das Capital Asset Pricing Modell (CAPM)

Das Capital Asset Pricing Modell bildet eine wesentliche Voraussetzung zur Ermittlung des klassischen Shareholder Value.

Grundlage für das Kapitalmarktmodell[59] (CAPM), welches anfänglich zur Erklärung der Kursbildung von Aktien entwickelt wurde, ist die Portfolio-

---

[58] VGL. HILLEBRAND, WINFRIED (1991A): S.128f.
[59] Im Rahmen der Arbeit können nur die Grobzüge des CAPM als Grundlage für den Shareholder Value dargestellt werden.

Theorie[60]. Zu deren wesentlichen Aussagen gehört, daß ein Anleger bei der Auswahl seiner Anlagemöglichkeiten das Investitionsrisiko einzelner Wertpapiere durch Mischung mit anderen Wertpapieren reduzieren kann[61]. Beim CAPM wird zwischen einem nicht verzinsbaren Marktrisiko und einem durch Diversifikation des Portfolios vermeidbaren Risiko unterschieden[62]. Als theoretische Annahmen liegen eine quadratische Nutzenfunktion des Anlegers, eine Normalverteilung der Anlagerenditen und ein vollkommener Kapitalmarkt zugrunde. Von den Investoren/Anlegern werden nur solche Anlagekombinationen am Anlagemarkt gewählt, die bei einem gegebenen Risiko eine maximale Rendite erwarten lassen. Diese Anlagekombinationen stellen die Gesamtheit der effizienten Investitionsmöglichkeiten am Kapitalmarkt dar. Da die Renditen der einzelnen Anlagen in der Regel nicht vollständig korreliert sind, kann das Risiko einer Investition bei gleichbleibender Rendite grundsätzlich durch Portfoliobildung reduziert werden (Diversifikationseffekt). Demjenigen Teil des Risikos, der sich kostenlos, d.h. ohne Ertragseinbußen eliminieren lässt, steht das systematische Risiko (Marktrisiko) gegenüber. Für das Risiko verlangt der Kapitalmarkt eine Entschädigung in Form höher erwarteter Renditen[63].

Das Risiko eines ausreichend diversifizierten Portfolios hängt somit ausschließlich von dem Marktrisiko der Anlagen eines Portfolios ab. Als effizient gilt eine Gewichtung, für die bei gegebenen Erwartungswerten kein anderes Portfolio ein besseres Ergebnis liefert. Der Erwartungswert der Rendite eines einzelnen Wertpapiers setzt sich im Kapitalmarktgleichgewicht aus dem Zinssatz für risikolose Wertpapiere und einer Risikoprämie für die Aktien (Beta-Faktor) zusammen. Dieses Beta entspricht dem Marktpreis für die Übernahme des Risikos auf dem Kapitalmarkt. Die risikolose Anlage hat ein Beta von 0, eine risikoreichere Anlage hat ein Beta > 0.

Die Annahmen des CAPM sind[64]:

- Die Anleger verfügen über vollständige und gleiche Informationen.

- Zu einem risikolosen Zinssatz können alle Anleger unbeschränkt Kapital anlegen und aufnehmen.

- Alle Wertpapiere werden öffentlich gehandelt.

[60] VGL. GERKE, WOLFGANG (1995c): S. 1538-1551.
[61] VGL. HARBRECHT, WOLFGANG (1971): S. 108.
[62] VGL. HARBRECHT, WOLFGANG (1971): S. 96ff.
[63] VGL. BEHM, ULRICH (1994): S. 28.
[64] VGL. COPELAND THOMAS, WESTON, FRED (1988): S. 194f.

- Es gibt am Markt keine Transaktionskosten und Steuern.

- Die Investoren haben homogene Erwartungen und können den Marktpreis eines Wertpapiers nicht beeinflussen.

- Alle Anleger haben das Ziel der Nutzenmaximierung und sind risikoscheu.

Bei der Annahme einer solchen Marktbeschaffenheit wird es kein Wertpapier geben, das nicht dem Gleichgewichtspreis entspricht. Bei Marktgleichgewicht gilt: "Die Summe der Marktwerte aller Eigenkapital- und Fremdkapitaltitel eines Unternehmens ergibt den gesamten Marktwert des Unternehmens. Eine noch so geschickte Aufspaltung der Cash Flows bewirkt keine Änderung des gesamten Unternehmens wertes, solange die Investitionsseite unverändert bleibt."[65]

Bei einer Anwendung des Modells für die Bestimmung des Risikozuschlages beim Shareholder Value-Ansatz ist davon auszugehen, daß der Beta Faktor auch maßgeblich für die Eigenkapitalkosten des Unternehmens ist. Ein Investor kann hierbei bei einer Investition am Kapitalmarkt bei gleichem Risiko die gleiche Rendite erzielen.

Wird der Risikozuschlag anhand des CAPM geschätzt, so muß zunächst die Marktrisikoprämie anhand der historischen Kapitalmarktdaten bestimmt werden. In einem weiteren Schritt werden dann die Beta-Koeffizienten durch lineare Regression zwischen den historischen Renditen (bei konstanter Kapitalstruktur) der jeweiligen Aktien und den Betas der Indices am Aktienmarkt ermittelt, was zu historischen Betas führt[66]. Es stellt sich somit für den Anleger die Frage, wie er sein Kapital zwischen risikoloser Anlage und dem Marktportfolio nutzenmaximal verteilt.

Die Probleme des CAPM basieren auf den zum Teil wirklichkeitsfremden und restriktiven Annahmen[67]. Besonders die Unterstellung der vollständigen Informationen an den Kapitalmärkten ist als kritisch anzusehen. Verschiedene Untersuchungen[68] zeigen z.B., daß das CAPM nicht die in der Praxis übliche Preisbildung auf den Kapitalmärkten beschreibt und der Beta-Faktor keinen großen Beitrag zur Erklärung von Renditeunterschieden liefert. Das Kapitalmarktmodell ist zudem durch seine strikten Annahmen und den zum Teil feh-

---

[65] GERKE, WOLFGANG; BANK, MATTHIAS (1998): S. 316.

[66] VGL. BRUNE, JENS (1995): S. 80.

[67] VGL. RASTER, MAX (1995): S. 71.

[68] VGL. BACIDORE, JEFFREY; BOQUIST, JOHN; MILBOURN, TODD (1997): S. 11-20.

VGL. HARRIS, NIGEL (1999): S. 28ff.

VGL. HIGGINS, RICHARD (1985): S. 70ff.

lenden Marktbezug und den Bewertungen von Unternehmensbereichen sowie kleineren bzw. nicht börsennotierten Unternehmen, auf diese nur eingeschränkt anwendbar.

3.1.2.2 Die Arbitrage Pricing Theory (APT oder Arbitrage Pricing Model APM)

Die APT wurde auf Grund der theoretischen und empirischen Bedenken gegenüber dem CAPM, insbesondere der Bewertung nicht börsennotierter Unternehmen bzw. Unternehmensteilbereiche Anfang der 80er Jahre entwickelt. Während beim CAPM nur der Beta-Faktor des Unternehmens zur Bestimmung der Aktienrendite herangezogen wird, relativiert das APM einige Probleme der Definition des repräsentativen Marktportfolios des CAPM und bestimmt das systematische Risiko mit Hilfe zahlreicher Faktoren.[69]

Das APT basiert dabei auf zwei Annahmen:

a) es gibt keine Arbitragemöglichkeiten, was gleichbedeutend mit dem Gleichgewichtszustand auf dem Kapitalmarkt ist

b) die Aktienrendite ist als Linearkombination durch eine Vielzahl von Faktoren darstellbar die auf jede Veränderung der einzelnen Risikofaktoren reagiert.

Ausgehend von diesen Annahmen wir der Einfluß folgender makroökonomischer Faktoren auf das jeweilige Risiko der Branche analysiert:

- Kurzfristige Inflation
- Langfristige Inflation
- Index der industriellen Produktion
- Kurzfristiger Realzins
- Ausfallrisiko der Anleihen
- Stand der Branchenzyklen

Die Gegenüberstellung der einzelnen Unternehmensdaten mit den externen Faktoren liefert dabei eine relative Risikoeinschätzung des Unternehmens zur Branche und anderen Wettbewerbern[70]. Bei der Schätzung der Einflußgrößen

---

[69] VGL. COPELAND, THOMAS; KOLLER, TIMOTHY; MURRIN, JACK (1993): S. 215f.
[70] VGL. GOMEZ, PETER; WEBER, BRUNO (1989): S. 33f.

handelt es sich hierbei wahrscheinlich eher um nur um eine Auswahl möglicher Einflußfaktoren[71].

Das Problem des APM liegt in der schwierigen praktischen Anwendbarkeit und der komplexen Berechnung des Modells im Vergleich zur CAPM. Allerdings zeigt ein Vergleich der Ergebnisse zwischen APM und CAPM, daß das APM bessere Ergebnisse erzielte[72]. Empirische Untersuchungen zeigen jedoch auch, daß nur eine geringe Anzahl von Faktoren die Aktienrendite erklären kann und daher eine Ermittlung des eigenkapitalspezifischen Risikozuschlages nach APM in einzelnen Fällen sinnvoll erscheint[73].

Trotz der Kritik und dem Berechnungsaufwand beider Modelle, liefern das CAPM und das APT eine fundiertere Berechnungsgrundlage in Form eines Risikoaufschlags zur Ermittlung des Eigenkapitalkostensatz als die Methode der subjektiven Teilrisikozuschläge.

Ähnlich wie das Discounted Cash Flow Modell basieren zudem APM und CAPM auf einer bargeldäquivalenten Größenmessung und lassen sich daher gut miteinander kombinieren[74]. Aber gerade die genannten Kritikpunkte der beiden Modelle sind Basis für eine kritische Hinterfragung bei der Verwendung dieser Modelle zur Umsetzung des Shareholder Value Gedankens[75].

---

[71] VGL. RASTER, MAX (1995): S. 77.
[72] Dies ist jedoch auf Grund der Vergrößerung der Faktoren bzw. Berechnungsvariablen nicht verwunderlich, da dadurch keine Verschlechterung der Zielgröße in Kauf genommen werden muß.
      VGL. BRUNE, JENS (1995): S. 83.
[73] VGL. COPELAND, THOMAS; KOLLER, TIMOTHY; MURRIN, JACK (1993): S. 215.
[74] VGL. RÖTTGER, BERNHARD (1994): S. 140.
[75] VGL. BRUNE, JENS (1995): S. 84.

3.2 Weitere Ausprägungsformen des Shareholder Value-Ansatzes

Basierend auf der Berechnung des Unternehmenserfolges (Übergewinn) durch die Diskontierung zukünftiger Kapitalzuflüsse, sind die verschiedenen in der Abbildung dargestellten Discounted Cash Flow Methoden zur Ermittlung des Shareholder Value bedeutend:

Shareholder Value-Ansatz	Begründer d. Konzepte	Titel/Jahr der Veröffentlichung	Wesentliche Merkmale	Gewinngröße	Betrieblicher Übergewinn
Discounted Free Cash Flow	Rappaport, Alfred	Creating Shareholder Value 1986[76]	Werttreiber: Wachstumsdauer, Umsatzüberschuß, Erweiterungsinv.	Free Cash Flow	Zukunftswert des Unternehmens
Economic Value Added (EVA)	Steward, Bennett	The quest for Value 1991[77]	EVA = (Rendite/ Kapitalkosten)*eingesetztes Kapital	Brutto Cash Flow	Economic Value Added
Economic Profit	Copeland, Thomas; Koller, Timothy; Murrin, Jack	Measuring and Managing the Value of Companies 1990[78]	Kapitalrate Investitionsrendite	Net Operating Profit less adjusted Taxes	Economic Profit
Added Value	Davis, Evan ; Kay, John; London Business School	Assessing corporate performance 1990[79]	Operative Gewinn, Vermögen, Vermögensrendite, Kapitalkosten	Operating Profit	Added Value
Cash Value Added (CVA)	Lewis, Thomas; Stelter, Daniel; Boston Consulting Group	Steigerung des Unternehmenswertes 1994[80]	Brutto Cash Flow, Bruttoinvestitionsbasis, CFROI	Net Operating Profit after Taxes	Cash Value Added

Abbildung 12: Überblick der Ausprägungsformen des Shareholder Value, eigene Darstellung.

---

[76] Vgl. RAPPAPORT, ALFRED (1996).

[77] Vgl. STEWART, BENNETT (1991).

[78] Vgl. COPELAND, THOMAS; KOLLER, TIMOTHY; MURRIN, JACK (1990).

[79] Vgl. DAVIS, EVAN; KAY, JOHN (1990).

[80] Vgl. LEWIS, THOMAS; STELTER, DANIEL (1994).

Die in der Abbildung dargestellten verschiedenen Konzepte sind sich relativ ähnlich und weisen zum Teil aufeinander hin oder bauen aufeinander auf[81]. Gemeinsam ist ihnen, daß sie den Ansatz von Rappaport als Grundlage der Shareholder Value-Orientierung ansehen, wobei auch die zugrundeliegenden finanztheoretischen Ansätze nicht neu sind[82].

Aus deutscher handelsrechtlicher Sicht liegt bereits bei einem positiven Saldo aller Erträge und Aufwendungen ein Gewinn vor. Bei dieser HGB-Sichtweise wird das dem Unternehmen bereitgestellte Eigenkapital als kostenlos zur Verfügung gestellt betrachtet. Bei der Methode nach Copeland wie auch bei anderen Shareholder Value Ansätzen werden die Eigenkapitalkosten mit Hilfe des Capital Asset Pricing Models bzw. dem Arbitrage Pricing Modell[83] kapitalmarktbezogen errechnet[84] und gehen in Form der Differenz zwischen Eigenkapitalrendite und kapitalmarktbezogenen Eigenkapitalkosten als Diskontierungszins in die Erfolgsberechnung des Unternehmens mit ein[85].

3.2.1 Economic Profit-Methode nach Copeland/Koller/Murrin

Die Methode von Copeland/Koller/Murrin zur Berechnung des Economic Profit[86] basiert im wesentlichen auf dem gleichen Entscheidungskriterium wie die Shareholder Value Methode von Rappaport, dem positiven Kapitalwert einer Investition. Der Kapitalwert errechnet sich ebenfalls auf Basis des Free Cash Flow. Der relevante Cash Flow wird jedoch bei der Methode des Economic Profit (Unternehmenswert bzw. Net Operating Profit Less Adjusted Taxes NOPLAT) nicht individuell errechnet, sondern aus den Standardinformationen der Bilanz und der Gewinn- und Verlustrechnung gewonnen[87]. Vom NOPLAT

---

[81] VGL. LEWIS, THOMAS; STELTER, DANIEL (1994): S. 124.

[82] RÖTTGER, BERNHARD (1994): S. 34.
Siehe hierzu auch die Ausführungen in Kapitel 3.3.

[83] Zur Erläuterung der Kapitalmarktmodelle CAPM und APM siehe Abschnitt 3.1.2.2

[84] Wenn auch zur Ermittlung der Kapitalkosten beide Modelle in Betracht kommen, werden ihnen doch einige praktische Mängel nachgesagt. VGL. COPELAND, THOMAS; KOLLER, TIMOTHY; MURRIN, JACK (1993): S. 257.

[85] RÖTTGER, BERNHARD (1994): S. 20.

[86] Der Ausdruck Economic Profit kann bei direkter Übersetzung ins Deutsch mit dem Ausdruck Ökonomischer Gewinn verwechselt werden. Helbing benutzt den Begriff Economic Profit, definiert ihn jedoch anders als Copeland indem er ihn als Periodenteilerfolg betrachtet. Er berücksichtigt jedoch nicht die Mindestverzinsung des Eigen- und Fremdkapitals.
VGL. HELBLING CARL (1995A): S. 543 ff.

[87] VGL. COPELAND, THOMAS; KOLLER, TIMOTHY; MURRIN, JACK (1993): S. 205ff.

wird das mit dem weighted average cost of capital (WACC = durchschnittliche Kapitalkosten) bewertete, investierte Kapital abgezogen.

Economic Profit = NOPLAT − (Invested Capital * WACC)

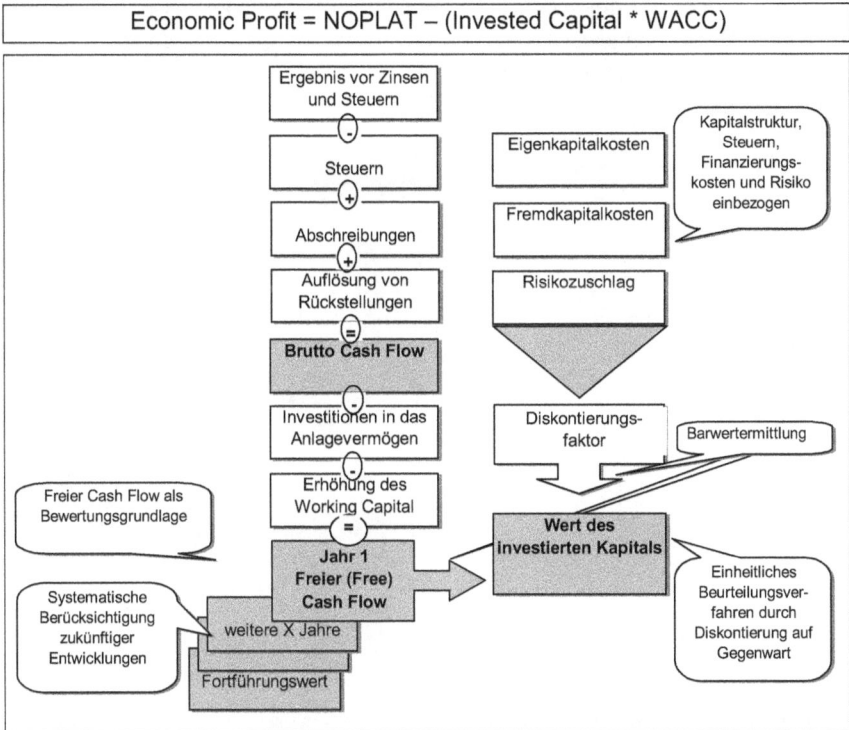

Abbildung 13: Berücksichtigung der wesentlichen Einflußfaktoren des investierten Kapitals bei freiem Cash Flow, nach Copeland, Thomas; Koller, Timothy; Murrin, Jack (1993): S. 17.

Die Abbildung 13 zeigt, daß, vom operativen Ergebnis vor Zinsen und Steuern ausgehend, die zahlungsunwirksamen Aufwendungen und Erträge abgezogen werden. Dies soll ein wahres Bild der operativen Zahlungsströme im Unternehmen darstellen. Vom operativen Cash Flow (laut Copeland/Koller/Murrin der Brutto Cash Flow) werden die Investitionen in Working Capital und Sachanlagen abgezogen, um zu dem im wesentlichen mit Rappaport übereinstimmenden Netto Cash Flow zu gelangen[88]. Die Prognose des Cash Flow wird

---

[88] VGL. COPELAND, THOMAS; KOLLER, TIMOTHY; MURRIN, JACK (1993): S. 207ff.

dabei in 2 Zeiträume eingeteilt: Den mit ausreichender Sicherheit planbaren Zeitraum (bis ca. 5 Jahre) und den darauf folgenden Zeitraum, dessen Cash Flow Summe als Restwert bezeichnet wird (long explicit forecast)[89].

Die Berechnung des Restwertes bei Copeland (bzw. der bei Copeland bezeichnete Fortführungswert) wird aus der Summe der geschätzten, zukünftigen Cash Flows jenseits der Planungsperiode errechnet. Folgende Grafik gibt einen Überblick:

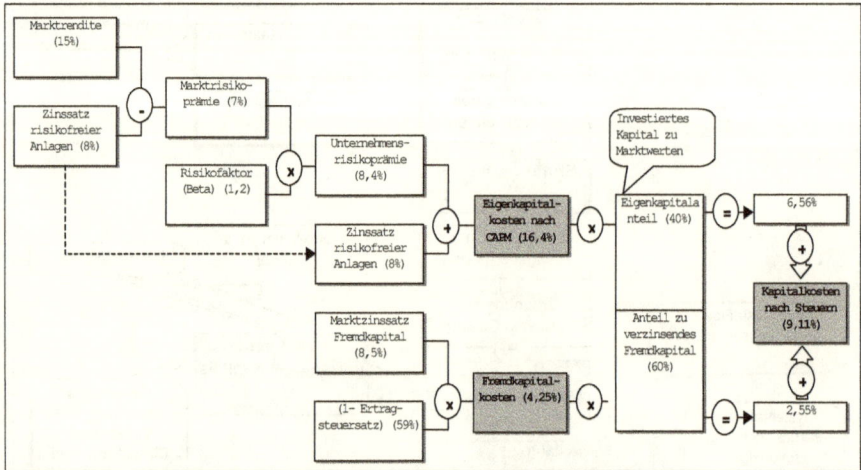

Abbildung 14: Ermittlung der Kapitalkosten nach der Kapitalstruktur und den Opportunitätskosten nach Copeland, Thomas; Koller, Timothy; Murrin, Jack (1993): S. 18.

Die Abbildung 14 zeigt die Ermittlung der Kapitalkosten nach Steuern durch das Gewichten der Eigenkapitalkosten und der Fremdkapitalkosten. Die Marktrendite für das Eigenkapital werden mit Hilfe des CAPM berechnet. Der Diskontierungsfaktor wird wie bei Rappaport durch den gewichteten Mittelwert der Eigen- und Fremdkapitalkosten nach Steuern berechnet. Die Marktrendite ergibt sich aus einer vergleichbaren Anlageform minus der Marktrisikoprämie gemäß CAPM. Der Marktzinssatz ist der zu zahlende Zinssatz für Fremdkapital.

---

[89] VGL. BÜHNER, ROLF (1994A): S. 18f.

Der Fortführungswert kann dabei einen erheblichen Anteil am Gesamtunternehmenswert ausmachen und ist sehr von der jeweiligen Unternehmensbranche abhängig[90]. Dies zeigt, „daß während der Planungsperiode Mittel investiert wurden, die erst zu einem späteren Zeitpunkt Rückflüsse generieren."[91] Diese Investitionen müssen bei der Ermittlung des Fortführungswertes berücksichtigt werden. Die Restwertschätzung hängt dabei von der Investitionsstrategie des Unternehmens ab. Bei Desinvestitionen nehmen die Zahlungszuflüsse aus Sicht des Unternehmens ab, wobei bei Investitionen in den frühen Zahlungsperioden mit Mittelabfluß und in den späteren Perioden mit erhöhten Mittelzuflüssen zu rechnen ist. Je höher der Anteil des Fortführungswertes am Gesamtunternehmen ist, desto wichtiger ist die Methode seiner Bestimmung. Hierbei ergibt sich die Diskrepanz zwischen einem möglichst exakten, aufwendigen und einem effizienten, einfachen Verfahren. Die Gefahr bei den vereinfachten Methoden (z.B. der Annuitätenmethode, bei der ein Unternehmen gerade die Kapitalkosten erwirtschaftet, wodurch ein wachsendes Unternehmen keinen zusätzlichen Wert generiert) liegt in der „Schönrechnerei" durch das fehlende Einbeziehen von internen und externen Einflüssen[92].

Zur Vereinfachung der Planungsverfahren gehen Copeland/Koller/Murrin von den wesentlichen Werttreibern **Kapitalrendite** und **Investitionsrate** aus.

Obige Theorien unterscheiden sich von Rappaports Ansatz durch die nicht so strikte Operationalisierung der Werttreiber. Sie sind abhängig vom Informationsstand, Sanktionen oder Anreizen bei Abweichungen zwischen Plan- und Ist-Werten und dem jeweiligen Stand der Instrumente zur Überprüfung der Planungskonsistenz. Dadurch ist eine unternehmensindividuellere Anpassung der Werttreiber möglich. Die Wertreiber können zudem auch auf nationale, kulturelle und stakeholder-spezifische Bedürfnisse eingehen.

3.2.2 Methode nach der London Business School (Added Value nach Davis/Kay)

Ausgehend von dem Begriff des Value Added, der mit dem deutschen Begriff der betrieblichen Nettowertschöpfung (einschließlich Abschreibungen) gleichgesetzt werden kann, wird daraus der Übergewinn (Zusatzgewinn), der Added

---

[90] VGL. COPELAND, THOMAS; KOLLER, TIMOTHY; MURRIN, JACK (1993): S. 208.

[91] BÜHNER, ROLF (1994A): S. 19.

[92] VGL. COPELAND, THOMAS; KOLLER, TIMOTHY; MURRIN, JACK (1993): S. 210.

Value, definiert[93]. Die sprachliche Ähnlichkeit sollte hierbei nicht zu einer Gleichsetzung der Begriffe führen[94].

Added Value = Value Added - Personalkosten - Kapitalkosten

Personalkosten, Gewinn und Kapitalkosten, abgezogen vom Umsatz ergeben den Value Added. Der Value Added ist neben den Lohnkosten und den Kapitalkosten ein Teil des Added Value.

Als Basisgrößen der Werttreiber gelten hierbei der **operative Gewinn**, das betriebliche **Vermögen (Capital Employed)**, die **Vermögensrendite (Return on Capital Employed)** und die **Kapitalkosten (Normal Cost of Capital)**.

Der **Gewinn** wird als Größe vor Fremdkapitalzinsen und Steuern angesehen[95]. Die Neuinvestitionen werden mit dem Wiederbeschaffungswert plus Inflationsrate berechnet. Die Inflationsanpassung bezieht sich nur auf das Anlagevermögen. Die jährlichen Bruttoinvestitionen werden gesondert über die gesamte Planungsperiode inflationiert[96]. Aufgrund der Inflationierung des betrieblichen Vermögens ist es notwendig, die Gewinngröße der geänderten Vermögensbasis anzupassen. Diese Anpassung ist nicht frei von Kritik[97]. Ebenso ist der Aufwand einer Inflationsrechnung erheblich. Bei einem Wegfall dieser zusätzlichen Inflationsberechnung ergibt sich von der Cash Flow orientierten Reihenfolge der von Davis/Kay untersuchten Unternehmen keine relative Veränderung des Added Value, nur das absolute Niveau des Added Value hat sich um den Inflationsfaktor erhöht[98].

Das betriebliche **Vermögen** (= Umlaufvermögen plus Anlagevermögen) wird um die laufenden Kosten angepasst, indem vom Anlagevermögen die

---

[93] VGL. DAVIS, EVAN; KAY, JOHN (1990): S. 1.

[94] VGL. EBENDA: S. 11.

[95] VGL. RÖTTGER, BERNHARD (1994): S. 34.

[96] VGL. DAVIS, EVAN; FLANDERS, STEPHANIE; STAR, JONATHAN (1990): S. 25ff.

[97] „Die Berücksichtigung eines solchen Substanzgewinnes ist nicht unumstritten. Einerseits ist dies eine Maßnahme im Sinne der gewünschten Konsistenz zwischen Vermögens- und Gewinngröße, was zu einem weniger verzerrten Bild der betrieblichen Profitabilität führt. Andererseits stellt dieser Substanzgewinn ein Gewinnelement dar, welches nicht als Erfolg der eigentlichen betrieblichen Tätigkeit gewertet werden kann." HOSTETTLER, STEPHAN (1997): S. 64.

[97] VGL. NEUMANN, MANFRED (1991): S. 23f.

[98] VGL. DAVIS, EVAN; FLANDERS, STEPHANIE; STAR, JONATHAN (1990): S. 32.

historischen Kosten subtrahiert und die inflationierten Werte anschließend addiert werden.

Die **Vermögensrendite (Return on Capital Employed)** errechnet sich wie bei den bisherigen Shareholder Value Modellen aus der Division des operativen Gewinns und des gebundenen Kapitals (Capital employed). Der von Davis/Kay benutzte relative Added Value macht arbeits- und kapitalintensive Unternehmen vergleichbar, indem der Added Value ins Verhältnis zu der Summe aus Personalkosten und Kapitalkosten gesetzt wird[99]. Es hat sich herausgestellt, daß der Zusammenhang zwischen relativem Added Value und Vermögensrendite extrem hoch ist[100].

Für die Berechnung der **Kapitalkosten** wird der risikolose Zinssatz in Form von langfristigen Staatsanleihen herangezogen.

Der Added Value beschränkt sich in seiner Anwendung hauptsächlich auf die periodische Leistungsmessung. Im Gegensatz zu den anderen Shareholder Value Formen zielt er verstärkt auf einen zutreffenden und gerechtfertigten historischen Vergleich der Unternehmen.

3.2.3 Methode nach der Boston Consulting Group (Cash Value Added)

Die Shareholder Value Methode des Cash Value Added (CVA) wendet die interne Zinsfußmethode als weiteres Verfahren der dynamischen Investitionsrechnung an. Danach steigert eine Investition bzw. ein Unternehmen seinen Unternehmenswert, wenn der interne Investitionszinsfuß über den externen Kapitalkosten liegt. Der Cash Value Added mißt dabei den Wertzuwachs auf Cash Flow Basis[101].

$$\text{CVA} = (\text{CFROI} - \text{Kapitalkosten}) * \text{Bruttoinvestition}$$

Die entsprechenden Werttreibergrößen sind die **Gewinngröße (Brutto Cash Flow)**, das **Vermögen (Bruttoinvestitionsbasis)**, die **Vermögensrendite (Cash Flow Return on Investment, CFROI)** und die Höhe der **Kapitalkosten**.

Der **Brutto Cash Flow** entspricht hierbei dem CVA. Er weicht in der Definition kaum von den bisher vorgestellten Methoden ab. Er wird aus einem Jah-

---

[99] VGL. DAVIS, EVAN; KAY, JOHN (1990): S. 13.

[100] VGL. RÖTTGER, BERNHARD (1994): S. 210.

[101] VGL. LEWIS, THOMAS; STELTER, DANIEL (1994): S. 125.

resabschluß ermittelt und ist „der Liquiditätsfluß aus der Geschäftätigkeit vor Investitionen und Anlagevermögen und Working Capital"[102].

Die **Bruttoinvestitionsbasis** ergibt sich aus der Summe der Investitionen abzüglich der nicht verzinslichen Verbindlichkeiten plus den Abschreibungen[103]. Zur Vergleichbarkeit mit dem heutigen Cash Flow werden die getätigten Investitionen inflationsmäßig angepasst. Zudem werden neben kapitalisierten Mietaufwendungen auch immaterielle Werte aktiviert.

Der **CFROI** kann als interner Zins von nachkalkulierten Investitionsentscheidungen angesehen werden[104]. Seine Zinssummen sind mit den abgezinsten zufließenden Mitteln des Investitionsbetrages gleich[105]. Zur Berechnung des CFROI benötigt man:

a) die Investitionshöhe,

b) die Nutzungsdauer des Anlagevermögens,

c) den Restwert der Investition sowie

d) einen für den Zeitraum üblichen Brutto Cash Flow.

Der CFROI „drückt das Verhältnis des von einem Unternehmen während der Nutzungsdauer erzeugten Cash Flows zur inflationsbereinigten Bruttoinvestition (investiertes Kapital)"[106] aus.

Die **Kapitalkosten** werden aus einem Portfolio (meistens nach Ländern) von Unternehmen, von dem der CFROI für jedes einzelne Unternehmen berechnet wird, bestimmt. Hierbei unterscheidet sich die Berechnung von den anderen Modellen sehr, versucht aber die entsprechenden Charaktere der Unternehmen in dem Portfolio aufzunehmen. Auf dieser Basis wird die Cash Flow Projektion mit der tatsächlichen Bewertung der Unternehmen, wie sie sich am Kapitalmarkt darstellt, verglichen[107].

Nur wenn das Unternehmen niedrigere Kapitalkosten als den CFROI hat, generiert es nach der Cash Value Added Methode einen Wertzuwachs im Sinne des Shareholder Value und ist für die Anleger rentabel.

---

[102] LEWIS, THOMAS; STELTER, DANIEL (1994): S. 248.
[103] VGL. LEWIS, THOMAS; STELTER, DANIEL (1994): S. 42f.
[104] VGL. RÖTTGER, BERNHARD (1994): S. 19.
[105] VGL. LEWIS, THOMAS; LEHMANN STEFFEN (1992): S. 5ff.
[106] LEWIS, THOMAS; STELTER, DANIEL (1994): S. 250.
[107] VGL. LEWIS, THOMAS; STELTER, DANIEL (1994): S. 80ff.

Da der Ansatz seine Daten aus dem externen Rechnungswesen bezieht, ist er leicht für Analysten anwendbar. Der Ansatz betrachtet vergangene Investitionen, die besonders einzelne Geschäftsbereiche einer Holding auf Wiederbeschaffungsbasis und Substanzerhaltung vor Kapazitätserhöhung bewerten können[108].

Als Nachteile der CFROI Analyse gilt das einmalige Heranziehen eines Jahresabschlusses, wobei atypische Fehlentwicklungen in dem entsprechenden Jahr nicht berücksichtigt werden. Die im Kapitel 2 gezeigten Möglichkeiten der Manipulierbarkeit der Jahresabschlüsse können sich damit besonders verfälschend auswirken.

Zudem ist die Ermittlung der Wiederbeschaffungskosten, die lineare Abschreibung und die Annahme konstanter Cash Flows während des Investitionszeitraumes problematisch[109]. Die zeitlichen Unterschiede zwischen Investition und zurückfließenden Erträgen wird nicht berücksichtigt. Daher ist die statische Zahl der Abschreibung nicht als Informationsgrundlage für Investitionsentscheidungen geeignet[110].

3.2.4 Methode nach Stern/Stewart – vom Economic Value Added (EVA) zum Market Value Added

EVA ist ein eingetragenes Warenzeichen der amerikanischen Stern/Steward Unternehmensberatung, die dieses Shareholder Value-Konzept in den letzten 10 Jahren bereits in ca. 300 Unternehmen weltweit implementiert hat[111].

Die begriffliche Verwandtschaft von Economic Value Added EVA und Value Added (Wertschöpfung) sollte nicht über die tatsächlich vorhandenen inhaltlichen Unterschiede von EVA und dem Added Value hinwegtäuschen[112]. EVA und Added Value unterscheiden sich insbesondere durch die beiden Inputfaktoren Personalaufwand und Mindestverzinsung. Die Personalaufwen-

---

[108] VGL. BÜHNER, ROLF (1994A): S. 43f.

[109] VGL. RÖTTGER, BERNHARD (1994): S. 21f.

[110] VGL. BÜHNER, ROLF (1994A): S. 45.

[111] Zu den bekanntesten Unternehmen die EVA implementiert haben, gehören vor allem US Unternehmen wie z.B. AT&T, Coca Cola, Duracell, NCR, Quaker Oats, Scott Paper, Whirlpool aber seit 2000 auch das deutsche Firma Siemens.
VGL. GIERSBERG, GEORG (1997): Coca Cola zeigt den Mitarbeitern morgens den Börsenkurs, in: Frankfurter Allgemeine Zeitung vom 8. Juli 1997.

[112] „Da sich das „Value Added" bei EVA nicht auf die Wertschöpfung bezieht, sondern dem „Added Value" entspricht, bleibt ungewiß, inwiefern die Entwickler von Economic Value Added einen bewußten Kunstgriff in der Namensgebung machten. Es ist denkbar, daß unter anderem Marketingaspekte für die bevorzugte Wahl von „EVA" gegenüber der Bezeichnung „EAV" ausschlaggebend waren." HOSTETTLER, STEPHAN (1997): S. 61f.

dungen und die Mindestverzinsung des eingesetzten Kapitals werden bei der Added Value Berechnung vom Gewinn abgezogen, bei EVA sind diese Kosten bereits im Gewinn berücksichtigt[113].

Stewart definiert EVA als Gewinn nach Steuern (NOPAT = Net Operating Profit After Taxes) abzüglich aller Kapitalkosten, die zum Erreichen des internen Gewinnes (Net Operating Assets, NOA) dienen: „operating profit less the cost of all capital employed to produce those earnings"[114]. Copeland/Koller/ Murrin bezeichnen den operativen Gewinn nach Steuern als „Net Operating Profit Less Adjusted Taxes (NOPLAT) represents the after-tax operating profits of the company after adjusting taxes to cash basis"[115]. Mit dem expliziten Hinweis auf den adjustierten Steueraufwand könnte die Bezeichnung NOPLAT als aufschlußreicher als die von Stewart verwendete Abkürzung NOPAT bezeichnet werden. Bei Steward's EVA Modell steht das "A" bei NOPAT für "After" und nicht "Adjusted". Der NOPAT des EVA Modells entspricht dabei im wesentlichem dem NOPLAT der Economic Profit Methode nach Copeland/Koller/Murrin wobei der NOPLAT auf Basis des betrieblichen freien Cash Flow definiert wurde. Somit ergibt sich für EVA folgende Formel:

$$EVA = NOPAT - NOA * C$$

Die Werttreiber bei EVA sind im wesentlichen:

- Die Gewinngröße NOPAT die aus der Gewinn und Verlustrechnung ermittelt wird.

- Das betriebsnotwendige Vermögen (NOA Net Operating Assets) errechnet sich aus der Aktivseite der Bilanz abzüglich nicht betrieblich genutzter, aber aktivierter und zuzüglich nicht aktivierter, aber betrieblich genutzter Vermögensgegenstände.

- Die internen Kapitalkosten c. Sie erfüllen bei EVA eine doppelte Funktion. Zum einen dienen sie als Mindestrendite, zum anderen werden sie als Basis zur Diskontierung zukünftiger EVAs im Rahmen der Unternehmensbewertung genutzt.

---

[113] VGL. RÖTTGER, BERNHARD (1994): S. 27 und S. 34.
[114] STEWART, BENNETT (1991): S. 2.
[115] COPELAND, THOMAS; KOLLER, TIMOTHY; MURRIN, JACK (1994): S. 155.

Die folgende Grafik gibt einen Überblick über die Zusammenhänge der Werttreiber im Economic Value Added Shareholder Value Modell. Die Werttreiber sind sehr komplex und beinhalten zum Teil mehrere Prozesse und Abläufe.

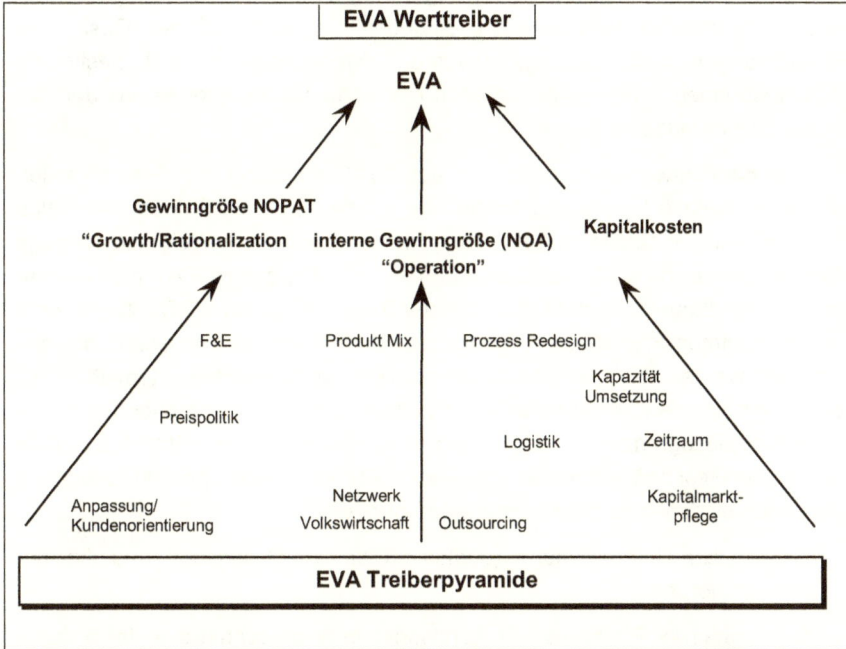

Abbildung 15: EVA Treibergrößen im Unternehmensprozess, eigene Darstellung

Die Grafik zeigt den wesentlichen Werttreiber von EVA, die interne **Gewinngröße**. Sie stellt den Net Operating Profit After Taxes (NOPAT) dar und zeigt wie er durch verschiedene Unternehmensprozesse beeinflußt werden kann[116]. Der Gewinn wird durch die jeweiligen Werttreiber "Kapitalkosten und Steuerung", "Operation" und "Growth/Rationalization" beeinflußt[117]. Sie stellen in ihren jeweiligen Prozeßketten die veränderbaren Unternehmenseinflußfaktoren dar.

Die realisierte Rendite der einzelnen Werttreiber, der NOPAT, wird hierbei ins Verhältnis zum eingesetzten Kapital gesetzt, abzüglich der theoretisch

---

[116] VGL. STEWART, BENNETT (1991): S. 86.
[117] VGL. HOSTETTLER, STEPHAN (1997): S. 150f.

anfallenden Steuern[118]. „Die Adjustierung des Steueraufwandes hat zum Ziel, eine theoretische Steuerbelastung zu errechnen, die nur für ein Unternehmen relevant wäre, das zu 100% mit Eigenkapital finanziert wäre und ausschließlich betriebliche Ergebnisse – also auch keine Wertschriftenerträge (Bewertungserträge aus dem Anlagevermögen, Lager etc.) oder Zinsaufwendungen – aufweist."[119] Zusätzlich wird versucht, entgegen den sonst üblichen Cash Flow Berechnungen, nicht zahlungswirksame Aufwendungen wie z.B. bestimmte Abschreibungen[120] oder bilanzpolitisch motivierte Manipulationen aus der Gewinngröße herauszurechnen.[121]

Die **Kapitalkosten** ergeben sich aus der Gewichtung der Gesamtkapitalkosten, wobei die Eigenkapitalkosten wie bei den anderen Shareholder Value Modellen mit der Capital Asset Pricing Methode bzw. dem Weighted Average Cost of Capital (WACC) berechnet werden. Da sich der NOPAT als Gewinngröße nach Steuern versteht, muß bei der Berechnung des WACC zur Summe der gewichteten Fremd- und Eigenkapitalkosten auch der Steuersatz mit einbezogen werden. Zur genauen Unternehmens- und Bereichswertermittlung ist es notwendig, die Kapitalkosten und das Kapital in den entsprechenden Bereichen klar abzugrenzen[122]. Zur Berechnung des Beta-Risikofaktors aus dem operativen Geschäft werden aus folgenden Bereichen Risikogrößen berechnet, die in den eindimensionalen Beta-Faktor münden[123]:

- **Größe** des Unternehmens (gemessen am Kapitaleinsatz) und Art der Diversifizierung.

- **Strategisches Risikomaß** (zukunftsorientiert), berechnet aus der 5 Jahre gewichteten Profitabilität verschiedener Erfolgskennzahlen und Wachstumsrate des Umsatzes im Verhältnis zum Kapital.

- **Operatives Risikomaß** (vergangenheitsorientiert), berechnet aus der 5 Jahre gewichteten Volatilität (Schwankungsbreite der Preisbildung am Markt[124]) verschiedener Erfolgskennzahlen im Verhältnis zum Kapital.

---

[118] VGL. COPELAND, THOMAS; KOLLER, TIMOTHY; MURRIN, JACK (1993): S. 158f.

[119] VGL. HOSTETTLER, STEPHAN (1997): S. 50.

[120] VGL. STEWART, BENNETT (1991): S. 86.

[121] VGL. BÜHNER, ROLF (1994A): S. 46.

[122] VGL. KORTEN, JOHANNES (1999): S. 21.

[123] VGL. STEWART, BENNETT (1991): S. 449-453.

VGL. BÜHNER, ROLF (1994A): S. 46f.

[124] VGL. GERKE, WOLFGANG; BANK, MATTHIAS (1998): S. 23.

- **Aktiva Management**, ermittelt durch die Entwicklung des Working Capital, Kapitalintensität des Unternehmens und Art bzw. Nutzung des Anlagevermögens.

Die Höhe des eingesetzten Kapitals wird nach umfangreicher Bereinigung bilanzbedingter Verzerrungen und abzüglich der bereits im operativen Ergebnis berücksichtigter Kosten aus den Aktivagrößen der Bilanz berechnet[125]. Diese Bereinigung soll eine genaue Berechnung des Kapitals ermöglichen, welches betriebsnotwendig und tatsächlich für den operativen Prozeß notwendig ist und nicht durch Bilanzvorschriften verzerrt werden soll[126]. Ausgangspunkt der Bereinigung sind die durch unterschiedliche Buchhaltungsmethoden basierend auf verschiedenen Rechnungslegungsvorschriften (z.B. HGB, IAS, US-GAAP etc.) entstandenen Daten[127]. Die Bereinigung versucht, die trotz der „true and fair view" herrschenden Verzerrungen der Bilanzierungen, ein EVA taugliches Datenmaterial darzustellen.

Die erwirtschaftete interne **Vermögensrendite** berechnet sich aus dem NOPAT dividiert durch das Kapital. Sie ist die nach Steuern berechnete cash-on-cash Verzinsung aus dem Ergebnis der Geschäftstätigkeit[128].

Die Bedeutung und Einsatzmöglichkeiten für EVA liegen sowohl in der externen als auch der internen Analyse der gesamten finanzwirtschaftlichen Funktionen der Unternehmen[129] und einzelner Geschäftsfelder[130]. Es wird versucht „zwischen interner und externer Sphäre des Unternehmens eine Verbindung herzustellen"[131], die sowohl einen Leistungsmaßstab als auch eine langfristige Planung zur Schaffung von Mehrwert ermöglicht.

Durch den Versuch der Bereinigung des Eigenkapitals und anderer Bilanzverzerrungen beim EVA ergibt sich die Möglichkeit, verschiedene Unternehmensbereiche und Branchen anhand des geschaffenen Shareholder Value zu vergleichen[132]. Dies ermöglicht auch einen Vergleich kapital- und know-how-intensiver Branchen, die bisher aufgrund ihrer Kapitalstruktur nur schwer miteinander zu vergleichen waren.

---

[125] VGL. STEWART, BENNETT (1994): S. 77.
[126] VGL. STEWART, BENNETT (1991): S. 86.
[127] VGL. HOSTETTLER, STEPHAN (1995): S. 311f.
[128] VGL. EBENDA: S. 742.
[129] VGL. LEYSINGER, MICHAEL (1997): S. 244.
[130] VGL. STERN, JOEL; CHEW, DONALD (1995): S. 32-46.
[131] VGL. BÜHNER, ROLF (1994A): S. 47.
[132] VGL. HOSTETTLER, STEPHAN (1995): S. 312f.

Allerdings ergeben sich hieraus auch Probleme. Um die Anpassungen für die Kapitalbasis durchzuführen, müssen zur Ermittlung des EVA detaillierte Bilanzierungsvorschriften und deren unternehmensspezifische Auslegung genau bekannt sein. Zur Zeit kennt und benutzt die Stern/Stewart Unternehmensberatung bis zu 250 Anpassungen an die Bilanz.

Die aus dem externen Rechnungswesen gewonnenen Daten der Kapitalbasis werden um den Wert der nicht aktivierbaren Vermögensgegenstände erweitert. Die Transparenz von EVA ist daher für externe Investoren nur schwer nachvollziehbar. Trotzdem ermöglicht es EVA, einen finanziellen Maßstab (ohne Beziehung zum Geschäftsumfeld) für den Erfolg des Unternehmens darzustellen[133].

Der EVA-Ansatz von Stewart ist auf Ex-Post-Bewertung ausgerichtet. Eine Zukunftsplanung/-bewertung von Unternehmen ist daher mit einer Plan-Bilanz und Plan-Gewinn- und Verlustrechnung, ähnlich wie beim Economic Profit von Copeland, zu bewerten.

Die Vorteile von EVA liegen in der relativ breiten Anwendbarkeit des Modells. Wenn auch der EVA-Ansatz auf das gesamte Kapital des Unternehmens ausgerichtet ist, so lassen sich auch einzelne Zusatzinvestitionen hiermit analysieren. EVA soll hierbei sowohl für interne Entscheidungen[134] als auch externe Betrachtungen gleichermaßen geeignet sein. Dies soll laut Stern neben der Messung der Unternehmensperformance auch für das Finanzmanagement, Budgetierung, Unternehmenszielsetzung, Aktionärskommunikation und Mitarbeiteranreizprogramme[135] einsetzbar sein. Ein Vorteil der Zugrundelegung von Buchwerten ist die Kosteneffizienz, da die Beschaffung von Marktwertdaten sehr kostenintensiv ist und diese großen Schwankungen unterliegen[136]. Als internes Kontroll- bzw. Anreizsystem ist EVA, wenn man von der Vergangenheitsorientierung der Zahlen absieht, gut geeignet, da alle relevanten Informationen zur Verfügung stehen. Es ist davon auszugehen, daß ein an EVA gekoppeltes Anreizsystem für die Manager des Unternehmens ein nützliches Hilfsmittel bei der wertorientierten Unternehmensführung darstellt[137]. Wie bei allen Shareholder Value Modellen, denen spezifische Werttreiber zugeordnet sind, läßt sich über diese der Unternehmenswert entscheidend beeinflussen.

---

[133] VGL. LEYSINGER, MICHAEL (1997): S. 245.

[134] VGL. STERN, JOEL (1994): S. 61.

[135] VGL. EBENDA: S. 41

[136] VGL. STEWART, BENNETT (1994): S. 78.

[137] VGL. KORTEN, JOHANNES (1999): S. 22.

Stewart stellt jedoch klar heraus, daß nicht die Einführung des EVA-Konzeptes alleine über den Erfolg eines Unternehmens entscheidet, sondern das Zusammenspiel zwischen strategischer Weitsicht und operativer Umsetzung[138].

---

[138] VGL. STEWART, BENNETT (1994): S. 76.

3.2.5 Zusammenfassung

Die verschiedenen Shareholder Value Modelle ergänzen sich teilweise, basieren auf ähnlichen Überlegungen oder widersprechen sich deutlich in einigen Punkten. Insgesamt läßt sich feststellen, daß EVA und Economic Profit in der Definition ihrer Berechnung und Anwendungsbereiche weitgehend identisch sind. Die Unterschiede liegen wie folgende Grafik zeigt vor allem in der Berechnung der Vermögensgröße:

	Shareholder Value	Economic Profit	Added Value	Cash Value Added	Economic Value Added
Methodik					
1. Bilanzorientierung	~	+	+	+	+
2. Alternative Berechnung des Beta Faktors	-	-	-	-	+
Analyse					
3. Marginalanalyse	+	+	~	~	~
4. Totalanalyse	-	-	~	+	+
5. Prognoseeignung	+	~	-	-	-
6. Ansatzpunkte für Sensitivitätsanalyse	+	~	~	~	~
7. Externe Analyse	-	+	~	+	~
Anwendung					
8. Kommunizierbarkeit	+	+	~	+	+
9. Praktikabilität	+	~	~	+	~
10. Ganzheitliches Konzept	+	+	~	~	+
11. Shareholder Value Orientierung	+	+	+	+	+

(+) gegeben   (~) bedingt erfüllt   (-) nicht erfüllt

Abbildung 16: Bewertung der Ausprägformen des Shareholder Value, in Anlehnung an Bühner (1994a): S. 49.

Folgendes kann zu den einzelnen in der Abbildung dargestellten Kriterien angemerkt werden:

1. **Die Bilanzorientierung** zeigt, inwieweit die benötigten Daten ex post aus der Bilanz und anderen publizierungspflichtigen Daten gewonnen werden können.

Problematisch ist, daß die Bilanz und die Gewinn- und Verlustrechnung meist das einzige finanzspezifisch publizierte Material des Unternehmens darstellen. Die Bilanz ist aufgrund ihrer Manipulierbarkeit und der nur bedingten Vergleichbarkeit wenig geeignet, als Grundlage für eine Unternehmensbewertung im Sinne der Eigentümer zu gelten. Als wichtigste Punkte seien hier nochmals die Orientierung an Kennzahlen, Vergangenheitsorientierung und Wahlmöglichkeiten bei der internationalen Rechnungslegung sowie nationalen Richtlinien genannt. Die Nutzung der vergangenheitsorientierten Daten wird meistens mit der Zugänglichkeit dieser Daten für das Management und Externe begründet. Mit Ausnahme des Shareholder Value-Ansatzes von Rappaport benutzen alle Modelle die Bilanz als Basis ihrer Berechnungen; allerdings oft in unterschiedlicher Intensität, indem Manipulationsmöglichkeiten bei EVA und Economic Profit möglichst herausgerechnet werden.

2. **Die Alternative Berechnung des Beta-Faktors** zeigt, inwieweit es Alternativen zur Berechnung der Eigenkapitalkosten gibt.

Hierbei zeigt sich die mögliche Flexibilität des jeweiligen Modells, um auf verschiedene Gewichtungen und Spezifikationen einzugehen. Nur bei EVA gibt es eine Mehrzahl von Entscheidungen, die verschiedene Berechnungen des Beta-Faktors ermöglichen.

3. **Die Marginalanalyse** bewertet die einzelne, zusätzliche Investition.

Es wird analysiert, ob durch spezielle Investitionen noch zusätzlicher Wert geschaffen werden kann. Diese zukunftsorientierte Betrachtung kann von erheblicher Bedeutung für einzelne Entscheidungen sein, die langfristig anders betrachtet werden müssen als kurzfristige Planungen und Entscheidungen. Mit Ausnahme des Ansatzes von Rappaport und Copeland sind die Modelle nur bedingt dazu in der Lage, insbesondere da es sich meistens um ex post Betrachtungen handelt, die einer Totalanalyse entsprechen.

4. **Die Totalanalyse** beurteilt das gesamte im Unternehmen gebundene Kapital.

Nicht nur, ob und wie einzelne Investitionen den Unternehmenswert verändern, sondern wie sich das gesamte eingesetzte Kapital des Unternehmens wertmäßig entwickelt, ist eine der Kernfragen der Shareholder Value Modelle. Da es sich bei der Totalanalyse jedoch nur um eine vergangenheitsorientierte Beobachtung handelt, ist sie primär als Bestandsanalyse zu betrachten. Sie sagt nichts über die zukünftige Wertentwicklung des Unternehmens aus und sollte daher nur einen Teilbereich der Shareholder Value Analyse darstellen. Keines der beschriebenen Modelle erfüllt gleichzeitig komplett die Kriterien der Total- und Marginalanalyse. Die meiste Berücksichtigung findet noch aufgrund der Bilanzorientierung bei der Cash Value Added Methode und Economic Value Added Methode statt.

5. **Die Prognoseeignung** zeigt sich durch die Möglichkeit der Shareholder Value Berechnung mit Hilfe der Werttreiber.

Nur der Ansatz nach Rappaport und Copeland et. al. zeigt die Bedeutung der Werttreiber in der Berechnung und ist daher gut zur Prognose zukünftiger Erträge geeignet. Bei der Berechnung des Economic Profit nach Copeland wird der Prognosehorizont jedoch in 2 Perioden, eine planbare und eine prognostizierbare unterteilt. Dies scheint zu realistischeren Prognosemöglichkeiten zu führen, jedoch auf Kosten des Prognosehorizontes.

6. **Die Sensivitätsanalyse** ermöglicht den Analysten die Vergleichbarkeit der verschiedenen Unternehmenssysteme durch das Zusammenfassen von Werttreibern.

Alleine beim klassischen Shareholder Value-Ansatz haben die Werttreiber eine herausragende Stellung und können somit über Geschäftsbereiche und Branchen verglichen werden. Unternehmensinterne Vergleiche sind bei gleichbleibender Bilanzanpassung auch mit dem EVA Konzept möglich. Bei unterschiedlichen Unternehmen ist der EVA Vergleich nur bedingt möglich, da zu viele individuelle Bilanzanpassungen stattfinden können. Der Paradox darin liegt, daß diese manuellen oft aber subjektiven Anpassungen aus dem Grund der Vergleichbarkeit von den Unternehmen vorgenommen werden. Zumindest ergibt sich durch die bei EVA festgelegten Anpassungen ein Rahmen in dem diese stattfinden sollten.

7. **Die Externe Analyse** zeigt, inwieweit die Wertgenerierung mit öffentlich publizierten Unternehmenszahlen nachhaltig gemessen werden kann.

Die Frage nach der Externen Analyse richtet sich zum einen nach der Verwendung der publizierten, veröffentlichten Bilanzen zur Shareholder Value Ermittlung und deren Qualität und Anpassung. Die Externe Analyse muß jedoch zum anderen die gleiche Bedeutung für die Shareholder Value Implementierung haben, wie die interne Erfolgsmessung, die zur Steuerung des Unternehmens verwendet wird. Die Ausführungen ähneln denen in Punkt 1 dargestellten grundsätzlichen Problemen der Bilanzorientierung und ihrer Vergleichbarkeit.

Eine Möglichkeit besteht hierbei in der Integration nicht monetärer Zielgrößen mit Hilfe des Balanced Scorecard Modells[139].

8. **Die Kommunizierbarkeit** des Modells innerhalb des Unternehmens und extern.

Die einzelnen Modelle sind komplett in sich abgeschlossen und daher als Ganzes darstellbar und im Rahmen ihrer Komplexität intern und extern kommunizierbar.

Die Darstellung einer Shareholder Value-Orientierung ist ein wesentlicher Faktor seiner Implementierung, sowohl für Mitarbeiter, Kunden, Kapitalgeber und sonstige Interessengruppen. Die Modelle müssen in allen Unternehmensbereichen und dem Umfeld einheitlich und in sich abgeschlossen dargestellt werden und aufeinander aufbauen.

9. **Die Praktikabilität** soll zeigen, ob das Modell schnell und einfach zur Shareholder Value Analyse oder Geschäftsbereichsbewertung anwendbar ist.

Einige Modelle beinhalten aufwendige Anpassungsberechnungen, die je nach Unternehmen und Geschäftsfeld unterschiedlich ausfallen können bzw. manipulierbar sind. Die Modelle von Rappaport und bedingt auch von der Boston Consulting Group, die sich nur durch die individuelle Einflußmöglichkeit auf die Gewinnberechnung im Rahmen des Abschlusses auszeichnen, bilden hierbei eine Ausnahme. Bei beiden Modellen bestehen wenig individuelle Einflußmöglichkeiten auf die einzelnen Größen wie Gewinn, Vermögen, Kapitalkostensatz und betrieblicher Übergewinn.

10. **Das Ganzheitliche Konzept** soll zeigen, ob es sich hierbei alleine um ein Finanzinstrument handelt oder ob andere Bereiche des Unternehmens in die Möglichkeit der Wertsteigerung integriert sind.

Die Ansätze von Rappaport, Copeland und Stern/Stewart weisen (wenn auch erst in späteren Publikationen) explizit auf die anderen Unternehmensbereiche zur ganzheitlichen Wertsteigerung hin. Sie gehen weitgehend nur von unternehmensinternen Faktoren, aber nicht den sog. Stakeholdern aus. Das Shareholder Value Modell wird nur in Ansätzen als ganzheitliches Unternehmenskonzept gesehen, welches alle Bereiche, Abteilungen und externe Partner (Kunden, Zulieferer, Gesellschaft) die eine Beziehung zu dem Unternehmen haben, integriert.

---

[139] Vergleiche hierzu die Ausführungen zum Kennzahlensystem und der Balanced Scorecard in Kapitel 5.3.3.

11. Die Shareholder Value-Orientierung beschreibt die Berücksichtigung der Anteilseigner-orientierten Unternehmensausrichtung

Auf der einen Seite sind alle Konzepte vom Prinzip her schon Shareholder Value orientiert, da sie die Bewertung und Wertentwicklung der analysierten Bereiche veranschaulichen. Allein die Darstellung dieser Wertentwicklung sagt jedoch noch nichts über die Zugänglichkeit dieser Informationen, noch deren richtige Nutzung im Unternehmen aus. Viele Unternehmen wenden die oben beschriebenen Modelle zum Teil als interne „Benchmarks" an oder publizieren Teile davon. Die Anteilseigner-Orientierung als definiertes Unternehmensziel existiert in immer mehr Unternehmen. Oft bleibt sie jedoch bisher nur ein Lippenbekenntnis, da keine ganzheitlich nachvollziehbare Umsetzung dieses Unternehmensziels erfolgt. Die häufig in der Praxis erfolgte Eigentümerorientierung basiert auf vorwiegend finanzwirtschaftlichen Eckdaten, deren Implementierung und Vermarktung in wesentlichen Unternehmensbereichen und beim Kunden nicht konsequent umgesetzt werden. Die dargestellten Modelle bieten jedoch alle die Möglichkeit hierzu.

3.3 Shareholder Value – die Renaissance des ursprünglichen unternehmerischen Ziels der dynamischen Gewinnmaximierung?

Die Frage nach den Zielen der Unternehmung hat sich in letzter Zeit erheblich verändert. Die klassische Volkswirtschaftslehre geht davon aus, daß der Eigentümer sein Vermögen, den Wert seiner Firma zu erhöhen versucht, indem er „den Gewinn jeder Periode oder den Kapitalwert des in der Zukunft erwarteten Gewinnes maximiert[140]". Aber auch die klassische Betriebswirtschaftslehre stellte anlehnend an die volkswirtschaftliche Zielmonoisierung den Gewinn als Ziel der unternehmerischen Veranstaltung[141]. Als einer der Vorläufer der Ablösung der nationalökonomischen Nutzen- und Ertragshypothese gilt das 1951 von Gutenberg benannte „Gesetz der industriellen Faktorkombination"[142]. In dem Gesetz beschreibt Gutenberg das Problem der Produktivitätsbeziehungen zwischen verschiedenen Faktoreinsatzmengen, wobei nur wirtschaftliche Gesetzmäßigkeiten betrachtet wurden. Gesellschaftliche Einflüsse galten als störende Einflüsse, die nicht berücksichtigt wurden. Dies war der Beginn der Weiterentwicklung des betriebswirtschaftlichen Paradigmas durch zahlreiche produktions-, kosten- und sozialorientierte Forschungen in der Betriebswirtschaftslehre[143].

Die betriebswirtschaftliche Forschung sah diese theoretische Konzentration auf die Gewinnmaximierung als zu einseitig an und beanstandete den fehlenden, ausreichenden Wirklichkeitsbezug. „Der Unternehmer, der sein Handeln ausschließlich vom höchstmöglichen Geldgewinn bestimmen ließe, würde als Ausnützer von Marktsituationen keine Kundenbeziehungen gewinnen oder bestehende zerstören, würde als Ausbeuter von Arbeitskräften auf deren Widerstand stoßen, würde ohne Rücksicht auf seinen Ruf als Arbeitgeber, als Beschaffer und Absetzer, als Kapitalerhalter und –verwalter operieren, um am Ende zu erkennen, daß auf dieser Basis eine Unternehmung heute nicht mehr geführt werden kann"[144]. Die Entwicklung ging dabei hin zu einem Zielpluralismus[145]. Die pluralistische Konzeption des Zielsystems berücksichtigt dabei sowohl interne als auch externe Anspruchsgruppen der Unternehmung[146].

---

[140] NEUMANN, MANFRED (1991): S. 23.

[141] VGL. RIEGER, WILHELM (1964): S. 44.

[142] VGL. GUTENBERG, ERICH (1983).

[143] VGL. STEINMANN, HORST; SCHREYÖGG, GEORG (1991): S. 33f.

[144] SANDIG, CURT (1962): S. 104f.

[145] VGL. STEINMANN, HORST (1969): S. 175f.

[146] VGL. ECKERT, STEFAN (1997): S. 220f.
Vergleiche hierzu die Ausführungen in Kapitel 4.1.1.

Rieger bezeichnet den Einfluß dieser Anspruchsgruppen und den Rahmen der Gesamtwirtschaft als ausschließliches Mittel zum Zweck der Gewinnerzielung[147].

Samuelson relativiert die volkswirtschaftliche Sicht der theoretischen Gewinnmaximierungsbetrachtung, beläßt diese jedoch im Vordergrund. „Wenn ein Unternehmen die Kosten- und Erlöskalkulation völlig vernachlässigt, wird es nach dem Darwinschen Gesetz vom Überleben des Tüchtigsten bald von der ökonomischen Bühne verschwinden. Deshalb kann den Unternehmen, die tatsächlich überleben, die Gewinnmaximierung nicht ganz gleichgültig sein."[148] Dies muß aber laut Samuelson nicht bedeuten, daß jedes Unternehmen bei jeder Transaktion das Maximum an Gewinn herauszuholen versucht.

Besonders die Größe und damit die geringere Kontrolle und die Existenz anderer Interessen führt bei heutigen Großunternehmen zu einer Nachlässigkeit in den Gewinnmaximierungsbestrebungen[149]. Insbesondere die Trägheit und Unübersichtlichkeit vieler großer Unternehmen führt zum Auslassen von Marktchancen, der möglichen Übernahme durch effizienter agierende Firmen und dem Fehlen von Zukunftsvisionen. Damit verbunden sind ausgelassene Wachstumschancen bzw. verlustbringende Geschäftsfeldeinheiten, die zu einer Vernichtung bzw. nichteffizienten Nutzung des eingesetzten Kapitals führen. Jene Entwicklung fördert eine Rückbesinnung auf eine verstärkte Eigentümer- und Kapitalorientierung, das heißt auf eine Neukonzentration auf alte betriebs- und volkswirtschaftliche Betrachtungsweisen und der Kontrolle der Investitionen[150]. Diese sind jedoch nicht auf kurzfristigen Profit eingestellt, sondern „eine langfristige Orientierung sei hierbei für das Unternehmen vorteilhafter, als kurzfristige Gewinne zu erzielen"[151].

Die klassische Volkswirtschaftslehre bildet damit die gedanklich/theoretische Basis der von Rappaport und anderen entwickelten langfristigen Shareholder Value-Orientierung.

3.3.1 Historische Entwicklung des Wertmanagements

Durch den Aufbau von „Mamutaktiengesellschaften"[152] Ende der 30er Jahre, kam es in den USA zu einem sich reduzierenden Einfluß der Gründerfamilien

---

[147] VGL. RIEGER, WILHELM (1964): S.44f.

[148] SAMUELSON, PAUL (1967): S. 170f.

[149] SAMUELSON, PAUL (1967): S. 171.

[150] VGL. NEUMANN, MANFRED (1971):S. 28 und S. 37.

[151] SAMUELSON, PAUL (1967): S. 171.

[152] NEUMANN, MANFRED (1971):S. 26.

und einem erstarken anderer Kapitalgeber. Diese Kapitalgeber waren bei Publikumsgesellschaften breit gestreut, so daß es zu einer Trennung von Kapitalbesitz und Unternehmensleitung kam. Das geringe Interesse der Anteilseigner[153] in diesen Jahren führte zu einer reduzierten Kontrolle gegenüber dem Management. Die Geschäftsleitungen der großen Publikumsgesellschaften waren dadurch ohne praktische Kontrolle was nach Marris zu einem Manager-Kapitalismus führte[154]. Erst durch das Zusammenschließen von Anlegergruppen in den 60 er und 70 er Jahren, besonders den Investmentfonds, trat das Interesse der Eigentümer nach renditeträchtigen Anlageformen und Kontrollmechanismen in den Vordergrund[155]. Basis dieses verstärkten Interesses war das gezielte Wertmanagement der Unternehmensleitung. Da das Wertmanagement einen Teil der langfristigen Überlebenssicherung der Unternehmung darstellt, ist die heutige Bedeutung eng mit der Entwicklung der strategischen Planung verbunden.

Der Anfang der strategischen Planung liegt in den 50er Jahren, als die Extrapolation vergangenheitsorientierter Daten für die Zukunft kritisch hinterfragt wurde[156]. Das Entwerfen verschiedener Szenarien und alternativ eintretender Einflußfaktoren ermöglicht es somit, die Betrachtung und kritische Analyse potentieller Entscheidungen vorzunehmen. Ziel dabei ist es, die Stärken im Vergleich zu den Schwächen des Unternehmens besonders herauszustellen und die Stärken und Chancen so auszubauen, daß sie zu einem Vorteil am Markt führen[157]. Wenn dies auch anfangs nur unternehmenseinheitlich und nicht nach Geschäftsfeldern erfolgte, legte dieses Denken in Erfolgspotentialen das Fundament für die wertorientierte Unternehmensbetrachtung[158].

Die Aufteilung der Geschäftsfelder mit der Produkt-Markt-Matrix ermöglicht es, heutige Produkte und Märkte mit zukünftigen zu vergleichen. Die starken Diversifikationsbemühungen großer Firmen seit Mitte der 70er Jahre gehen auf die Möglichkeit der Feldbetrachtung strategischer Optionen der Produkt-Markt-Matrix zurück[159]. Die Betrachtung von Geschäftsfeldeinheiten mit Hilfe von

---

[153] Die geringe Kontrollfunktion des in Deutschland von der Hauptversammlung gewählten Aufsichtsrates und das Depotstimmrecht der Banken verstärkten diesen fehlenden Kontrollmechanismus.

[154] VGL. MARRIS, R. (1964)

[155] VGL. NEUMANN, MANFRED (1971):S. 27.

[156] VGL. BRUNE, JENS (1995): S. 52.

[157] VGL. BÜSCHGEN, HANS E. (1983): S. 274.

[158] VGL. GOMEZ, PETER (1993): S. 25.

[159] VGL. BRUNE, JENS (1995): S. 52f.

Portfolio-Analysen ermöglicht es, die einzelnen Unterabteilungen nach der Marktattraktivität und dem relativen Wettbewerbsvorteil zu betrachten[160].

Der Ansatz der Wettbewerbsstrategie nach Porter zeigt unter den Determinanten des Wettbewerbs, wie bei konsequenter Kosten,- Leistungs,- Wettbewerbs- und Marktorientierung Vorteile gegenüber den Konkurrenten erzielt werden können[161]. Von besonderer Bedeutung ist hierbei die Konzeption einer Wertkette des Unternehmens, die den unternehmerischen Prozeß in seine Einzelteile zerlegt und eine konsequente Ausrichtung der Einzelsegmente auf die Wettbewerbsgegebenheiten fordert. Diese Ansätze bestimmen heute die strategische Planung in den meisten Unternehmen. Ziel dieser Ansätze ist es, die langfristige Sicherung der Unternehmensexistenz durch Wachstum (relativ und absolut) zu gewährleisten. Die Strategien sind daher meistens auf die erfolgreiche Positionierung von Produkten und Geschäftseinheiten im wettbewerbsdeterminierten Markt zu sehen[162]. Finanzwirtschaftliche Ziele werden dabei nur am Rande zur Bestimmung des größtmöglichen Gewinns o.ä. in einem Geschäftsfeld gesehen. Eine richtige Integration ist selten zu sehen.

Diese Trennung ist ebenfalls in der unterschiedlichen organisatorischen Eingebundenheit der wettbewerbsstrategischen Planung, der finanzwirtschaftlichen Planung und dem Controlling ersichtlich[163]. Bei angelsächsisch geprägten Unternehmen wird dies sehr deutlich. Während der CEO (Chief Executive Officer = Position des Vorstandsvorsitzenden oder Geschäftsführers) die wettbewerbsstrategische Ausrichtung der Geschäftsfeldeinheiten bestimmt, ist der CFO (Chief Financial Officer = Position des Kaufmännischen Leiters oder Finanzleiters) für die finanzstrategische Ausrichtung verantwortlich. Durch den Schwerpunkt der strategischen Planung auf Wettbewerbsaspekte wurde in wesentlichen Punkten des strategischen Planungsprozesses auf die finanzwirtschaftliche Dimension verzichtet[164].

Die veränderten Markt- und Wettbewerbsbedingungen infolge rascher Deregulierung und Liberalisierung seit dem Ende der 80er Jahre in den USA und Anfang der 90er Jahre in Europa zeigen, daß die bisherigen Planungsmodelle nicht ausreichen[165]. Die Unterstützung der strategischen Fragen: „In welchen

---

[160] VGL. GOMEZ, PETER (1990): S. 557.
[161] VGL. PORTER, MICHAEL E. (1989).
[162] VGL. ARZAC, ENRIQUE (1986): S 123.
[163] VGL. RAPPAPORT, ALFRED (1992): S. 84.
[164] VGL. GOMEZ, PETER (1994): S. 12.
[165] VGL. BAAN, WILLEM (1994): S. 128f.

Geschäften und wie wollen wir tätig sein?" kann durch die Shareholder Value Analyse zur Neubewertung bisheriger Strategien führen[166].

Insbesondere das Erstarken des Marktes für Unternehmenskontrolle[167] (Pensionsfonds, Banken, Versicherungen und Investmentfondsgesellschaften), die damit einhergehende erhöhte Sesibilisierung der Aktionäre und die im Anfangsteil erwähnten „Mergers and Acquisitions" führten zu anspruchsvolleren und mächtigeren Kapitalanlegern[168]. Um sich vor solchen Übernahmen zu schützen und eine Sicherung der Finanzierungsmöglichkeiten zu gewährleisten, versuchten immer mehr verantwortliche Manager sich selbst und das Unternehmen durch Wertsteigerungen ihrer Anteilseigner zu schützen[169]. Die werterhöhende Unternehmenspolitik war nicht nur Grundlage für Übernahmeschutz, sondern gleichzeitig sicherte sie auch die Kapitalbasis für eigene Expansionen[170].

3.3.1.1 Vom Wertmanagement zum Shareholder Value

Das große Interesse, das gegenwärtig der Performancemessung und Wertorientierung von Unternehmen und dem Shareholder Value entgegengebracht wird, kann als "Renaissance der ursprünglichen unternehmerischen Fragen nach der Performance"[171] verstanden werden. Seit Jahren wird an den herkömmlichen, in der Praxis bedeutenden Erfolgsmaßstäben des Finanzwesens wie Umsatzwachstum, Rentabilität, Marktanteil, Gewinn oder Gewinn pro Aktie Kritik geübt. Hierbei geht es nicht um die Zielsetzung der Unternehmung, Gewinn zu erwirtschaften, sondern die objektive Ausweisung dieses Gewinns[172].

Das Schweizer Bundesgericht hielt im Jahre 1924 bereits folgende, dem langfristigen Shareholder Value sehr nahe kommende Betrachtung fest: „Das Aktienrecht zielt nicht einseitig nur auf den Schutz der Interessen der Aktionäre und Gläubiger, sondern vor allem auch auf den Schutz der Aktienunterneh-

---

[166] VGL. BÜHNER ROLF (1996): S. 38.

[167] Zur daraus folgenden Principal-Agent-Problematik, siehe Kapitel 3.2.2.1.2.

[168] Man muß hierbei in den USA von einem Erstarken der Unternehmenskontrolle besonders durch Finanzdienstleister sprechen. Diese Bankenkontrolle wurde durch den 1933 erlassenen Glass-Steagall Act u.a. (Chandler Act, Investment Company Act) extrem beschränkt. In Konsequenz führte dies zu einer erschwerten Teilnahme/Kontrolle an der strategischen Ausrichtung der beteiligten Unternehmen.

[169] VGL. COPELAND, THOMAS; KOLLER, TIMOTHY; MURRIN, JACK (1993): S. 49f.
VGL. RAPPAPORT, ALFRED (1992): S. 86f.

[170] VGL. RAPPAPORT, ALFRED (1998): S. 12f.

[171] SIEGERT THEO (1991): S. 244.

[172] VGL. HAHN, OSWALD (1979): S. 77.

mung selbst, indem Mittel und Wege zu Erhaltung oder Gewinnung der Leistungsfähigkeit zur Verfügung gestellt werden, was alles mit auf dem Gedanken beruht, daß mit dem Gedeihen der Unternehmung auch die Interessen der Mitglieder am besten gewahrt sind"[173]. Auch äußern sich Berle und Means 1933 diesbezüglich wer was für einen Einfluß auf den Gewinn und das quasi öffentliche Unternehmen grundsätzlich habe[174]. Bezüglich des Gewinns kritisiert Rieger bereits 1928, daß periodenübergreifende Ereignisse bei der buchhalterischen Erfolgsmessung „mit der Rücksichtslosigkeit einer Guillotine" zerschnitten werden[175]. Die sich besonders am Vorsichtsprinzip orientierenden Gewinnermittlungen führen zu einer erheblichen Verzerrung des ausgewiesenen Gewinns im Vergleich zum Unternehmenserfolg[176].

Besonders das Ausnutzen von Bilanzierungswahlrechten bei der Bildung stiller Reserven verschleiert den wahren Unternehmenswert/erfolg[177]. In der Vergangenheit entbrannte die Diskussion darüber, ob der buchhalterische Gewinn wirklich der „Gewinn" ist[178], der an die Anteilseigner ausgeschüttet werden kann, ohne das Unternehmen in seiner Ertragskraft zu schmälern[179]. Der ökonomische Gewinn, der dem Betrieb bei Zugrundelegung einer mittel- bis langfristigen Betrachtungsweise maximal entziehbare Betrag, muß daher durch eine Investitionsrechnung bestimmt werden. Der ökonomische Gewinn beinhaltet neben den Einnahmenüberschüssen innerhalb einer Periode auch die zukünftigen Absatzprognosen und deren finanzielle Auswirkungen[180]. Die Bestimmung der Einnahmeüberschüsse erfolgt mittels Kapitalflußrechnung, die den Cash Flow in die Überlegungen einbezieht. Der Cash Flow wird nach Hahn als „Gewinn plus Nettozunahme der Rückstellungen plus Abschreibungen minus außerordentlichen Ertrag plus außerordentlichen Aufwand" [181] definiert. Dieser Cash Flow unterscheidet sich nur unwesentlich von dem zur Shareholder Value Analyse notwendigen freien Cash Flow. „Der freie Cash

---

[173] ZITIERT BEI: FORSTMOSER, PETER (1996).

[174] VGL. BERLE, A. , MEANS, G. : S 333.

[175] RIEGER, WILHELM (1964): S. 210.

[176] VGL. SPREMANN, KLAUS (1992): S. 363-380.

[177] VGL. BISCHOFF, JÖRG (1994): S. 1-3.

[178] VGL. COPELAND THOMAS, WESTON, FRED (1988): S. 26f.

[179] VGL. UNZEITIG, EDUARD; KÖTHNER DIETMAR (1995): S. 20f.
RIEGER, WILHELM (1964): S. 231. Rieger sieht den Jahresgewinn nur als „Abschlagszahlung", da der gesamte Unternehmensgewinn erst bei Liquidation des Unternehmens erfolgen kann.

[180] VGL. SCHNEIDER, DIETER (1968): S. 1f.
VGL. WÖHE, GÜNTER (1986): S. 828f und 1117f.

[181] HAHN, OSWALD (1997): S. 334.

102

Flow ist der Betrag, der bei bestehenden Plänen nicht wieder im Unternehmen investiert wird und zur Abgeltung der Zahlungsansprüche der Investoren verwendet werden kann.[182]

3.3.1.2 Shareholder Value – die Weiterentwicklung der ursprünglich unternehmerischen sowie dynamischen Gewinn-Maximierung

Beim Shareholder Value-Ansatz verdrängen dynamische Investitionsrechnungsverfahren das traditionelle, vergangenheitsorientierte Rechnungswesen[183]. Die Anwendung der langfristigen Investitionsrechnung über spezielle Anlagegüter hinaus auf die Strategie des Unternehmens und seine Geschäftsfelder und Bereiche, ermöglicht diese und deren Beitrag zur Gesamtunternehmensperformance darzustellen[184].

Die konzeptionelle Grundlage für das Ziel der Marktwertmaximierung wurde bereits Ende der 50er/ Anfang der 60er Jahre durch das Kapitalkostenkonzept auf der Basis unsicherer Erwartungen von Modigliani und Miller aufgegriffen und im Laufe der 60er Jahre erweitert[185]. Das Modigliani/Miller-Theorem geht davon aus, daß der Gesamtwert eines Unternehmens in einer bestimmten Risikoklasse bei gegebenem dynamischen Investitionsprogramm unabhängig von seiner Kapitalstruktur ist[186]. Dies bezieht sich sowohl auf die Kapitalstruktur des Unternehmens (Zusammensetzung des Unternehmenskapitals, in Form und Art von Fremd- und Eigenfinanzierung) als auch auf die zukünftigen Investitionsentscheidungen, die von der Kapitalstruktur bzw. seiner Finanzierung unabhängig sind.

Die Verknüpfung der Kapitalflußtheorie und des ökonomischen Gewinns hätte somit schon Anfang der sechziger Jahre in Deutschland und anderen Ländern zur Grundsteinlegung für die Idee des Shareholder Value beitragen können.

Ein wesentlicher Grund für die Nichtanwendung waren u.a. die schwierige Berechnung und Diskontierung von zukünftigen Einnahmeüberschüssen ohne entsprechende EDV-Instrumente und der fehlende Sinn für eine weitere aufwendige Rechnung, die neben der Steuer- und Handelsbilanz zu erfolgen hät-

---

[182] VGL. UNZEITIG, EDUARD; KÖTHNER DIETMAR (1995): S. 64f.

[183] VGL. BÜHNER, ROLF (1994D): S. 38f.

[184] VGL. RAPPAPORT, ALFRED (1986): S. 2.

VGL. STEINMANN, HORST; HASSELBERG, FRANK (1988A): S. 1312f.

[185] VGL. MODIGLIANI, FRANCO; MILLER, M (1958): S. 261-297.

[186] VGL. GERKE, WOLFGANG; BANK, MATTHIAS (1998): S. 313.

te[187]. Des weiteren fehlte eine verständliche und brauchbare Interpretation der Ergebnisse, um sie neben der heutigen Anwendung des Shareholder Value als Finanzgröße auch als Handlungsmaxime umzusetzen[188]. Durch die Schaffung dieser technischen Voraussetzungen und die parallele Weiterentwicklung der Kapitalmarkttheorie, entwickelte sich der Ansatz einer dynamischen Gewinnmaximierung hin zur Shareholder Value Strategie, die auf dem Cash Flow basiert.

3.3.2 Heutige Bedeutung

Das Interesse am Unternehmenswert war in der Vergangenheit meistens nur im Rahmen einer Unternehmenswertermittlung bei Käufen und Verkäufen von Unternehmen oder Unternehmensteilen von Bedeutung[189]. Bei diesen Bewertungen kann es zu Konfliktpotentialen bezüglich der Bewertung des aktuellen und zukünftigen Unternehmenswertes kommen[190]. In den letzten 15 Jahren nahm in den USA das Interesse am Unternehmenswert u.a. durch die wachsende Zahl spektakulärer, zum Teil feindlicher Übernahmen börsennotierter Unternehmen zu[191]. Je höher u.a. die Differenz zwischen aktuellem Börsenwert und wirklichem Marktwert eines Unternehmens ist, desto höher ist auch der Anreiz für Finanzinvestoren, das Unternehmen aufzukaufen und dann gewinnerhöhend zu zerschlagen. Dem kann unternehmensintern dadurch begegnet werden, daß eine konsequente marktwerterhöhende Unternehmenspolitik betrieben wird, um feindliche Übernahmen zu verhindern, da dann keine Zerschlagungsgewinne erzielt werden können[192].

Der Versuch, diese Übernahmen auf betriebswirtschaftlicher Basis zu verhindern, führte zu einem gesteigerten, vor allem von Fruhan[193] begründeten Interesse der Eigentümer, den wahren Marktwert ihres Unternehmens zu kennen und unterbewertete Unternehmen frühzeitig gegenüber Akquisitionen anderer Unternehmen zu sichern[194]. Auch die in Europa verstärkte Anzahl von Firmenübernahmen zeigt die Notwendigkeit der Beschäftigung mit Thema Unternehmenswert.

---

[187] VGL. BAAN, WILLEM (1994): S. 140.
[188] VGL. BAAN, WILLEM (1994): S. 21f.
[189] VGL. RASTER, MAX (1995): S. 7f.
[190] VGL. ZENS, NIKOLAUS; REHNEN, ANTONIUS (1994): S. 109f.
[191] Vergleiche hierzu die Ausführen in Kapitel 1.1.
[192] VGL. FRUHAN, WILLIAM (1988): S. 65f.
[193] VGL. FRUHAN, WILLIAM (1976).
[194] VGL. COPELAND, THOMAS; KOLLER, TIMOTHY; MURRIN, JACK (1993): S. 49.

Wichtiger als das reaktive Handeln mittels Abwehrmaßnahmen ist jedoch die Frage, welche Maßnahmen mehr Wert für das Unternehmen und die Eigentümer schaffen, um derartige Übernahmen von Beginn an zu vereiteln[195]. Wertmanagement bzw. Shareholder Value wird damit Teil der aktiven, mittel- bis langfristigen Unternehmensführung. Der Shareholder Value-Ansatz bildet hierbei sowohl die Verbindung zwischen dem strategischen, operativen und finanziellen Erfolgspotential, als auch diejenige zur Börsenkapitalisierung[196]. Durch die gezielte Beeinflussung der Werthebel können so wertsteigernde Entscheidungen auf allen Ebenen und in allen Geschäftsbereichen getroffen werden.

Die Verfolgung des Shareholder Value-Ansatzes ist somit u.a. eine Konse- quenz der verstärkten M&A Aktivitäten. Diese beruhen, neben der Verlockung, kurzfristige Kapitalerträge durch Zerschlagen und gewinnbringenden Verkauf von Geschäftseinheiten zu erzielen, vor allem auf der Globalisierung der Pro- dukt- und Kapitalmärkte[197]. Eine optimale Möglichkeit um der Sichtweise der kurzfristigen Kapitalorientierung entgegenzusteuern, bietet die Shareholder Value Maximierung. Zudem bietet sie neben der gezielten Unternehmens- wertsteuerung bei gleichzeitiger Adaption verschiedener Unternehmenskultu- ren und –bereiche eine Vergleichsbasis für Management, Anteilseigner und potentielle Investoren[198]. Die Gefahr einer zu starken unternehmensinternen Orientierung durch den Shareholder Value, ohne die relevanten Markt- und Kundenbedürfnisse zu beachten, darf sich hieraus jedoch nicht ergeben. Die heutige Bedeutung liegt dabei auf einem Eigentümer orientierten Wertma- nagement, welches die spezifischen internen und externen Unternehmensfak- toren in Einklang bringt, um langfristig den Wert des Unternehmens absolut und relativ zu den Mitbewerbern zu steigern[199].

Durch die weltweite Liberalisierung und Globalisierung der Unterneh- menswelt entwickeln sich im Rahmen von Fusionen und Kooperationen trans- nationale Unternehmen, die vermehrt in die weltweiten Kapital-, Finanz- und Absatzmärkte integriert sind. Dadurch steigt die Notwendigkeit einer einheitli- chen internen und externen (in Form von Benchmarking) Betrachtungsweise von Unternehmen und deren Geschäftsfelder[200]. Die Schaffung des europäi-

---

[195] VGL. BÜHNER, ROLF (1990): S. 36.

[196] VGL. DAY, GEORGE S.; FAHEY, LIAM (1990): S 159.

[197] VGL. COPELAND, THOMAS; KOLLER, TIMOTHY; MURRIN, JACK (1993): S. 36f.

[198] VGL. CHATTERJEE, SAYAN; LUBATKIN, MICHAEL H.; SCHWEIGER, DAVID M.; WEBER YAAKOV (1992): S.321f.

[199] VGL. SEED, ALLEN (1985): S. 48.

[200] VGL. SCHMIDT, JEFFREY (1992): S. 8f.

schen Binnenmarktes begünstigt auch in Europa die Dynamisierung der Wertorientierung. Die gleichzeitige Deregulierung der Kapitalmärkte sowie die zwischenstaatliche Angleichung der externen Rechnungslegung fördert die Internationalisierung und Professionalisierung der Anteilseigner . Der Druck auf die Unternehmen, den Shareholder Value zu steigern, wächst somit mit der zunehmenden Internationalisierung und Wettbewerbsintensität sowie der Notwendigkeit, sich neue Kapital- und Produktmärkte zu erschließen[201].

Man kann somit von einer verstärkten Hinwendung zu zwei Kundengruppen sprechen. Zum einen sind dies die Kunden bzw. Konsumenten für die Produkte des Unternehmens, zum anderen Kunden im Sinne von Eigenkapitalgebern (= Investoren und Sparer).

Die Kapitalgeber finden sich häufig in Formen von Bündelungen verschiedener Anleger zu Investment- und Fondsgesellschaften wieder. Im Wettbewerb um die Gunst ihrer Kunden sind die Portfolio-Manager der institutionellen Anleger einem erheblichen Performancedruck ausgesetzt. Diesen Druck geben sie an die Unternehmen weiter und fordern eine risikoadäquate Verzinsung des bereitgestellten Kapitals. Diese Veränderungen basieren auf einer zunehmenden Professionalisierung der Anleger und den damit gestiegenen Erwartungen, welche von diesen aktiv kommuniziert werden und deren Einhaltung ständig und zunehmend detailliert überwacht wird.[202]

In diesem Zusammenhang sind, wie die folgende Grafik verdeutlicht, interne und externe Voraussetzungen für die zunehmende Anwendung und Bedeutung des Shareholder Value-Ansatzes zu nennen.

---

[201] VGL. SCHMIDT, JEFFREY (1992): S. 10.

[202] Verstärkt wird diese Entwicklung durch den technologischen Fortschritt, der durch moderne Medien, eine weltweite Vernetzung der Finanzplätze sowie den schnellen und preisgünstigen Zugang zu Informationen, der mittlerweile auch für private Kleinanleger möglich ist. Dies war zugleich die Voraussetzung dafür, daß ein immer größerer Teil der Bevölkerung am weltweiten Handel börsennotierter Wertpapiere partizipiert.

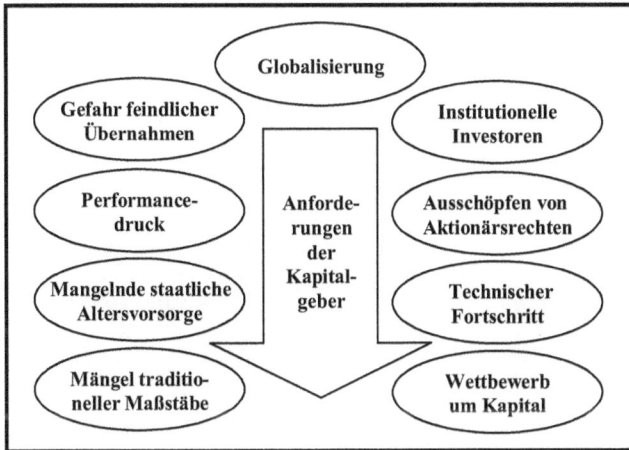

Abbildung 17: Gründe für die Verbreitung des Shareholder Value-Ansatzes, eigene Darstellung.

Die Grafik zeigt eine Vielzahl externer Einflußfaktoren auf das Unternehmen die zu einer Bedeutungssteigerung des Shareholder Value für das Unternehmen und die Kapitalgeber führen. Jeder der dargestellten Punkte existiert nicht erst seit der Diskussion über den Shareholder Value, aber sie stehen neuerdings mehr im Blickfeld der Unternehmführung und der Anteilseigner und führen bei diesen zu einem vermehrten, umsichtigen Handeln.

Die in der Grafik genannten Gründe sind nicht unternehmens-, branchenoder landesspezifisch, sondern gelten mehr oder weniger im Zusammenspiel für die gesamte Weltwirtschaft.

Der Shareholder Value-Ansatz wird damit für die Anteilseigner und das Management zu einem wichtigen Instrument mit vielseitigen Einsatzfeldern[203]. Bei langfristiger, unternehmensweiter Betrachtung kann er zur Bewertung ganzer Unternehmen oder einzelner Geschäftsbereiche, zur Messung des Periodenerfolgs sowie zur wertorientierten langfristigen Planung, Steuerung und Beurteilung von Strategien Akquisitionen, Abwehr feindlicher Übernahmen, dienen[204].

---

[203] VGL. GOMEZ, PETER (1990): S. 560.
[204] VGL. BÜHNER ROLF (1996): S. 38.
VGL. DAY, GEORGE S.; FAHEY, LIAM (1990): S. 160.

3.4 Kritische Beurteilung des Shareholder Value-Konzeptes

3.4.1 Leistungsmerkmale und Vorzüge

Das Shareholder Value-Konzept weist als Ansatz zur Unternehmenswertmessung gegenüber den bisherigen, klassischen Erfolgsmerkmalen folgende, wesentliche Vorzüge auf:

- Langfristigere Projektbetrachtung entgegen der kurzfristigen, periodisch buchhalterischen Betrachtung

- Geringere bilanzpolitische Manipulierbarkeit (höhere Transparenz)

- Bewertung der langfristigen Finanzierbarkeit strategischer Pläne durch Berücksichtigung des freien Cash Flow Konzeptes

- Transparenz und Bewertung von Unternehmen und Unternehmensteilbereichen

- Verbindung der strategischen Planung mit modernen Kapitalkostenansätzen aus der Kapitalmarkttheorie zu einer wertorientierten Planung

- Konzentration auf die wesentlichen Werttreiber

- Eindeutige Zielbestimmung auf die Eigentümerorientierung und deren Maximierung

Die Shareholder Value Analyse faßt die wesentlichen internen und externen Bereiche Planung, Produktion, Investition und Finanzierung in einer Gesamtrechnung zusammen. Dadurch ermöglicht es der Ansatz, die wesentlichen Cash Flow generierenden und -vernichtenden Bereiche aufzuzeigen. Alle entsprechenden Maßnahmen können dann im voraus überprüft werden, wie sie den Erwartungswert der zukünftigen Cash Flows verändern und entsprechend angepaßt werden.

Beim Zugrundelegen der Shareholder Value-Konzepte für die strategische Planung liefert das mathematische Grundmodell des Shareholder Value die eindeutigen Zahlengrößen, die einen Vergleich verschiedener Alternativen ermöglichen[205]. Durch diese Opernationalität eignet sich der Shareholder Value in besonderer Weise als Grundlage für die Beurteilung von Zukunftsentscheidungen. Die aktuelle und zukünftige Darstellung sowie der Vergleich von Geschäftsbereichen und Gesamtunternehmen wird dadurch ebenso ermöglicht. Eine objektive Bewertung ist hierbei nicht nur im Sinne der Anteilseigner

---

[205] VGL. BRUNE, JENS (1995): S. 173.

und der Unternehmensleitung, sondern ist auch für andere Interessengruppen ein wichtiger Bestandteil bei der Unternehmensbeurteilung. Diese Shareholder Value basierenden Analysen ermöglichen es der Unternehmensleitung und den Eigentümern Cash Flow erhöhende Maßnahmen gezielt zu fördern. Gleichzeitig können Cash Flow reduzierende Maßnahmen, also wertvernichtende Projekte und Unternehmensbereiche, durch gezieltes Bearbeiten der Wertgeneratoren beeinflußt bzw. reduziert werden[206]. Diese potenziell erzielbaren Wertsteigerungen des Unternehmens führen zu erhöhten Dividenden, Kurswertsteigerungen oder Wettbewerbsvorteilen gegenüber anderen Unternehmen. Hierdurch reduziert sich die Möglichkeit einer nicht wertgerechten feindlichen Übernahme, einem Austausch des Managements oder Einbußen für andere am Unternehmensgeschehen beteiligte Gruppen. Die originären Interessen der Anteilseigner als langfristige Investoren werden durch diese Einbindung in den Strategieprozeß gestärkt und wertmäßig verankert. Diese Entwicklung wird durch eine ganzheitliche interne und externe Umsetzung und Vermarktung der Shareholder Value Maximierung erreicht.

Die Abbildung der substantiellen Wertschaffung durch die Maßzahl des auf Kapitalkosten abgezinsten Cash Flow bietet wesentliche Vorteile gegenüber traditionellen Bewertungsmethoden wie dem Gewinn, Umsatz und den daraus abgeleiteten Kennziffern wie z.B. Return of Investment oder Return of Equity[207]. Hierbei berücksichtigt der Shareholder Value die Kosten des Eigenkapitals, den Zeitwert des Geldes, den Marktwert des Anlagevermögens und die mögliche Hebelwirkung einer Fremdfinanzierung[208].

Durch die Betrachtung der Ergebnisse der Shareholder Value Ansätze wird deutlich, daß der Shareholder Value-Ansatz die klassischen Anreize der Über- bzw. Unterinvestition reduziert. Die positiven Erfahrungen im anglo-amerikanischen Raum zeigen, daß die aus dem Konzept gelieferten Daten einen wesentlichen Bestandteil der strategischen Planung und des Führungsprozesses darstellen[209]. Hierdurch ergibt sich eine wirtschaftlichere Allokation der menschlichen und finanziellen Ressourcen im Unternehmen[210].

Die in Europa übliche Verteidigung erreichter Verhandlungspositionen und Ansprüche verschiedener Stakeholder verdeckt, „daß das in die Jahre gekommene Stakeholder System Vertragskosten verursacht, die höher sind als in

---

[206] VGL. SIEGERT THEO (1994): S. 115ff.
[207] VGL. RAPPAPORT, ALFRED (1983): S. 32ff.
[208] VGL. HÖFNER, KLAUS; POHL, ANDREAS (1994B): S. 81f.
[209] VGL. GUSERL, RICHARD (1998): S. 1040f.
[210] VGL. SEED, ALLEN (1985): S. 51.

Wirtschaftssystemen die ihre Unternehmensrichtlinien am Shareholder Value orientieren"[211]. Die erhöhten Kosten entstehen besonders durch unklare Unternehmenszielgrößen, die zu einem schwer eingrenzbaren Verhandlungsspielraum für einige privilegierte Stakeholder führen und dadurch andere Anspruchsgruppen benachteiligen[212].

Die steigende Bedeutung des Shareholder Value für Unternehmen führt zu einer zielorientierten, wertmaximierenden marktgerechten Beurteilung des Unternehmenserfolges und dem Unternehmensziel der Gewinnmaximierung, quasi eine Hinwendung zum Zielmonoismus nach US-amerikanischem Vorbild[213].

3.4.2 Problembereiche des Shareholder Value-Ansatzes

Die Kritik am Shareholder Value kommt nicht überraschend. Allerdings erstaunt der späte Zeitpunkt und die Woge der Kritik auf Basis des 1986 von Rappaport erschienenen Buches und aufgrund zahlreicher anderer Veröffentlichungen zu diesem Thema[214].

Was zur Zeit in Europa passiert, ist ein langsamer Paradigmenwechsel von einer Stakeholder orientierten Wirtschaftsform hin zu einer verstärkten Shareholder Value-Orientierung[215]. Die Kritik ist besonders in Gesellschaften stärker, in denen nicht das liberale, individuelle Grundrecht des freien Wirtschaftens herrscht, sondern der Staat und die Gesellschaft einen großen Teil dieser Grundrechte mit übernimmt. „Das auseinanderklaffende Verhältnis von Arbeitslosigkeit und Aktienkursentwicklung wird zu einem Politikum hochstilisiert und die Verantwortung für diese empfundene Ungerechtigkeit dem Shareholder Value-Konzept aufgebürdet"[216].

Die Kritik am Shareholder Value gliedert sich in zwei Bereiche. Zum einen wird Kritik an der methodischen Vorgehensweise genommen, zum anderen gibt es Vorbehalte gegen das Zielsystem. Allgemein können folgende, wesentliche Kritikpunkte festgehalten werden:

- Ermittlungsproblematik des künftigen/freien Cash Flow

- Prognose des Rest Cash Flow am Ende des Planungszeitraums

---

[211] BÜHNER, ROLF; TUSCHKE, ANJA (1997B): S. 514.
[212] VGL. BÜHNER, ROLF; TUSCHKE, ANJA (1997B): S. 515.
[213] VGL. ECKERT, STEFAN (1997): S. 220f.
[214] VGL. BÜHNER, ROLF; TUSCHKE, ANJA (1997B): S. 499.
[215] VGL. HILLEBRAND, WINFRIED (1991B): S. 128f.
[216] BÜHNER, ROLF; TUSCHKE, ANJA (1997B): S. 500.

- Prognose- und Bewertungsprobleme der Wertgeneratoren

- Geringe Berücksichtigung persönlicher Einflußfaktoren

- Ermittlungsmethoden der Eigen- und Fremdkapitalkosten

- Ziel-Eindimensionalität (Monoismus)

Der Shareholder Value-Ansatz wird in der Literatur kontrovers diskutiert. Die Gegner behaupten zum einen, das Konzept sei „alter Wein in neuen Schläuchen"[217] und beinhalte nur eine andere Darstellung der langfristigen Gewinnmaximierung[218]. Zum anderen stellen sie verschiedene Basisannahmen des Shareholder Value-Ansatzes in Frage. Die Bedeutung des Kapitalmarktes ist, nach Meinung der Kritiker, bei weitem nicht so groß, wie dies von den Vertretern des Ansatzes angenommen wird. Sie begründen dies damit, daß in den nichtangloamerikanischen Ländern Banken und Versicherungen als Finanzierungsquelle einen wichtigeren Platz einnehmen als der Kapitalmarkt[219] und sich außerdem nicht nur in Kontinentaleuropa, sondern selbst in den USA und Großbritannien ein großer Teil der Unternehmen überwiegend mit Fremdkapital finanziert[220].

Das Argument, daß es sich bei der Shareholder Value Orientierung um ein nicht neues Konzept der Unternehmensführung zur Gewinnmaximierung handelt, ist wie die Ausführungen in Kapitel 3.3 zeigen richtig. Neu an der Methode des Shareholder Value sind aber die Verknüpfung der strategischen Planung mit dem Unternehmenswert und dem Ziel der langfristigen Shareholder Value Maximierung.

Der später neu vorgestellte Market Adapted Shareholder Value Approach (MASA) verbindet zudem die Shareholder Value Maximierung aus finanzwirtschaftlicher Sicht mit den wesentlichen internen und externen Unternehmenseinflußfaktoren. Somit tritt die Wertmaximierung der eigentlichen Unternehmenseigentümer, der Shareholder, in den Mittelpunkt der Unternehmensbetrachtung und der Unternehmenszielausrichtung. Zudem hat die Diskussion um die Bedeutung der Aktionäre und der Unternehmenswertsteigerung einen Kontrollmechanismus geschaffen, der die Probleme des Principal Agent eingrenzt bzw. bei langfristiger Shareholder Value Orientierung vermindert. Für börsennotierte Unternehmen ist die Ausrichtung aller Unternehmensziele auf

---

[217] VGL. BADEN, KAY (1994): S. 122f.

[218] VGL. SIMON, JOHN G.; POWERS, CHARLES, W.; GUNNEMANN, JOHN (1993): S. 63f.

[219] VGL. SPREMANN KLAUS (1994): S. 303ff.

[220] VGL. SCHMID, STEFAN (1998): S. 227.

eine langfristige Shareholder Value Maximierung unabhängig des Grades externer Finanzierung überlebensnotwendig da die Börsenbewertung den wesentlichen Bestandteil des aktuellen Unternehmenswertes darstellt. Für nicht börsennotierte Unternehmen fungiert der Wettbewerb als Selektionskriterium: nur solche Unternehmen sind langfristig wettbewerbsfähig die den Shareholder Value maximieren da sonst das Kapital in Alternativanlagen mit höherer Rendite bzw. geringerem Risiko investiert wird. Eine vernachlässigte Shareholder Value Orientierung führt dabei auch zu höheren Fremdkapitalkosten (damit auch zu niedrigerem Gewinn) da für die Kapitalgeber das Risiko der Finanzierung höher ist als bei wertmaximierenden Unternehmen.

Kritisiert wird außerdem die Annahme der Vertreter des Shareholder Value-Ansatzes, daß die Maximierung des Shareholder Value das einzige oder zumindest vorrangige Ziel aller Aktionäre sei[221]. Dies ist vor allem deshalb fragwürdig, weil die Aktionäre nicht als homogene Gruppe betrachtet werden können, sondern – ähnlich wie die Kunden – zu segmentieren sind. Unter den Aktionären befinden sich beispielsweise Arbitrageure[222], die nur auf kurzfristige Gewinne spekulieren, aber auch Familienaktionäre, Staatsaktionäre oder Großaktionäre, die anstelle einer Erhöhung des Shareholder Value auch Sicherheit, Macht oder andere nicht pekuniäre Ziele anstreben[223]. Grundsätzlich kann aber der Mehrheit der Aktionäre ein ökonomisches Interesse bei der Anlage in Aktien bzw. Unternehmensanteile unterstellt werden. Ziel des Unternehmens muß es daher sein alle aktuellen und zukünftigen Anteilseigner mit einem maximalen Shareholder Value zu entlohnen[224].

Im Hinblick auf die Operationalisierung des Shareholder Value-Ansatzes werden von den Kritikern Prognose- und Verbundprobleme hervorgehoben, durch die nur eine ungenaue Ermittlung des Shareholder Value möglich ist[225]. Prognoseprobleme ergeben sich danach vor allem bei der Ermittlung des zukünftigen Cash Flow und der Kapitalkosten aufgrund deren zunehmend komplexeren und dynamischeren Einflußgrößen[226]. Bestehen vertikale oder

---

[221] VGL. SCHMID, STEFAN (1998): S. 229.

[222] Unter Arbitrageuren werden Investoren verstanden, die gleichzeitige Preis-, Kurs- und Zinsunterschiede auf verschiedenen Märkten zum Gegenstand der Gewinnerzielung machen.

[223] VGL. SCHMID, STEFAN (1998): S. 230.

[224] VGL. FRIEDMAN MILTON (1993): S. 58.

[225] VGL. LAMMERSKITTEN, MARK; LANGENBACH, WILM; WERT, BORIS (1997): S. 232.

[226] VGL. LAMMERSKITTEN, MARK; LANGENBACH, WILM; WERT, BORIS (1997): S. 227ff.

horizontale Verbundeffekte[227], gestaltet sich die korrekte Bewertung einzelner Unternehmensteile – eine Voraussetzung des wertorientierten Managements – problematisch[228]. Die Annahmen bei der Projektion der zukünftigen Cash Flows bergen danach in sich die Gefahr der einfachen Extrapolation eines zeitlich begrenzten, konstanten Wachstums.

Sicherlich bergen zukünftige Wachstumserwartungen ein Risikopotential und eine gewisse Willkür. Beim Shareholder Value besteht jedoch zumindest der Versuch diese Prognosezeiträume darzustellen und evt. auch anzupassen[229]. Die Bewertungsgrundsätze nach Miller/Modigliani auf denen der Shareholder Value basiert, spiegeln dabei den Standpunkt eines Investors wieder, der ein bereits bestehendes Unternehmen weiterführen will. Diese Wachstumserwartungen beinhalten somit die Alternativverzinsung am Kapitalmarkt bei gleichem Risiko, die gegenwärtige Ertragskraft des Unternehmensvermögens und die Möglichkeiten des Unternehmens die Ertragskraft durch Investitionen/Desinvestitionen zu verändern[230]. Dieser Ansatz ermöglicht es den zukünftigen Unternehmenswert basierend auf dem gegenwärtigen Vermögen und dem Wert zukünftiger Wachstumsmöglichkeiten transparent zu machen[231]. Durch Sensivitätsanalysen können zudem Wachstumsprognosen für verschiedene Szenarien entworfen werden die die kritischen Ansatzpunkte für die Prognoseannahmen und die Wertsteigerung identifizieren und berücksichtigen.

Des weiteren weisen die Gegner des Shareholder Value-Ansatzes auf das Principal-Agent-Problem hin, wonach die Trennung von Eigentum und Kon-

---

[227] Bei Verflechtungen innerhalb einer Wertkette über verschiedene Unternehmenseinheiten hinweg handelt es sich um vertikale Verbunde, deren Leistung für andere Betriebsbereiche als innerbetriebliche Leistungen bezeichnet werden. Um die Performance der verschiedenen Unternehmenseinheiten ermitteln zu können, müssen diese innerbetrieblichen Leistungen anhand eines marktorientierten Verrechnungspreismodells berücksichtigt werden.

Wird eine Ressource von verschiedenen Unternehmenseinheiten gemeinsam genutzt, entstehen horizontale Verbunde, die im positiven Fall zu Synergien führen können. Durch eine verursachungsgerechte Zuordnung der Kosten, z.B. anhand der Äquivalenzziffernkalkulation oder der Prozeßkostenrechnung, wird eine genauere Bewertung der Unternehmenseinheiten möglich.

VGL. LAMMERSKITTEN, MARK; LANGENBACH, WILM; WERT, BORIS (1997): S. 232 f.

[228] VGL. LAMMERSKITTEN, MARK; LANGENBACH, WILM; WERT, BORIS (1997): S. 232.

[229] Diese Anpassungen der zukünftigen Erwartungswerte führen häufig zu drastischen Bewertungskorrekturen für die entsprechenden Unternehmen mit zum Teil heftigen Kursausschlägen an den Börsenmärkten.

[230] MODIGLIANI, F. ; MILLER, M. (1961): S. 416.

[231] VGL. COPELAND, THOMAS; KOLLER, TIMOTHY; MURRIN, JACK (1993): S. 106ff.

trolle dazu führt, daß das Management nur unzureichend motiviert ist, die Unternehmensziele auch tatsächlich umzusetzen.

Dabei wird jedoch übersehen, daß gerade in der Verfolgung des Shareholder Value-Ansatzes ein Instrument zur Lösung dieses Interessenkonfliktes besteht. So dient die am langfristigen Unternehmenswert bemessene Entlohnung der Unternehmensführung[232] dieser als Anreiz, tatsächlich langfristige Maßnahmen zur Steigerung des Unternehmenswerts zu ergreifen und den Markt auch davon in Kenntnis zu setzen. Auf diese Weise wird sichergestellt, daß auch die Interessen der Anleger, Kursgewinne realisieren zu können, gewahrt werden[233]. Dabei besteht allerdings die Gefahr, daß die Informationsasymmetrien zwischen dem Prinzipal, dem Agenten und den Aktionären vom Management dazu genutzt werden, die eigene Ausgangsposition zu verbessern[234]. Die mögliche kurzfristige Eigenvorteilsorientierung und der gewaltige Druck von Seiten der Aktionäre können die Ursache dafür sein[235], daß das Management zukunftsträchtige Investitionen, beispielsweise in Humankapital oder Forschung und Entwicklung unterläßt, um den kurzfristigen Gewinn und damit in der Regel auch (kurzfristig) den Aktienkurs zu steigern[236]. Deutlich wird damit, daß neben der rechnerischen Festlegung der Komponenten des Shareholder Value grundsätzlich organisatorische Fragen hinsichtlich der Aufgabenteilung zwischen Management und Anteilseigner zu klären sind[237]. Zudem fehlt häufig die organisatorische Einbindung der Shareholder Value Modelle in die Unternehmensprozesse und die verschiedenen Abteilungen. Neben der internen Integration des Shareholder Value bei den Mitarbeitern müssen die Kunden als externe Wertreiber nicht vernachlässigt werden.

Ein weiteres Problem des Shareholder Value-Ansatzes ist, daß er, insbesondere in der europäischen Öffentlichkeit, auf wenig Akzeptanz stößt, da er beispielsweise mit dem Abbau von Arbeitsplätzen, einer Überbezahlung des Top-Managements und mangelnder Berücksichtigung der Umwelt durch die Öffentlichkeit in Verbindung gebracht wird. Dadurch scheinen die Interessen anderer Anspruchsgruppen nicht adäquat berücksichtigt zu werden. Diese zum Teil polemische und einseitig negative Sicht des Shareholder Value in Europa,

---

[232] Die Betrachtung von leistungsorientierten Vergütungen im Rahmen des Market Adapted Shareholder Value Approach in Form von Aktienoptionen u.ä. wird in Kapitel 5.4.3. dargestellt.

[233] VGL. FINEGAN, PATRICK; GRESSLE, MARK; MCGINLEY, RICHARD (1998): S. 25f.

[234] VGL. GERKE, WOLFGANG (1995B): S. 18

[235] VGL. NN (1995B).

[236] VGL. HERI, ERWIN (1996).

[237] VGL. BISCHOFF, JÖRG (1994): S. 181f.

beruht jedoch auf seiner Fehlinterpretation und vor allem der zum Teil existierenden kurzsichtigen Denkweise seiner Gegner und teilweise auch der Anwender.

Gerade eine fehlende Shareholder Orientierung läßt den Wert der Unternehmen an den Börsen sinken und lockt somit Corporate Raiders an die oft an einer Zerschlagung des Unternehmens interessiert sind was dann zu den befürchteten Effekten wie z.B. Arbeitsplatzverlust und Steuermindereinnahmen führt[238]. Die langfristige Maximierung des Shareholder Value führt genau zum Gegenteil der in der europäischen Öffentlichkeit negativ dargestellten Shareholder Value Ablehnung. Nur durch eine Shareholder Value Orientierung gelingt es den Unternehmen sich langfristig im nationalen und internationalen Wettbewerb durchzusetzen um so den Wert des Unternehmens zu steigern, Arbeitsplätze zu sichern und dadurch zur Sicherung des Unternehmens und dessen Umwelt beizutragen. Eine nicht konsequente Shareholder Orientierung wird langfristig zu einer Allokation höherer Kosten für die Allgemeinheit haben, als eine konsequente, langfristige Shareholder Value Maximierung[239].

Der Vorwurf der zu hohen Managementgehälter im Zusammenhang mit dem Shareholder Value berücksichtigt nicht die leistungsorientierte und risikoadäquate Behandlung der Mitarbeitereinkommen. Die dargelegten Vorwürfe gegen den Shareholder Value beruhen daher meistens auf Fehlinterpretationen von Mißmanagement die nicht als solche erkannt werden, sondern als Auswirkungen des Shareholder Value dargestellt werden.

Ein weiterer Punkt ist, daß viele Unternehmensentscheidungen, vor allem kurzfristig orientierte Gewinnmaximierungsversuche, fälschlicher Weise in Zusammenhang mit dem Shareholder Value gebracht werden[240]. Diese kurzfristigen Gewinnmaximierungsversuche (Erfüllung von Jahreszielen zur Bonuserreichung des Managements) werden jedoch auch fälschlicherweise häufig von den Unternehmen als Shareholder Value Maximierung verstanden und vermarktet. Hierbei liegt eine mangelnde langfristige Berücksichtigung bzw. Nutzung der Unternehmensumwelt und der Unternehmensressourcen (Mitarbeiter) vor.

Obwohl Befürworter des wertorientierten Managements zeigen, daß die Orientierung der Unternehmensführung am Shareholder Value durchaus mit den Interessen der anderen Anspruchsgruppen vereinbar ist, wird deutlich,

---

[238] VGL. FRUHAN, WILLIAM E. (1988): S. 65f.

[239] VGL. FRIEDMAN, MILTON (1993): S. 58.

[240] VGL. RAPPAPORT, ALFRED (1995): S. 165f.

daß das Shareholder Value-Management differenzierter betrachtet werden muß[241].

Nach Rappaport liefert der Shareholder Value-Ansatz auch die Grundlage für den Interessenausgleich zwischen den verschiedenen Anspruchsgruppen eines Unternehmens, da diese seiner Meinung nach durch finanzielle Leistungen befriedigt werden können[242]. Nach Rappaport muß die Basis des Interessensausgleichs auf finanziellen Mitteln beruhen, da nur sie ein adäquates Verhältnis zwischen Input und Output der Interessengruppen zur Shareholder Value Maximierung darstellen. Diese finanziellen Leistungen kann das Unternehmen jedoch nur durch langfristige Shareholder Value Maximierung erreichen. Einer Untersuchung der McKinsey Berater Bughin und Copeland zufolge profitieren langfristig ebenfalls alle anderen Anspruchsgruppen (z.B. Kunden, Mitarbeiter, Fremdkapitalgeber) von einem hohen Shareholder Value. Wobei die Aktionäre die letzten sind („residual claimants"), deren finanzielle Ansprüche vom Unternehmen befriedigt werden. Während die Aktionäre allein von der positiven Wertentwicklung des Unternehmens abhängen, können die Interessen anderer Interessengruppen zumindest teilweise durch vertragliche Bestimmungen abgesichert werden[243].

Die verschiedenen Shareholder Value Modelle werden zum Teil aus extrem vereinfachten Wachstumsmodellen hergeleitet, die „...in einem realistischen Umfeld nur als Faustregel Verwendung finden"[244]. Die Wachstumsmodelle berücksichtigen dabei nur unwesentlich die Unternehmensrahmenbedingungen und die internen Ressourcen zur Wachstumsentwicklung und Wertmaximierung. Die Kritik, daß die Projektion der zukünftigen Cash Flow zu einer Fehlbewertung strategischer Alternativen durch Über- bzw. Unterbewertung führen kann, wurde durch die dargestellten marktwertorientierten Shareholder Value Modelle relativiert und durch marktadäquate Prognosemodelle realistisch gestaltet[245].

---

[241] Jürgen Schrempp, Vorstandsvorsitzender von Daimler Chrysler, einer der Vertreter des Shareholder Value ist folgender Meinung, "...'Was den Aktionären nützt, trägt auch den Ansprüchen anderer gesellschaftlicher Gruppen Rechnung'...".
NN (1999): S. 123f.
[242] VGL. RAPPAPORT, ALFRED (1995): S. 12f.
[243] VGL. COPELAND, THOMAS; BUGHIN, JAQUES (1997): S. 157f.
[244] HAX, ARNOLDO C.; MAJLUF, NICOLAS S. (1991): S. 261.
[245] VGL. DAY, GEORGE S.; FAHEY, LIAM (1990): S. 158ff.
VGL. COPELAND, THOMAS; KOLLER, TIMOTHY; MURRIN, JACK (1993): S. 109-204.

Die stakeholderorientierte Sicht[246] sieht bei einer monoistischen Hinwendung zum Shareholder Value die Gefahr, daß dieser nur auf Kosten der anderen Interessengruppen gesteigert werden kann[247]. Es entsteht dadurch eine wesentliche Verschiebung der Ressourcen von der Arbeit zum Kapital. „Das führt in der Praxis zur Privatisierung der Gewinne und Sozialisierung der Lasten"[248]. Als Sozialisierung der Lasten sollen hierbei die entstehenden Kosten für die Allgemeinheit durch den Shareholder Value verstanden werden. Dies kann jedoch so nicht behauptet werden da durch eine fehlende langfristige Shareholder Value Maximierung gerade die Gesellschaft in Form von geringeren Steuereinnahmen, weniger Arbeitsplätzen und eventuellen Subventionen die Lasten einer nicht konsequenten Shareholder Value Maximierung der Unternehmen trägt.

Um eine anhaltende Wertsteigerung zu erzielen, müssen im Rahmen des umfassenderen, im folgenden neu vertretenen wertorientierten Managements dem MASA auch andere Anspruchsgruppen (Stakeholder) – insbesondere Kunden und Mitarbeiter des Unternehmens – berücksichtigt werden um eine langfristige Shareholder Value Maximierung zu erreichen[249]. Eine rein finanzorientierte Sichtweise des Shareholder Value schöpft dabei nicht alle Potentiale der langfristigen Unternehmenswertsteigerung aus[250].

Im Rahmen des in Kapitel 5 vorgestellten Market Adapted Shareholder Value Approach wird die Einbeziehung von Organisationsproblemen, Unternehmensstruktur und lokalen kulturellen Unterschieden und deren Berücksichtigung erläutert. Der MASA, mit seiner Berücksichtigung des Employee Value und Customer Value zur Maximierung des Shareholder Value, bilden hierbei die wesentlichen Voraussetzungen für eine erfolgreiche Implementierung von Shareholder Value-Konzepten auf allen Ebenen des Unternehmens.

---

[246] Zur Kritik am Stakeholder Value vergleiche die Ausführungen in Kapitel 4.3.
[247] VGL. VONTOBEL, HANS-DIETER (1996).
[248] VONTOBEL, HANS-DIETER (1996).
[249] Vergleiche hierzu die Ausführungen in Kapitel 5.
[250] VGL. VOLKART, RUDOLF (1995B): S. 544.
        VGL. THIELMANN, ULRICH; MAAK, THOMAS (1996).

4 STAKEHOLDER VALUE – EINE ALTERNATIVE ZUM SHAREHOLDER VALUE?

Der Stakeholder Ansatz (Interessensgruppenorientierung) wird oft als Gegenentwicklung zum Shareholder Value bezeichnet[1]. Dies vor allem da er wesentliche Kritikpunkte wie die monoistische Finanz- und Anteilseignerorientierung des Shareholder Value aufgreift und der begrifflichen Verwandtheit. Im Grunde genommen gibt es die Theorie des Stakeholder Value wenn auch nicht unter diesem Begriff, aber in ähnlicher Form bereits zu Beginn diese Jahrhunderts[2] spätestens aber seit dem Koali-tionsmodell der 70 er Jahre[3].

Innerhalb des Stakeholder-Ansatzes[4] sind die Aktionäre nur eine von mehreren Unternehmens-Anspruchsgruppen, deren Ziele realisiert werden sollen[5]. Im Gegensatz zum Shareholder Value-Ansatz, der als oberste Leitlinie die Maximierung des Unternehmenswertes vorgibt, ist eine solche monokausale Zielsetzung beim besonders in Europa ausgeprägten Stakeholder-Ansatz nicht gegeben[6].

Der Stakeholder Value geht von verschiedenen Zielen der einzelnen Stakeholder aus. Das Unternehmensziel, die Sicherung des Unternehmensbestandes zur Erfüllung der Stakeholderanforderungen, steht dabei an sich nicht primär im Vordergrund. Es ist jedoch für die Erfüllung der Stakeholderinteressen Voraussetzung. So ist beim Stakeholder Value, neben der Bedürfnisbefriedigung verschiedener Interessensgruppen, das Ziel der Unternehmung zu überleben, nicht aber notwendigerweise den Unternehmenswert zu erhöhen. Dies ist ein wesentlicher Unterschied zwischen dem Shareholder Value und dem Stakeholder Value. Der Shareholder Value hat nicht nur das Überleben des Unternehmens als Ziel, sondern die nachhaltige Wertsteigerung des Unternehmens. Dadurch soll beim Shareholder Value eine Wertsteigerung für die Anteilseigner erzielt werden, die höher als bei ähnlichen Kapitalanlagen mit gleichem Risiko ist.

---

[1] VGL. BRUNE, JENS W. (1995): S. 213ff.

[2] VGL. BERLE, A. , MEANS, G. : S 333-347.

   So werfen diese beiden Autoren die Frage nach der Wahrnehmung und Priorisierung der Unternehmensinteressen von Publikumsgesellschaften auf.

[3] VGL. VGL. STEINMANN, HORST; GERUM, ELMAR (1978): S. 470ff.

   VGL. ULRICH, PETER (1977)

[4] Zur detaillierten Darstellung und Definition des Stakeholder Value, siehe Kapitel 4.1

[5] VGL. SCHMID, STEFAN (1998): S. 225.

[6] VGL. ECKERT, STEFAN (1997): S. 266f.

4.1 Darstellung des Stakeholder Value Ansatzes

Im Vergleich zum angelsächsischen Sprachraum wird vor allem in Kontinental-europa anstelle des reinen anteilseignerorientierten Ansatzes das sogenannte Stakeholder-Management propagiert. Die Begründung liegt in den verstärkt auf Konsens ausgerichteten Gesellschaftssystemen in Kontinentaleuropa im Vergleich zu den kapitalmarktorientierten angelsächsischen Wirtschaftssystemen, in denen der Shareholder Value vorherrscht[7]. Stakeholder können folgender-maßen definiert werden:

Stakeholder sind Interessengruppen und/oder Individuen, die durch Unterneh-mensentscheidungen profitieren oder beeinträchtigt werden, bzw. deren Rechte respektiert oder mißachtet werden und somit (theoretischen und prakti-schen) Einfluß auf das Unternehmen haben[8].

In der Annahme, daß ein wesentlicher Grund der Nichtakzeptanz des Share-holder Value seine eindimensionale Orientierung auf die eigentümerorientierte/ finanzwirtschaftliche Entwicklung ist, kommen immer häufiger mehrdimensio-nale Wertsteigerungssysteme wie der Stakeholder Value Ansatz ins Ge-spräch[9].

Unter Stakeholder Value wird der zu schaffende Mehrwert für die Gesamtheit oder wesentliche Teile der Stakeholder (auf Kosten anderer Gruppen) verstan-den.

Ausgehend von der These, daß das Unternehmen nicht ein rein ökonomisches Gebilde ist, sondern in ausgeprägtem Maße soziale und soziologische Dimen-sionen besitzt, wurde die eigentümerorientierte Ausrichtung auf weitere Inte-ressengruppen erweitert. Neben der Marktorientierung wird die gesellschaft-liche Rolle des Unternehmens hervorgehoben, die das Unternehmen als Wert-generator und als soziales Gebilde (teilweise mit moralisierenden Aufgaben) für die gesamte Gesellschaft sieht[10]. Die in Europa existierende Konsensorien-tierung soll in den Unternehmens im Rahmen des Stakeholder Value durch das Management wahrgenommen werden. Es koordiniert hierbei die Interes-

---

[7] VGL. ACHATZ, HELMUT (1998): S. 19.
[8] VGL. FREEMANN, EDWARD; EVAN, WILLIAM (1993): S. 79.
     VGL. FREEMAN, EDWARD (1984): S. 31.
[9] VGL. SPREMANN, KLAUS (1989): S. 742.
     VGL. SPREMANN, KLAUS (1992): S. 365.
[10] VGL. MULLIGAN, THOMAS (1993): S. 71f.

sen der einzelnen Stakeholder und schafft für alle Interessengruppen einen Mehrwert.

Der Stakeholder Value Ansatz basiert im Grunde genommen auf dem Koalitionsmodell[11]. Es liegt die Überlegung zugrunde, daß ein Unternehmen seine Beziehungen zur Umwelt proaktiv gestalten sollte, da sein Erfolg stark von dieser Umwelt, mit der es in ständigem Kontakt und Austausch steht, beeinflusst wird. Das Koalitionsmodell geht dabei so weit, daß den Koalitionspartnern im Rahmen der Zielbildung des Unternehmens und der Erfolgsmessung Rechnung getragen werden soll[12]. Das Unternehmensmanagement hat dabei einen angemessenen Gewinn zu erzielen, der zukunftsorientierte Investitionen des Unternehmens und sein Überleben sichern soll[13]. Die Interessengruppen erbringen verschiedene Leistungen für das Unternehmen, die meistens dafür direkt oder indirekt finanziell oder teilweise sogar nicht-finanziell entlohnt werden.

Von den Lieferanten erhält es z.B. die zur Leistungserstellung notwendigen Rohstoffe, von den Mitarbeitern die Arbeitsleistung, von dem Staat die wirtschaftlichen Rahmenbedingungen und von den Kapitalgebern die finanziellen Mittel. Diese Gruppen machen ihrerseits aber für ihre erbrachte Leistung Ansprüche („stake") geltend, die oft über die finanziellen Kompensationen der vertraglichen Vereinbarung hinausgehen[14]. Basis für diese Annahmen, daß die den Vereinbarungen zu Grunde liegenden Preise nicht alle Ansprüche der Stakeholder decken, ist zum einen die in der Stakeholder Theorie angenommene inhomogenität des Marktes (Marktmacht etc.) und die nicht entgeltbaren Ansprüche. Dies sind zum Beispiel Macht, Einfluß, Mitbestimmung, Sicherheit von Verbindungen mit den Unternehmen in jeglicher Form und sonstige qualitative und quantitative Ziele[15]. Hintergrund der Überlegung ist, daß die Güter-, Arbeits- und Kapitalmärkte nicht vollkommen sind, und infolgedessen die Preise[16] für die erbrachten Leistungen nicht alle Forderungen abdecken. Um als

---

[11]   VGL. DYLLICK, THOMAS (1989): S. 76.
       VGL. STEINMANN, HORST; GERUM, ELMAR (1978): S. 470f.
[12]   VGL. EBENDA S. 77f.
       VGL. BISCHOFF, JÖRG (1994): S. 170.
[13]   VGL. GOMEZ, PETER; WEBER, BRUNO (1989): S. 14f. Der sogenannte angemessene Gewinn wird dabei weder in seiner Höhe noch Art näher erläutert.
[14]   VGL. SPREMANN, KLAUS (1992): S. 365.
[15]   VGL. SPREMANN, KLAUS (1992): S. 371f.
[16]   Die Stakeholder Theorie geht bei den vorhandenen inhomogenen Märkten auch davon aus, daß nicht der finanzielle Preis alleine die Leistungen verrechnet, sondern sogenannte weiche, nicht monetäre Faktoren eine Rolle dabei spielen. Es ist hierbei kritisch

Unternehmen langfristig überleben zu können, müssen nach dem Stakeholder Value alle Anspruchsgruppen explizit in die strategische Unternehmensplanung mit einbezogen werden. Es muß ein Ausgleich zwischen diesen Gruppen und dem Unternehmen erzielt werden[17]. Dies führt zu einer Umorientierung über den auf monetäre Größen ausgerichteten Shareholder Value-Ansatz hinaus zu einer weitgehend mehrdimensionalen Konzipierung des Wertsteigerungskonzeptes auf „sozi-ökonomische, machtpolitische Anspruchsgruppen"[18].

Mit dieser extremen Stakeholder Value Sicht wird Abstand zu dem primär erwerbswirtschaftlichen Prinzip des Unternehmens genommen und eine soziologische Zielausrichtung eingenommen[19]. Dies gründet insbesondere auf der sozialen und politischen Verantwortung von großen, vielschichtigen Publikumsgesellschaften und deren Interaktionen mit den einzelnen Anspruchsgruppen.

„Damit haben nicht nur die Anteilseigner, sondern auch die anderen Gruppen Interesse, auf dem Spiel (at the stake) zu stehen. Die Zielsetzung, Werte zugunsten der Shareholder zu schaffen, wäre demnach zu ersetzen durch die Zielsetzung, Werte zugunsten der Stakeholder zu schaffen. Diese Perspektive wird als Stakeholder Value-Konzept bezeichnet."[20]

Den Mittelpunkt der Stakeholder Theorie bildet das unternehmerische Oberziel der sinnvollen Erhaltung des Unternehmens in einem gesellschaftlichen Umfeld. Zu diesem Zweck muß das Management eine Kooperation mit den relevanten Stakeholdern eingehen, um deren Befriedigung konkreter Nutzenvorstellungen bei entsprechenden finanziellen Ressourcen zu gewährleisten. Das Ziel des Unternehmens ist es daher, die materiellen Ressourcen zur Erfüllung der Stakeholderinteressen zu erwirtschaften[21]. Die Erfüllung der Stakeholderinteressen darf jedoch nicht dem Ziel des Überlebens der Unter-

---

anzumerken, daß gerade durch Marktpreise ein gerechter Ausgleich zwischen den Vertragspartnern hergestellt wird.

[17] VGL. FREEMANN, EDWARD; REED, DAVID (1983): S. 96f.

[18] JANISCH, MONIKA (1992): S. 114.

[19] VGL. KLEINEWEFERS, HENNER (1996).

VGL. MULLIGAN, THOMAS (1993): S. 72.

[20] SPREMANN, KLAUS (1992): S. 365.

Eine genaue Definition der Art und Umfang der Stakeholder wird dabei nicht gegeben. Es wird hingegen dem Management und der Macht der Stakeholder (auf Kosten anderer Stakeholder) überlassen ihre Interessen durchzusetzen.

[21] VGL. STEINMANN, HORST; GERUM, ELMAR (1978): S. 472f.

VGL. JANISCH, MONIKA (1992): S. 441.

nehmung entgegenstehen und muß gewissen Prioritäten für die jeweiligen Anspruchsgruppen unterworfen sein.

Die Stakeholder Value Politik muß infolgedessen auch flexibel sein, um als „umfassende Richtschnur für die Ausgestaltung der Unternehmenspolitik bei dynamischen Umweltverhältnissen"[22] zu dienen. Dies führt soweit, daß die Stakeholder Philosophie die gesellschaftlichen Probleme berücksichtigen muß und an deren Lösung sogar beteiligt sein soll[23]. Das Management soll dabei alle legitim[24] an die Unternehmung herangetragenen Forderungen der Stakeholder gegeneinander abwägen und die unternehmerischen Entscheidungen so treffen, daß die Forderungen der relevanten Anspruchsgruppen in einer gesellschaftspolitisch verträglichen Weise befriedigt werden.

Die Unternehmensverantwortlichen wirken hierbei als eine Art Treuhänder der verschiedenen Interessen, wobei sie Ihre eigenen Interessen verdeutlichen und offen legen müssen[25]. Die Motivation der Mitarbeiter des Unternehmens ist jedoch unzähligen und verschiedenen Interessen unterworfen, die oft mit einzelnen Anspruchsgruppen übereinstimmen oder denen widersprechen können. Es ist daher auch unrealistisch, daß die Führungskräfte im Rahmen der Tätigkeit auf alle weiteren persönlichen und sozialen Erfahrungen und Ansichten verzichten[26].

Freeman unterscheidet 4 Grundtypen des Stakeholder Value Ansatzes[27]:

1. Enge Stakeholder Philosophie

Sie beschränkt sich auf die Befriedigung einer geringen Zahl der wesentlichen Anspruchsgruppen mit der Zielsetzung, daß die Sicherung des Unternehmens durch die Nutzengenerierung nicht gefährdet wird. Diese geringe Zahl der Stakeholder wird vom Management je nach Unternehmenssituation identifiziert und individuell auf Kosten anderer Gruppen bestimmt.

---

[22] VGL. MEIER-SCHERLING, PHILIPP (1996): S. 107.

[23] VGL. FREEMAN, EDWARD (1984): S. 107.

[24] Die Frage welche Ansprüche legitim sind und welche nicht, wird in der Stakeholder Value Theorie nicht klar definiert. Es läßt aber wieder den Schluß zu, daß subjektive Managemententscheidungen dies definieren sollen.

[25] VGL. FELTON, ROBER; HUDNUT, ALEC; VAN HEECKEREN, JENNIFER (1996): S. 175.

[26] VGL. MEIER-SCHERLING, PHILIPP (1996): S. 108.

[27] VGL. FREEMAN, EDWARD (1984): S. 101f.

2. Utilitaristische Stakeholder Orientierung

Das Unternehmen hat unter der Grundbedingung der Überlebensfähigkeit diejenigen Entscheidungen und Maßnahmen zu treffen, die zur Maximierung des Gemeinwohls beitragen[28].

3. Konsens Orientierung

Das Management versucht einen Ausgleich zwischen allen Anspruchsgruppen herzustellen und diesen auf Dauer aufrecht zu erhalten. Dem Management obliegt dabei unter der Vorgabe der Ausgleichsschaffung ein wesentlicher Machtfaktor den er im Rahmen des Anspruchsgruppenkonzeptes feststellt und beeinflußt[29].

4. Nivellierender Stakeholder Value Ansatz

Zur Erreichung des gesellschaftlichen Wohlfahrtsmaximums soll der Nutzen der subjektiv am meisten benachteiligten Stakeholder erhöht werden und die Chancengleichheit im Anspruchsgruppengeflecht erhöht werden. Das Interesse der Verbesserung der am meisten benachteiligten Gruppen liegt darin, daß jede Gruppe eventuell einmal in irgend einer Art und Weise zu diesen benachteiligten Gruppe gehören kann.

Es wird bei den oben genannten Modellen den Managern überlassen, welche unternehmerische Grundorientierung in Bezug auf die Stakeholder eingeschlagen wird. Aufgrund der situativen Unterschiedlichkeit kann nicht im Vorhinein festgelegt werden, wie und in welcher Weise sich die Unternehmensleitungen auf die Stakeholder einstellen müssen[30].

Wie schon angedeutet, kommt dem Management eine entscheidende Rolle bei der Effizienz der verschiedenen Interessenausgleiche und der Bewertung der Bedeutung der Stakeholder zu[31]. Dieser Interessenausgleich obliegt bei einer konsequenten Stakeholder Value-Orientierung eindeutig dem

---

[28] VGL. KLEINEWEFERS, HENNER (1996).
      Die Maximierung des Gemeinwohls entspricht dabei der Befriedigung möglichst vieler Interessengruppen sowohl innerhalb des Unternehmens als auch außerhalb. Zur Unternehmerischen Selbstverpflichtung in diesem Rahmen, VGL. STEINMANN, HORST; LÖHR, ALBERT (1992): S. 96ff.

[29] Siehe hierzu die Ausführungen in Kapitel 4.2.

[30] VGL. LEVITT, ARTHUR (1996): S. 4

[31] VGL. ACHATZ, HELMUT (1998): S. 19.
      Zur Problematik der Rolle Management/Eigentümer siehe auch Principle Agent Theorie in Kapitel 2.2.2.1.
      Zum Verhältnis Stakeholder/Management VGL. FREEMANN, EDWARD; EVAN, WILLIAM (1983): S. 81f.

Management[32]. Aufbauend auf diesen Ansätzen entwickelte sich das Anspruchsgruppenmanagement. Das Anspruchsgruppenmanagement beinhaltet im wesentlichen die Identifikation und das entsprechende Steuern der relevanten Stakeholder.

---

[32]   VGL. RAPPAPORT, ALFRED (1998): S. 11f.

4.2 Das Anspruchsgruppenkonzept

Im Rahmen des Stakeholder Value Anspruchsgruppenkonzeptes wird das Unternehmen als Koalition von Anspruchsgruppen aufgefaßt, das erst seine Leistung erbringen kann, wenn alle Anspruchsgruppen ihren Beitrag geleistet haben. Infolgedessen wird es als Aufgabe der Unternehmensführung angesehen, die verschiedenen Interessen aller Stakeholder zu befriedigen[33]. Damit die Unternehmensführung diese Aufgabe wahrnehmen kann, muß sie die unterschiedlichen Anspruchsgruppen sowie deren Interessen identifizieren[34]. Das Unternehmen muß dabei insbesondere das von den Stakeholdern ausgehende Risiko- und Chancenpotential einschätzen, um deren Auswirkungen abzuschätzen[35]. Die Bedeutung der Stakeholder wird unberechenbar und steigt, falls deren Ansprüche schlecht einschätzbar sind oder sich das Unternehmen den Ansprüchen nicht entziehen kann und das Unternehmen z.B. kaum Handlungsspielräume besitzt[36].

Diejenigen Anspruchsgruppen, die das Unternehmen durch die Ausübung ihrer Macht in eine bedrohliche Lage bringen können und die auch bereit sind, diese Macht einzusetzen, (z.B. indem sie bedeutende Ressourcen vorenthalten) sind für das Unternehmen besonders wichtig[37].

Um die Ansprüche der Stakeholder erfüllen zu können, muß das Unternehmen Wege zur jeweiligen Wertgenerierung in Abstimmung mit den Stakeholdern bestimmen und sein strategisches Management (Identifikation und Nutzung von Erfolgspotentialen) darauf ausrichten. Zur Integration der Anspruchsgruppen müssen diese definiert werden und ihre Erwartungen und Möglichkeiten der Bedürfnisbefriedigung ermittelt werden[38]. Nach Janisch determinieren folgende Elemente und die entsprechenden relevanten Fragestellungen die Grundlage des Anspruchsgruppenmanagements[39]:

1. Strategische Anspruchsgruppen:

Welche sozialen Gruppen gehören zu den strategischen Anspruchsgruppen?

---

[33] VGL. HILL, WILHELM: S.415.
[34] SCHMIDT, STEFAN: S. 6f.
[35] VGL. JANISCH, MONIKA (1992): S. 116f.
   Zur Bedeutung der Anspruchsgruppen siehe auch Kapitel 4.2.3.5.
[36] VGL. SCHMIDT, STEFAN (1996): S. 16.
[37] VGL. HILL, WILHELM (1996): S. 116f.
[38] VGL. STEINMANN, HORST; LÖHR, ALBERT (1992): S. 62f.
[39] VGL. JANISCH, MONIKA (1992): S. 119f.

2. Hauptziel:

Wie erreicht das Unternehmen die Sicherung seiner sinnvollen Überlebensfähigkeit?

3. Oberziele (Nutzen):

Welches sind die Nutzenvorstellungen der Anspruchsgruppen, die sie mit Hilfe des Unternehmens erzielen wollen?

4. Unterziele (Wertgeneratoren):

Welches sind die beeinflußbaren Wertgeneratoren im Unternehmen?

5. Nutzenmessung (Teilnutzen):

Welche Kennzahlen geben Auskunft über Erfolg/Mißerfolg der Befriedigung der Ziele der Anspruchsgruppen?

6. Mittel (Nutzenpotentiale):

Welche Nutzenpotentiale werden zur Bedürfnisbefriedigung der Anspruchsgruppen eingesetzt?

Ähnlich wie beim klassischen Shareholder Value-Ansatz nach Rappaport werden beim Anspruchsgruppenkonzept die Wertgeneratoren ermittelt[40]. Der Anteilseigner ist hierbei jedoch nur einer von vielen Interessengruppen, die dadurch die Anzahl und Qualität der Wertgeneratoren im Vergleich zum Ansatz von Rappaport erhöhen. Hierbei kommt dem Management die bereits erwähnte Bedeutung zu, zwischen den einzelnen Anspruchsgruppen abzuwägen und die Unternehmensstrategien im Rahmen der sich ständig wechselnden Stakeholder anzupassen[41].

Somit muß das Unternehmen neben seinen betrieblichen und markt-/wettbewerbsorientierten Entwicklungen die Veränderung bzw. Lebenszyklen der Anspruchsgruppen in die langfristige Planung integrieren, letztere sogar maßgeblich danach ausrichten[42].

4.2.1 Die internen Anspruchsgruppen und ihre Ziele

Die Identifikation und die Bedeutung der relevanten Anspruchsgruppen stellt einen grundlegenden ersten Schritt beim Anspruchsgruppenkonzept dar[43].

---

[40]   VGL. RAPPAPORT, ALFRED: S. 56.
[41]   VGL. GOMEZ, PETER (1993): S. 38.
[42]   VGL. GÖBEL, ELISABETH (1995): S. 61f.
[43]   VGL. GOODPASTER, KENNETH (1993): S. 86f.

Es werden in diesem Zusammenhang allgemein interne und externe Stakeholder unterschieden[44]. Interne Gruppen sind an den Steuerungssystemen des Unternehmens mehr oder weniger direkt beteiligt, externe Gruppen haben nur indirekt Einfluß (z.B. durch Marktmacht, Institutionen, Gesetze etc.) auf die Entscheidungen.

Zu den internen Stakeholdern zählen:

- Eigenkapitalgeber/Shareholder

- Management

- Mitarbeiter

- Aufsichtsrat

- Arbeitnehmervertreter (Betriebsrat)

- u.a.

Im Gegensatz dazu zählen zu den externen Stakeholdern:

- Kunden/Konsumenten/Endverbraucher

- Wettbewerber

- Lieferanten

- Fremdkapitalgeber

- Staat

- Gesellschaft bzw. Öffentlichkeit

- Gewerkschaften und Verbände

- u.a.

Die Definition der einzelnen Stakeholder geht hierbei über die Anspruchsgruppen der direkt am Produktionsprozeß beteiligten Stakeholder hinaus und umfaßt alle Gruppen die mit dem Unternehmen intern und extern in Kontakt stehen.

Jeder Stakeholder besitzt Oberziele und Ansprüche sowie Wertgeneratoren als Unterziele und Erfolgskontrollmechanismen. Die Überprüfung der Zielerreichung erfolgt anhand von individuellen Meßgrößen. Die Art der Meß-

---

[44] Eine weitere Unterteilung der einzelnen Stakeholder soll nicht vorgenommen werden. So kann z.B. bei den Mitarbeitern zwischen Management, Arbeitern, Auszubildenden und Angestellten unterschieden werden.
VGL. DYLLICK, THOMAS (1989): S. 74.

größen richtet sich nach den entsprechenden Anspruchsgruppen und kann auch innerhalb dieser variieren[45].

Folgende Grafik gibt einen Überblick über die jeweils angestrebten Nutzen und Teilnutzen der relevanten Anspruchsgruppen.

Strategische Anspruchsgruppe	Oberziele/Nutzen	Teilnutzen
Shareholder	Unternehmenswertsteigerung	Dividende, Kursgewinne Einflussnahme, Macht
Aufsichtsrat	Funktionierende Unternehmensführung, Wahrnehmung d. Shareholder Interessen	Selbstverwirklichung Einkommen, Macht Unternehmenswertsteigerung
Oberes Management	Berufliche Verwirklichung	Sicherheit, Einkommen, persönlicher Erfolg, Macht, Selbstverwirklichung, Performance
Mitarbeiter	Hohe Einkommen, Lebensqualität	Existenzsicherung, Beteiligung Arbeitsplatzsicherheit, Selbstverwirklichung, Entwicklung
Arbeitnehmervertretungen (Betriebsrat)	Vertretung d. Arbeitnehmerinteressen	Existenzsicherung, Arbeitsplatzsicherheit, Einkommen, Selbstverwirklichung, Entwicklung, Mitbestimmung
Kunden/Konsumenten/ Endverbraucher	Bedürfnisbefriedigung	Produktleistung, Preis, Image Sicherheit, Verfügbarkeit, Service
Lieferanten	Existenzerhaltung und Entwicklung	Steigerung des eigenen U.-wertes
Konkurrenten	Existenzerhaltung und Entwicklung	Steigerung des eigenen U.-wertes
Fremdkapitalgeber	Attraktivitätssteigerung der Investition	Kapitalverzinsung, Sicherheit der Kredite, Macht/Einfluß
Staat	allgemeine Wohlfahrt	Budgetausgleich/Steuereinnahmen Wirtschaftswachstum Verteilungsgerechtigkeit Konjunkturelle Stabilität Unabhängigkeit, Machtausgleich Umweltqualität
Öffentlichkeit	als gerecht empfundene Zukunftssicherung	Öffentliche Kontrolle wirtschaftlicher Aktivitäten, Förderung des Gemeinwohls, Lebensqualität

Abbildung 18: Anspruchsgruppennutzen, eigene Darstellung

Die Darstellung kann nur eine grobe Einschätzung der jeweiligen Ziele und Interessen der Stakeholder darstellen. Zu individuell und unternehmensabhängig sind die jeweiligen Ziele und Nutzen.

---

[45] Diese Problematik macht es für das Management und die Stakeholder fast unmöglich den Nutzen und Teilnutzen objektiv zu messen.

Das Zusammenspiel der einzelnen Faktoren wird als Wertsteigerungsnetzwerk bezeichnet. Die folgenden Abschnitte zeigen die einzelnen Stakeholder und ihre Netzwerke. Auf Basis dessen und in Anlehnung an das Modell von Janisch werden die jeweiligen Anspruchsgrundlagen und wesentlichen Ziele herausgearbeitet[46].

4.2.1.1 Shareholder

Shareholder ist jeder, der anteilsmäßig, bzw. kapitalmäßig, an dem zu betrachtenden Unternehmen beteiligt ist und über diese Anteile mehr oder weniger Einfluß auf das Unternehmen nehmen kann[47].

Der Einfluß der Anteilseigner hängt neben ihren verbrieften Rechten vor allem von der Konzentration der stimmberechtigten Anteile und vom Engagement der Shareholder ab. Hierbei muß man zwischen Klein- und Großaktionären differenzieren. Großaktionäre streben meistens nach einem größeren Einfluß auf das Unternehmen (bzw. es ist ihnen durch die Kapitalakkumulation und Interessenbündelung einfacher möglich)[48]. Kleinaktionäre hingegen können sowohl als Anlage- wie Spekulationsaktionäre auftreten. Die anlageorientierten Aktionäre streben nach langfristigen Wertsteigerungen und verkörpern die Komponenten des klassischen Shareholder Value (Wachstumsdauer, Kapitalkosten, Erweiterungsinvestition, Umsatzüberschußrate). Die Spekulanten sind weitgehend nur an kurzfristigen Wertsteigerungen, insbesondere durch Kurseffekte und Dividenden interessiert[49].

Die Betrachtung der Anteilseignerinteressen als Stakeholder bezieht sich im wesentlichen auf die Punkte des klassischen Shareholder Value-Ansatzes[50]. Neben den meßbaren Kontrollgrößen der Wertgeneratoren bezieht das Wertsteigerungsnetzwerk des Stakeholder-Ansatzes auch noch immaterielle Unterziele wie die Machtausübung und die Beeinflussung bzw. bedingte Kontrolle des Unternehmens in die Überlegung mit ein[51]. In den Hauptversammlungen bzw. Gesellschafterversammlungen haben die Anteilseigner theoretisch weitgehend ein Machtausübungspotential, das Unternehmen und Management zu beeinflussen. Darüber hinaus ist die Überlebensfähigkeit des Unterneh-

---

[46] VGL. JANISCH, MONIKA (1992): S. 147-242f.
[47] Siehe hierzu auch Kapitel 3.1.und 3.2.
[48] VGL. SCHMID, HANS-RUDOLF (1992).
[49] VGL. MÜLLER-MERBACH (1997): S. 10.
[50] Zur Darstellung und Diskussion des klassischen Shareholder Value vergleiche Kapitel 3.1.2
[51] VGL. ECKERT, STEFAN (1999): S. 96.

mens in starkem Maße von den zur Verfügung gestellten finanziellen Ressourcen durch Eigen- und Fremdkapital abhängig. „Nur eine gute „Pflege" der Anteilseigner und damit Erfüllung ihrer Ansprüche, führt zu einer langfristigen liquiden und operativen Unterstützung"[52] und substanziellen Unternehmenswertsteigerung[53]. Diese „Pflege" der Interessengruppe Shareholder, steigert auch das Interesse zukünftiger Investoren, Mitarbeiter, Kunden und Geschäftsteilnehmer[54].

4.2.1.2 Management

Das Management wird vom Aufsichtsrat bestellt der sich aus Eigentümervertretung und Arbeitnehmervertretung zusammensetzt. Ihm obliegt die laufende Geschäftsführung und eigenverantwortliche Leitung. Das Management ist in der Führung der Gesellschaft bis auf die wenigen Ausnahmen, bei denen das Gesetz oder die Satzung die Information bzw. Zustimmung der Hauptversammlung oder des Aufsichtsrates verlangen, weitgehend autonom[55]. Im Rahmen seiner Tätigkeit ist das Management zudem verpflichtet, die unternehmensrelevanten Rahmenbedingungen zu beobachten und deren Auswirkungen auf das Unternehmen zum jeweiligen Unternehmensvorteil zu nutzen.

Das Anspruchsgruppenmanagement sieht die Oberziele des Managements in der mehrdimensionalen beruflichen Verwirklichung. Hierin enthalten sind verschiedene Einzelaspekte wie die Existenzsicherung, Sicherung der beruflichen Stellung, Machtansprüche, unternehmenserfolgsabhängige Entlohnungssysteme[56], soziologische Motivation, Interessengruppenausgleich etc.. Zudem verfolgt das Management eine eigene Nutzenmaximierung auf Kosten anderer Gruppen[57].

Die beim Aktionär und Aufsichtsrat beschriebenen Wertgeneratoren der nachhaltigen Unternehmenswertsteigerung und der Kontrolle sind auch für das Management aktuell. Hervorzuheben ist jedoch der höhere Stellenwert der Kontrolle. Die Wirkung dieses Wertgenerators Kontrolle erhöht sich durch die

---

[52] NEUPERT, THILO (1996).
[53] VGL. RAPPAPORT, ALFRED (1992): S. 85.
   VGL. NN (1998).
[54] VGL. RAPPAPORT, ALFRED (1998): S. 7f.
[55] VGL. SONDAK, HARRIS (1996).
[56] VGL. DYLLICK, THOMAS (1984): S. 75.
   Zur Entgeldgestaltung im Rahmen des Market Adapted Shareholder Value, sieh Kapitel 5.4.3.
[57] VGL. SCHILTKNECHT, KURT (1996).

originären Aufgaben des Managements, die eine größere Kontrollfunktion verlangen. Durch eine etwaige Eigenkontrolle und fehlender externer Kontrolle wird es dem Management erleichtert, operative und private Interessen durchsetzen. Die Gefahr, daß private Interessen für das Management leicht im Vordergrund stehen können, liegt wohl in der Natur des Menschen. Wichtig ist es daher, ein funktionierendes Kontrollsystem aufzubauen, welches derartige Fehlentwicklungen frühzeitig erkennt und bei Übertretungen entsprechend sanktioniert. Dieses Kontrollinstrument muß sowohl von den Anteilseignern als auch anderen Stakeholdern implementiert und aufrecht erhalten werden. So müssen z.b. Verstöße gegen Börsengesetze, fehlende Transparenz und Mißmanagement, wie seit Anfang des Jahres 2000 vermehrt von börsennotierten Unternehmen am Neuen Markt zu beobachten sind, zu einem verstärkten Heranziehen zur Verantwortung des Management führen[58]. Die oft zu spät erkannten und gemeldeten (zum Teil verheimlichten) Unternehmensfehlentwicklungen dürfen dann nicht alleine von den Anteilseignern getragen werden, sondern auch von den Unternehmensverantwortlichen (Management und Kontrollorgane). Je mehr die Erfüllung der Ansprüche des Managements gerecht an die Ziele der Anteilseigner geknüpft sind, desto geringer wird das Principal Agent Problem[59].

4.2.1.3 Mitarbeiter

Die Mitarbeiter stellen einen wesentlichen Bestandteil des Unternehmens in Bezug auf die Leistungserstellung und die Umsetzung der Vorgaben des Managements und der Anteilseigner dar. Das Oberziel der Mitarbeiter ist im Normalfall ihre qualitative Lebenssicherung zu der die Arbeitsplatzsicherheit und eine möglichst hohe Entlohnung gehören. Diese Lebenssicherung ist nicht nur materiell zu sehen, sondern geht über die Entgeltleistung für die erbrachte Arbeit hinaus und beinhaltet auch den qualitativen Lebensstandard der Mitarbeiter[60]. Hier sind immaterielle Dinge zu erwähnen wie Selbstverwirklichung, Motivation und Arbeitsethik[61]. Ohne qualifizierte und motivierte Mitarbeiter können weder die Ziele des Managements noch der Kunden oder der Anteils-

---

[58] VGL. NN (1999): S.158f.

[59] VGL. FINEGAN, PATRICK (1989): S. 31.

[60] VGL. DYLLICK, THOMAS (1984): S. 75.

[61] Daß gerade diese Kombination wichtig für die Leistungserstellung und Wertsteigerung des Unternehmens ist, zeigen die „kränkelnden" ehemaligen Staatsbetriebe der früheren DDR. Die Lebenssicherung war gegeben, es fehlte jedoch oft die Selbstverwirklichung und damit die Motivation eine wesentliche Wertsteigerung für das Unternehmen zu leisten.

eigner erfüllt werden. Die wesentlichen Anspruchsfaktoren der Arbeitnehmer sind ein gerechtes Einkommen welches nach Ansicht der Arbeitnehmer im Richtigen Verhältnis zwischen Arbeitsinput (Leistung) und Output (Gehalt) steht. Zusätzliche Anspruchsfaktoren sind Arbeitsplatzsicherheit, humane Arbeitsbedingungen und der eigene Einfluß auf das Unternehmen und sein Umfeld.

Der Einfluß auf das Unternehmen kann sich auf materielle Weise (Mitarbeiter als Aktionäre[62]) oder immaterielle Weise klassifizieren[63]. Der immaterielle Einfluß kann z.B. in der Mitbestimmung oder einer offenen Informationspolitik bestehen. Hierdurch kann die Verbindung Unternehmen – Mitarbeiter gestärkt werden. Durch die Möglichkeit von Streiks, Kündigung (Know-how-Verlust) oder mangelnde Arbeitsethik, besitzen die Mitarbeiter ein enormes Machtpotential, auch wenn sie selbst mittel- bis langfristig immer substituierbar sind. Zur Reduzierung dieser Abhängigkeit an einen spezifischen Arbeitgeber ist es aus Sicht der Mitarbeiter rational, sich spezifisches Wissen anzueignen, um damit die Substituierbarkeit zu reduzieren[64].

Nur wenn durch das Oberziel der nachhaltigen Unternehmenswertsteigerung die Ansprüche der Mitarbeiter befriedigt werden und das Management dementsprechend die Ansprüche der Mitarbeiter kennt und darauf eingeht, werden sich die Oberziele der verschiedenen Gruppen ergänzen.

4.2.1.4 Aufsichtsrat

Der Aufsichtsrat setzt sich aus den Arbeitnehmer- und Anteilseignervertretern zusammen. Die Arbeitnehmervertreter werden von den Mitarbeitern gewählt. Sie setzen sich je nach Größe der Kapitalgesellschaft aus Mitarbeitern des Unternehmens und Gewerkschaftsvertretern zusammen.

Der Aufsichtsrat wird von den Anteilseignern die die Hauptversammlung bilden, gewählt (mit Ausnahme der Arbeitnehmervertreter). Der Aufsichtsrat bestellt und entlastet den Vorstand. Der Aufsichtsrat wirkt als Kontrollorgan des Unternehmens und verfolgt als Oberziel den reibungslosen Ablauf des Unternehmens, ohne direkt in die einzelnen Funktionen einzugreifen. Bei der Kontrolle des Unternehmens steht der Aufsichtsrat in Konkurrenz bzw. in Kooperation mit den Anteilseignern, Arbeitnehmervertretern und dem Vorstand[65].

---

[62] VGL. ULRICH, PETER (1977): S. 166.

[63] Hierzu gehören das Arbeitsrecht, Mitbestimmungsrecht, Tarifverträge und das Betriebsverfassungsrecht.

[64] VGL. LIKERT, R. (1967): S. 98ff.

[65] VGL. WÖHE, GÜNTER (1986): S. 90 und 96f.

Die Macht des Aufsichtsrats hängt von der Struktur der Aktionäre, der Qualität der Arbeitnehmervertreter und der Machtabgabe durch das Management ab. Den größten Einfluß auf ein Unternehmen hat der Aufsichtsrat, wenn es wenige Großaktionäre gibt, geringen externen Einfluß auf die Arbeitnehmervertreter und möglichst wenig Aufgaben des Aufsichtsrates aus dem Unternehmen ausgegliedert sind (z.B. verstärkte Kontrollfunktionen durch Beratungsunternehmen o.ä.)[66]. Durch die häufig gegebene Überkreuzverflechtung von Aufsichtsratsmandaten und Vorstandspositionen in Unternehmen wird deren Unabhängigkeit und Kontrollfähigkeit durch Interessenüberlappung reduziert[67]. So brauchen nach dem Aktiengesetz (§100 AktG) die Aufsichtsratmitglieder keine Aktionäre der Gesellschaft sein und dürfen nicht dem Vorstand des beaufsichtigten Unternehmens angehören. Wer als Aufsichtsratmitglied mehr als 10 Aufsichtsratmitgliedschaften oder in einem von der Aktiengesellschaft finanziell abhängigen (Beteiligungs-) Unternehmen gesetzlicher Vertreter ist, darf einen weiteren Aufsichtsratposten nicht übernehmen[68].

Ein wesentlicher Wertgenerator für den Aufsichtsrat stellt der Zugang, die Aktualität und die Richtigkeit von Informationen dar[69]. Dies ergibt sich aus der doppelten Funktion des Aufsichtsrates als Bindeglied zwischen Anteilseignern, Unternehmensumfeld und Management und seiner Bedeutung bei langfristigen Entscheidungen[70]. Zum einen ist der Aufsichtsrat auf interne Informationen des Managements und anderer Quellen wie z.B. eigener Analysen oder Mitarbeiterinformationen aus dem Unternehmen angewiesen, zum anderen muß er sich auch selbst externe Informationen beschaffen[71].

Sind die Shareholder jedoch kurzfristig an einer Aktienkurssteigerung interessiert, liegt eine Diskrepanz zwischen Aufsichtsrat und Shareholdern vor, da der Aufsichtsrat den langfristigen Bestand des Unternehmens bei gleichzeitigem Gewinnwachstum im Auge behalten muß. Auch kann es innerhalb des Aufsichtsrates zu verschiedenen Interessen durch Mitarbeitervertreter und Eigentümervertreter kommen. Letztendlich sollen sich die wesentlichen Ziele

---

[66] VGL. NEUMANN, MANFRED (1971): S. 26.

[67] VGL. ECKERT, STEFAN (1999): S. 98f.

[68] Vorstandsmitglieder und Gewerkschaftsvertreter haben oft Aufsichtsratmandate in kapitalverflochtenen Unternehmen mit Minderheitsbeteiligungen. Diese Verflechtungen sind dabei häufig die Grundlage für die Besetzung der Aufsichtsratmandate. Gleichzeitig ermöglicht die Akkumulation mehrerer Mandate (maximal 10 Mandate) eine reduzierte Kontrollfähigkeit und eine begrenzte, objektive Wahrnehmung der Aufgaben in den Unternehmen.

[69] VGL. FELTON, ROBER; HUDNUT, ALEC; VAN HEECKEREN, JENNIFER (1996): S.174.

[70] VGL. JANISCH, MONIKA (1992): S. 151f.

[71] VGL. DUFEY, GUNTER; HUMMEL, ULRICH (1997): S. 191.

des Aufsichtsrates mit denen der langfristig agierenden Aktionäre decken, zumal die Mehrzahl der Aufsichtsratmandate rein rechtlich von den Anteilseignern bestimmt wird[72].

4.2.1.5 Arbeitnehmervertretung (Betriebsrat)/ Gewerkschaften

Die Beteiligung der Mitarbeiter an Entscheidungen und Entwicklungen des Unternehmens geht über den Rahmen der gewöhnlichen Arbeitsteilung hinaus. Die in Deutschland rechtlich verankerte Möglichkeit der Mitbestimmung und Arbeitnehmervertretung durch den Betriebsrat ermöglicht ein Einwirken bei den „Zielen der Unternehmung, des eigenen Arbeitsbereiches, der eigenen Aufstiegsmöglichkeiten und der der Kompetenzverteilung"[73]. Das Mitspracherecht der Arbeitnehmer im Unternehmen ist aufgrund der paritätischen Mitbestimmung und anderen Arbeitnehmerrechten nicht nur von einem Kapitalanteil am Unternehmen abhängig. Einen unmittelbaren Einfluß auf die Betriebsführung und ihre wirtschaftlichen Entscheidungen hat der Betriebsrat nicht. Er kann jedoch auf wesentliche Abläufe die die Arbeitnehmer betreffen (Verlagerung der Betriebsstätte, Ein- und Ausstellungen von Mitarbeitern, Zusammenschluß mit anderen Betrieben), Einspruch erheben, bzw. muß angehört werden.

Anders als in Deutschland ist die institutionalisierte Mitbestimmung in vielen Ländern (z.B. in der Schweiz, England oder USA) nicht bekannt und dementsprechend auch nicht verbreitet bzw. weniger ausgeprägt.

Durch die rechtlich festgelegte Mitbestimmung im Unternehmen und der Beteiligung an Aufsichtsratsmandaten erwirkt der Betriebsrat bzw. die Arbeitnehmervertretung einen wesentlichen Einfluß auf Kontrollmechanismen und Unternehmensentscheidungen des Managements[74].

Ein Teil der Stakeholdergruppen Gesellschaft, Kunden, Mitarbeiter etc. sind die aus ihnen hervorgehenden Gewerkschaften, Verbände und Gruppierungen die zum Teil einen starken Einfluß auf den Betriebsrat haben. Ihre Ansprüche an Unternehmen sind oft juristisch verbrieft. Diese juristische Legitimation hat sich im Laufe der Zeit mit den Normen und Regeln der Gesell-

---

[72]   Hingewiesen sei hierbei nochmals auf die hohe Dichte von Bankenvertretern und Gewerkschaftsfunktionären in Aufsichtsräten.
        VGL. NN (1996c).

[73]   JANISCH, MONIKA (1992): S. 222.

[74]   VGL. DYLLICK, THOMAS (1984): S. 75.
        Vergleiche hierzu auch die kritische Diskussion um die gesetzlich zugesicherten Rechte und Möglichkeiten des Betriebsrates im Rahmen des Betriebsverfassungsgesetzes in Deutschland zu Beginn des Jahres 2001.

schaft ergeben und ist weiterhin Änderungen unterworfen[75]. Als jüngstes Beispiel sei auf die zu Beginn des Jahres 2001 erfolgte Diskussion und Änderung des Betriebsverfassungsgesetzes in Deutschland hinzuweisen. Auf Grund dieser Rahmenbedingungen ist die Stakeholdergruppe der Gewerkschaften besonders einflußreich.

Das Oberziel dieser Gruppen ist im Regelfall die Interessenvertretung ihrer Mitglieder, die jedoch auch durch den Machterhalt der Kader dieser Organisationen stark beeinflußt wird. Der Einfluß auf Unternehmen ist aufgrund guter interner Organisation sowie gesetzlicher und öffentlicher Legitimation generell hoch. Das Machtmittel der Gewerkschaften ist die Androhung und der Arbeitskampf an sich. Dieses Instrument trifft das Unternehmen direkt und schnell. Jedoch sind dem Arbeitskampf gesetzliche Voraussetzungen gegeben, innerhalb derer er sich bewegen muß.

Vertreter von Gewerkschaften sind oft direkt (durch Betriebs- und Aufsichtsrat) in den Entscheidungsprozeß der Unternehmen eingebunden. Wie auch schon bei anderen Stakeholdern sichtbar wurde, sind die Gewerkschaften und Verbände oft auch in anderen Gruppen (z.B. Aufsichtsrat, Betriebsrat) integriert, wo sie zusätzlichen Einfluß auf das Unternehmen ausüben können[76]. Ebenso können hierbei Interessenkonflikte auftreten, die nicht zum optimalen Ergebnis der Vertretergruppen und des Gesamtunternehmens führen.

4.2.2 Die externen Anspruchsgruppen und ihre Ziele

4.2.2.1 Kunden und Konsumenten

Die Kunden bzw. Unternehmenszielgruppen auf dem Absatzmarkt stehen im Zentrum der Aktivitäten eines Unternehmens. Der Absatzmarkt stellt bei vielen Unternehmen einen Engpaß dar. Die Bedeutung der Kunden begründet sich auf der Tatsache, daß Kunden über knappe und für das Unternehmen elementar wichtige Ressourcen, dem Kapital als Basis der Unternehmensumsätze, verfügen. Die Verankerung des Marketings als Führungsaufgabe wird daher oft als Ziel des Unternehmens gesehen. Sie soll die Befriedigung der Kundenbedürfnisse sicherstellen und im Vergleich zum Wettbewerb überlegen sein[77].

---

[75]   VGL. KÜLLER, HANS-DETLEV (1997): S. 474.

[76]   VGL. KÜLLER, HANS-DETLEV (1997): S. 490f.

[77]   VGL. KÜHN, RICHARD; JENNER, THOMAS (1999): S. 230.

Die Marktleistung des Unternehmens muß in einem oft polypolistischen Marktumfeld den Bedürfnissen der Konsumenten bzw. Kunden entsprechen. Das Marketing Mix des Unternehmens sollte über eine Anspruchsbefriedigung der Kunden zur Erzielung von Gewinnen führen[78]. Das Produkt (Qualität und Nutzen) soll dabei zu einem adäquaten Preis, am richtigen Ort, zum richtigen Zeitpunkt für die Bedürfnisse des Nachfragenden zur Verfügung gestellt werden. Produktqualität, Preis, Produktsicherheit, Servicequalität und Image bestimmen bei einer optimalen Kundennutzenmaximierung die wesentlichen Wertgeneratoren[79]. Deren Messung ist weitgehend mit materiellnumerischen Kennzahlen z.B. durch Kundenbefragung und der Einhaltung von Normen (DIN, ISO) möglich. Schwieriger dagegen ist die Bestimmung und Bewertung der weichen Faktoren, die über die Produktbereitstellung hinausgehen, so z.B.: ethische und moralische Aspekte, die einen zum Teil wesentlichen Einfluß auf die Kundenbefriedigung und deren Kaufverhalten haben[80]. Ein Unternehmensverstoß gegen allgemeine ethische Grundsätze kann, neben einer Reaktion der Exekutiven, zu Kundenreaktionen führen, die nicht im Interesse des Unternehmens sind. Ein Beispiel einer solchen Kundenreaktion ist die Boykottierung der Shell Tankstellen nach dem Entsorgungsversuch der Ölplattform „Brent Spar" im Jahre 1997. Diese Ausübung extremer Kundenmacht führte zu einem großen Image- und Finanzschaden des Shell-Konzerns.

Parameter wie Kundenorientierung und Kundenbindung sind vorgelagerte Einflußgrößen des finanziellen Unternehmenserfolgs und stellen damit einen wesentlichen Bestandteil des Unternehmenserfolges dar. Das Machtpotential der Kunden hängt u.a. von dem jeweiligen volkswirtschaftlichen Umfeld ab. Je größer der Wettbewerb, je mehr die Unternehmensprodukte substituierbar sind, und je koordinierter die Kunden sind, desto größer ist das Machtpotential dieser Gruppen.

Ein Problem der unternehmensspezifischen Umsetzung dieser Korrelation zwischen Kunden- bzw. Marktorientierung und Unternehmenserfolg liegt in der theoretischen Konstruktion der Attribute Kunden und Marktorientierung, die eine zielgerichtete Sicherstellung dieser Werttreiber erschweren[81]. Die Kunden sind ein wichtigerer Stakeholder, ihre Bedeutung liegt jedoch nicht höher als

---

[78]   VGL. DISCH, WOLFGANG K.A. (1996): S. 376f.
       VGL. TOMCZAK, THORSTEN; REINECKE, SVEN (1999): S. 34.
[79]   VGL. DISCH, WOLFGANG K.A. (1996): S. 386f.
[80]   VGL. STEINMANN, HORST; LÖHR, ALBERT (1992): S. 151ff.
[81]   VGL. DAY, GEORGE S. (1994): S. 37.

die der Eigentümer[82]. Die Bedeutung der Kunden unterscheidet sich aufgrund der jeweiligen Situation des Unternehmens und dem Zusammenspiel der verschiedenen Erfolgsfaktoren wie z.B. Kostenoptimierung, Mitarbeiterqualität, Marktpräsenz etc.[83].

Die richtige Positionierung des Unternehmens in einem Markt oder Teilmarkt ist für die Sicherstellung seiner Existenz und der langfristigen Unternehmenswertsteigerung von größter Bedeutung[84]. Die Ausrichtung an spezifischen Marktgegebenheiten ist daher auch der Grund für die herausragende Stellung des Marketing in der strategischen Managementliteratur[85]. Kundeninteressen müssen durch ein gezieltes Marketing berücksichtigt werden, daß ein optimales Produkt für die Bedürfnisse des Kunden generiert. Der Kunde muß dabei das Gefühl haben eine maximale Leistung zu einem minimalen Preis zu erhalten.

4.2.2.2 Wettbewerber

Als Wettbewerber für das Unternehmen in der Stakeholder Value Betrachtung gilt jeder Marktteilnehmer, der die gleichen Kunden bewirbt. Die Art der Wettbewerber ist abhängig von der relativen Wettbewerbsposition des Unternehmens. Die eigene Leistungsfähigkeit, die Leistungsfähigkeit der Konkurrenz sowie die Erwartungen und Wahrnehmungen der Kunden beeinflussen gleichermaßen die Wettbewerbsstrategie und die Wettbewerber eines Unternehmens.

Die Wettbewerbsstruktur wird im wesentlichen von 5 Wettbewerbskräften dominiert[86]:

1. Verhandlungsstärke der Abnehmer,

2. Verhandlungsstärke der Lieferanten,

3. Bedrohung durch neue Konkurrenz,

---

[82] VGL. KÜHN, RICHARD; JENNER, THOMAS (1999): S. 231.
   Man muß jedoch anmerken, daß die Bedeutung der Endverbraucher von der Mehrzahl der Unternehmen als der wesentliche Stakeholder angesehen wird. Vergleiche hierzu Abbildung 19 in Kapitel 4.2.2.

[83] VGL. DAY, GEORGE S. (1994): S. 48f.

[84] VGL. DISCH, WOLFGANG K.A. (1996): S. 389.

[85] VGL. PORTER, MICHAEL E. (1989).
   VGL. PORTER, MICHAEL E. (1990).
   VGL. BRUNE, JENS W. (1995): S. 115.

[86] VGL. PORTER, MICHAEL E. (1990): S. 25ff.

4. Gefahr durch Substitutionsprodukte und

5. Grad der Rivalität

Basis für den Erfolg des Unternehmens ist die positive Differenzierung und der sich daraus ergebende Wettbewerbsvorteil gegenüber der Konkurrenz[87]. Die Wettbewerber versuchen auf wesentliche Stakeholder des Unternehmens direkt oder indirekt Einfluß zu nehmen, um sich einen Wettbewerbsvorteil oder zumindest eine adäquate, faire Behandlung zu sichern. So können sie an den gleichen Mitarbeitern, Lieferanten, Eigenkapitalgebern, Fremdkapitalgebern und an den Kunden interessiert sein. Primär tritt meistens der Wettbewerb um den gleichen Kunden bzw. Kundenstamm in den Vordergrund, da dieser quasi als Ausgangspunkt der Leistungserstellung des Unternehmens bei vollkommener Konkurrenz angesehen werden kann[88].

Die Strategien der Wettbewerber als Stakeholder müssen jedoch nicht immer gegen das Unternehmen laufen. Durch Kooperationen mit dem Ziel der Erhaltung von Marktmacht bzw. Marktbeschränkung oder dem Erreichen von Wettbewerbsvorteilen in Form von Kartellen niederer oder höherer Ordnung, M&A, Joint Ventures o.ä., kann sich die eigene Unternehmensposition stark verändern[89]. Das Unternehmen muß seine Wettbewerber kennen und seine Strategien dahingehend anpassen [90]. Die Einschätzung der Wettbewerber und deren Einfluß muß sich an deren langfristigem Shareholder Value Potential ausrichten.[91]

4.2.2.3 Lieferanten

Lieferanten und Unternehmen stehen in einer gegenseitigen Beziehung, die beide zu Stakeholdern der anderen werden lassen. Hierbei kann es zu kontroversen Zielvorstellungen kommen, wenn z.B. beide Unternehmen kurzfristig ihren Ertrag steigern wollen und daher Qualität und Leistung voneinander abweichen. „Dementsprechend kann hierbei ebenfalls von einem mehrdimensionalen Zielsystem und denselben Wertgeneratoren, wie den Kunden ausgegangen werden"[92]. Dies beinhaltet eine enge Verbindung zwischen dem Lieferanten und dem zu beliefernden Unternehmen. Mit dem Ziel einer möglichst großen Unabhängigkeit der Unternehmung und stabilen Lieferbeziehungen ist

---

[87] VGL. PORTER, MICHAEL E. (1990): S. 173ff.

[88] VGL. NEUMANN, MANFRED (1982): S. 282f.

[89] VGL. WÖHE, GÜNTER (1986): S. 336f.

[90] VGL. RAPPAPORT, ALFRED (1998): S. 136f.

[91] VGL. RAPPAPORT, ALFRED (1998): S. 65.

[92] BRUNE, JENS W. (1995): S. 250.

die Bedeutung des Einflusses auf den Lieferanten sehr groß. Die Erhöhung der Nachfragemacht seitens der Käufer stärkt in diesem Zusammenhang die Käuferposition und reduziert möglicherweise den Zielerreichungsgrad des Lieferanten[93]. Auffällig sichtbar war diese Entwicklung in den 90er Jahren bei der Reduzierung der Produktionstiefe und Bestandsreichweite in wesentlichen Teilen der Industrie (besonders der Automobilindustrie) und der Verlagerung der Produktion auf wenige Zulieferer (Systemlieferanten). Diese verstärke Zusammenarbeit aufgrund von Outsourcing führt zu einer stärkeren Abhängigkeit voneinander[94].

Die stabilen und guten Lieferbeziehungen beinhalten ein abgestimmtes Verhalten zwischen Kunde und Lieferant. Eine gerechte, beiden Seiten Nutzen bringende Kooperation muß die Basis für die beidseitige, langfristige Erfolgsgenerierung darstellen.

Das Machtpotential der Lieferanten liegt in der Substituierbarkeit der Leistungserstellung und der Integration in den Prozeßablauf des Kunden.

4.2.2.4 Fremdkapitalgeber

Die Fremdkapitalgeber sind an der Sicherung ihrer Investition bzw. deren Wertsteigerung durch Zusatzgeschäfte und der Kontrolle zur Sicherung ihres Kapitals interessiert[95].

Das Sicherungsbedürfnis der Fremdkapitalgeber beinhaltet die Planung der Zins- und Kapitalrückflüsse sowie deren Vergleichbarkeit zu anderen Engagements. Der Wertgenerator Kontrolle bezieht sich in der Praxis auf die Kontrolle der Mittelverwendung und damit die entsprechenden Sicherungsmechanismen. Durch die Art Umfang und Bedeutung der Fremdfinanzierung, erweitert sich potentiell die Kontrolle auf zusätzliche Unternehmensbereiche.

Die Fremdkapitalgeber können gleichzeitig auch Shareholder sein. Banken treten hierbei entweder als Vertreter von anderen Eigenkapitalgebern auf oder sie sind selbst (teilweise durch den ersten oder den liquidationsbedingten letzten Schritt ihres Fremdkapitalengagements) Shareholder und damit in einem Interessenkonflikt durch Stakeholder Doppelfunktionen. Dieser Konflikt zwischen Fremd- und Eigenkapitalgebern kann dadurch entstehen, daß als Fremdkapitalgeber die Bank an einer sicheren, ertragreichen Kredittilgung

---

[93] VGL. JANISCH, MONIKA (1992): S. 231.

[94] VGL. BÜHNER, ROLF (1994C): S. 163f.

[95] VGL. ULRICH, PETER (1977): S. 164ff.

interessiert ist, während der Eigenkapitalgeber an einer günstigen Fremdfinanzierung interessiert ist[96].

Die Fremdkapitalkosten sind als Teil der Kapitalkosten ein Wertgenerator für die Shareholder. Die Bedeutung der Fremdkapitalgeber ist daher für die Erwirtschaftung einer nachhaltigen Unternehmenswertsteigerung groß. Ihr Machtpotential ist abstrakt betrachtet nicht besonders hoch, da im Normalfall aufgrund des Wettbewerbs der Fremdkapitalgeber kein direkter Einfluß auf das Unternehmen ausgeübt werden kann. Es hängt aber im wesentlichen davon ab, wie unabhängig das Unternehmen von den Fremdkapitalgebern agieren kann und wie hoch der Verschuldungsgrad ist[97]. Die Bedeutung der Fremdkapitalgeber erhöht sich bei entsprechender Kapitalverflechtung bzw. zusätzlichem Auftreten als Eigenkapitalgeber. Die Verflechtung von Fremdkapitalgebern und Eigenkapitalgebern ist in Europa besonders häufig aufgrund des Vollbankensystems und dem damit verbundenen Depotstimmrecht zu beobachten[98]. Dies führt zu einer großen Anzahl Fremdkapitalgeber im Aufsichtsrat mit dem Ziel, ihre Kredite zu sichern.

Die Sonderrolle der Banken verschärft sich durch den Eigenkapitaleinfluß der Depotstimmrechte. Sie erhöht maßgeblich den Einfluß auf die Unternehmenspolitik. Die Institution des Depotstimmrechts verstärkt somit maßgeblich die Rolle und den Einfluß der Fremdkapitalgeber, die alleine durch die Bedeutung des Fremdkapitals nicht erklärbar ist.[99] Durch das Depotstimmrecht ist es fraglich, ob die Fremdkapitalgeber an einer langfristigen Shareholder Value Maximierung interessiert sind. Es können genauso unternehmenseigene Interessen wie z.B. die Fremdkapitalsicherung, Erhöhung der Fremdmittel im Unternehmen, Bindung des Unternehmens an den Fremdkapitalgeber und andere strategische Ziele der Kapitalgeber im Vordergrund stehen die zu Lasten anderer Stakeholder und des Unternehmens gehen können.

Grundsätzlich kann gesagt werden, daß die Stakeholder Oberziele in Form der Investitionswertsteigerung nur durch eine nachhaltige Unternehmenswertsteigerung erreichbar sind.

---

[96] VGL. BEHM, ULRICH (1994): S. 45f.
[97] Zum Leverage Effekt vergleiche Kapitel 2.2.1.1.4.
[98] VGL. NEUMANN, MANFRED (1971): S. 31f.
[99] VGL. HELLWIG, MARTIN (1996).

4.2.2.5 Staat

Die wirtschaftliche Wohlfahrt und die Sicherstellung der staatlichen Macht sind unter der Bedingung der Staats- und Institutionsunabhängigkeit die Oberziele der Staates[100] demokratischer Staats- und Gesellschaftsformen. Der Wohlfahrtsgedanke ist wirtschaftlich und sozialpolitisch motiviert. Wirtschaftlich wird ein stabiles Wachstum, konjunkturelle Stabilität und ein Budgetausgleich angestrebt. Sozialpolitisch steht vor allem eine gerechte Einkommensverteilung[101], Machtausgleich und Gleichbehandlung im Mittelpunkt. Der Wohlfahrtsbegriff ist jedoch individuell verschieden, von vielen Faktoren abhängig und nur qualitativ meßbar[102]. Oft wird in diesem Zusammenhang auch der Begriff der Ethik des Handelns von Unternehmen erwähnt. Er findet sich in der Betrachtung und Berücksichtigung verschiedener Interessengruppen wider[103].

Die Unternehmen tragen über die Besteuerung einen wesentlichen Teil der Staatseinnahmen. Die Wirkung dieses Wertgenerators ist ambivalent und das Ziel, ein optimales Steuersystem mit Leistungsanreizen für die Unternehmen und Budgetrestriktionen für den Staat zu finden, ist nicht einfach[104]. Hierbei sind neben der Einkommenserzielung des Staates besonders auch die wirtschaftlichen Rahmenbedingungen zu berücksichtigen. Das enge Zusammenspiel des Anspruches nach Wirtschaftsentwicklung sowie Sicherung der Normen und Einnahmen lassen sich als Schlüssel des staatlichen Anspruchsgruppenmanagements sehen. Gerade diese Gewichtung der Interessen hat einen großen (oft indirekten) Einfluß auf die jeweiligen Unternehmen[105].

Kraft seiner Autorität über die Setzung entsprechender Rahmenbedingungen ist der Staat (Legislative, Exekutive, Judikative) je nach Staatsmodell zu umfangreichen Einflußmöglichkeiten auf die Unternehmen berechtigt und fähig. Er wird sie aber i.d.R. in einer gesellschaftlichen, demokratischen, freien Grundordnung nur im Rahmen seiner Oberziele zum Schutz des Gemeinwohls einsetzen[106]. Dem Staat obliegt der Schutz der Unternehmungen und deren langfristige Wertsteigerung da er auf diese Weise u.a. gesicherte Einkünfte in

---

[100] Eine detaillierte Betrachtung der Beziehung Staat, Wirtschaft, Gesellschaft würde in diesem Rahmen zu weit führen.

[101] VGL. NEUMANN, MANFRED (1982): S. 292f.

[102] VGL. NEUMANN, MANFRED (1982): S. 297f.

[103] VGL. SONDAK, HARRIS (1996).
VGL. STEINMANN, HORST; LÖHR, ALBERT (1988B):, S. 299 ff.

[104] VGL. JANISCH, MONIKA (1992): S. 248.

[105] VGL. NEUMANN, MANFRED (1982): S. 334ff.

[106] VGL. SCHACHTSCHNEIDER, KARL (1999): S. 454.

Form von Steuern erhält[107]. Diese Wertsteigerung wird z.B. durch die Möglichkeit der Bildung stiller Reserven „mit der Rücksicht auf das dauernde Gedeihen der Unternehmung"[108] gefördert. Wenn also der Shareholder Value-Ansatz als langfristiges Konzept der nachhaltigen Wertsteigerung verstanden wird, entspricht dies den Vorstellungen des Gesetzgebers; anders als bei einer kurzfristigen Gewinnmaximierung bzw. Gewinnrealisierung. Somit sollten die Oberziele der Eigenkapitalgeber auch in denen des Staates enthalten. Das Problem liegt jedoch in dem Abwägen zwischen Ideologie und Wählergunst auf der einen Seite und Rationalität und Wirtschaftsförderung auf der anderen Seite. So kommt es je nach Regierung zu verschiedenen Tendenzen in der Übereinkunft der Oberziele zwischen Shareholdern und Staat.

Die Unternehmen vollziehen bei ihrer Tätigkeit auch eine Aufgabenentlastung für den Staat. Diese kann z.B. über der Verfügungsstellung von Ressourcen (Ausbildung), Umverteilung durch Arbeitsplatzschaffung, sektorale und regionale Förderung etc. erfolgen[109].

4.2.2.6 Gesellschaft/Öffentlichkeit

Der Anspruch der Öffentlichkeit als Stakeholder liegt in den zahlreichen Berührungspunkten zwischen Unternehmen und Gesellschaft.

Das Oberziel der Öffentlichkeit kann generell mit dem des Staates als allgemeine Wohlfahrtssicherung bzw. Wohlfahrtserhöhung umschrieben werden. Es ist allerdings individualistischer als dasjenige des Staates ausgelegt. Die Abgrenzung dieser Anspruchsgruppe ist noch schwieriger, da sie sich noch heterogener gestaltet, als die bereits beschriebenen. Beim Stakeholder Value Ansatz wird aufgrund der Schwierigkeiten der Interessenabgrenzung unterstellt, daß die Gesellschaft z.T. ähnliche Interessen wie der demokratisch legitimierte Staat vertritt[110]. Die Gesellschaft besitzt jedoch weder das selbe Machtpotential, noch die direkten Einflußmöglichkeiten. Zudem können die Ziele der staatlichen Ordnung und der einzelner Gesellschaftsgruppen stark voneinander abweichen[111]. Besonders bei multinational tätigen Unternehmen kann es leicht zu einer Diskrepanz zwischen lokalen Bürgerinteressen und den

---

[107] VGL. FORSTMOSER, PETER (1996).

[108] FORSTMOSER, PETER (1996).

[109] VGL. DYLLICK, THOMAS (1984): S. 75.

[110] VGL. FORSTMOSER, PETER (1996).

[111] Selbst die Annahme, daß in einer Demokratie die Gesellschaft in Form des Staates vertreten ist, ist durch die Interessen- und Meinungspluralität der demokratischen Gesellschaft so gut wie nie gegeben.

Unternehmenszielen sowie z.B. den ethisch-kulturellen Vorstellungen fremd-ländischer Unternehmen kommen. „Das bürgerliche (sittliche) Interesse an den Unternehmen können insbesondere die internationalistischen (meist institutio-nellen Anleger) spezifisch wegen der Diversität der nationalen Interessen nicht haben, so daß auch die Organe der Gesellschaft ein solches nicht behaupten können"[112]. Das gesellschaftliche Vertrauen in die gesellschaftliche Verant-wortung, die existierenden Verbindungen zu den Unternehmen und die Erfül-lung wesentlicher Stakeholder Interessen sind die Voraussetzungen für die Akzeptanz des Privateigentums[113].

Die Gesellschaft zieht den Nutzen aus zusätzlichen, freiwilligen Leistungen der Unternehmen wie z.B. Spenden, sozialem, kulturellem Engagement, öko-logischer Orientierung etc.[114]. Der Wertgenerator Umweltschutz bezieht sich dabei nicht nur auf die Einhaltung gesetzlicher Normen sondern geht häufig darüber hinaus[115]. Er ist durchaus als Teil der generellen Wohlfahrtserhöhung zu sehen, dessen Gewichtung sich jedoch bei entsprechender Knappheit von Ressourcen verändern kann. Der Umweltschutz entwickelt sich dabei zu Nor-men und Werten einer Gesellschaft, die ebenfalls einem ständigen Wandel unterworfen sind[116]. Diese Normen und Werte werden meistens nicht juristisch kodifiziert. Ihre Erweiterung und Einhaltung dient jedoch ebenso der Wohl-fahrtserhöhung der Gesellschaft und stellt einen wesentlichen Teil zum Erhalt der natürlichen Unternehmensressourcen und damit zum Überleben des Un-ternehmens dar[117]. Da das Unternehmen auf diese Ressourcen meistens indi-rekt auch angewiesen ist, läßt sich hierbei ein Zusammenhang zwischen umweltorientiertem Wirtschaften und Unternehmenswertsteigerung herstellen. Unternehmen, die ein gutes umweltpolitisches Image haben, in einer attrakti-ven Branche tätig sind (z.B.: Freizeitindustrie) und in landschaftlich reizvollen Gegenden liegen, deren Umwelt intakt ist, sind für potentielle Mitarbeiter und auch für die Öffentlichkeit ein wesentlicher Anziehungspunkt[118].

Das Machtpotential der Öffentlichkeit entspricht im wesentlichen dem der Kunden, ist jedoch durch die Heterogenität der Anspruchsgruppe komplexer und schwerer für das Unternehmen zu bestimmen. Der Einfluß auf die Unter-

---

[112] SCHACHTSCHNEIDER, KARL (1999): S. 427.
[113] VGL. STEINMANN, HORST; LÖHR, ALBERT (1992): S. 120ff.
[114] VGL. HARBRECHT, WOLFGANG (1997): S. 116ff.
[115] VGL. PALASS, BRIGITTA (1999): S. 142.
[116] VGL. SCHALTEGGER, STEFAN; FIGGE, FRANK (1997).
[117] VGL. PALASS, BRIGITTA (1999): S. 143
[118] VGL. GRIEGER, JÜRGEN (1999): S. 41f.

nehmen ist wie bei der Interessengruppe der Konsumenten (die eine Teilgruppe der Öffentlichkeit darstellen) nur indirekt gegeben[119].

Die Informationspolitik und die Medien spielen hierbei eine bedeutende Rolle für die Selbstdarstellung der Unternehmen und ihrer Kontrolle durch die Öffentlichkeit. Durch die Informationspolitik kann sich der Einfluß der Gesellschaft auf das Unternehmen stark erhöhen und wie an dem Beispiel der Firma Shell gezeigt, zu einem für das Unternehmen schwer kalkulierbaren Ergebnis führen.

4.2.3 Einwirken der Stakeholder auf das Unternehmen und deren Bedeutung für das Anspruchsgruppenmanagement

Es ist ersichtlich, daß zu den Stakeholdern auch Interessengruppen gerechnet werden müssen, die keinen direkten Anspruch gegenüber dem Unternehmen haben, wie z.B. Wettbewerber oder andere Teile der Gesellschaft, die nicht mit dem Unternehmen in direktem Kontakt stehen. Zu den potentiellen Stakeholdern müssen kurzerhand alle Gruppen, die in irgendeiner Verbindung zum Unternehmen stehen oder auf dieses Einfluß ausüben, bzw. ausüben können oder möchten, gezählt werden[120]. Die Anspruchsgruppen stehen bei der Durchsetzung ihrer Interessen teilweise in Konkurrenz zu den anderen Gruppen. Hierbei können zum Erreichen des Zieles zweckgebundene Koalitionen entstehen, die trotz Zusammenarbeit divergierende Ziele verfolgen können[121].

Die Anspruchsgruppenvertreter vertreten nicht immer direkt ihre eigenen Interessen, sie treten quasi als Vertreter von Anspruchsgruppen auf. Oft sind sie Stakeholder einzelner oder (beabsichtigt oder nicht) mehrerer Anspruchsgruppen mit relativ heterogenen Zielen. Eine genaue Trennung der Interessengruppen ist schwierig. So sind zum Beispiel Verbraucherschutzorganisationen als Anspruchsgruppe der Öffentlichkeit und den Kunden zuzuordnen, und Gewerkschaften vertreten einerseits ihre Mitglieder und andererseits über die Tarifautonomie auch andere Gruppen (z.B. nicht gewerkschaftlich organisierte Mitarbeiter und oft auch nicht tarifgebundene Unternehmen, die sich den Abschlüssen der Tarifpartner anschließen)[122].

Aufgabe des Unternehmens ist es nun, die Bedeutung der einzelnen Einflußgruppen so zu beurteilen, daß die entsprechenden Wünsche analysiert,

---

[119] VGL. DYLLICK, THOMAS (1989): S. 126f.
[120] VGL. HILL, WILHELM: S. 80f.
[121] VGL. ULRICH, HANS: S. 66.
[122] VGL. JANISCH, MONIKA (1992): S. 134.

gewichtet, priorisiert und in beiderseitigem Einvernehmen berücksichtigt werden können[123]. Die Analyse der Anspruchsgruppen muß Aufschluß darüber geben, wie groß und wichtig die Anspruchsgruppe ist und inwieweit sie Einfluß auf den Fortbestand und die Geschäftsprozesse des Unternehmens nimmt bzw. nehmen kann. Zudem muß analysiert werden, wie der Anspruch der Gruppe, sowie deren Ziele und Bedürfnisse denen des Unternehmens entsprechen. Hierbei kann es nicht das Ziel des Unternehmens sein, alle Interessen gleichzeitig zu befriedigen. Das Unternehmen muß entscheiden welche Stakeholder einen begründeten Anspruch gegenüber dem Unternehmen haben. Dieser Anspruch muß nach der Stakeholder Theorie seitens des Unternehmens auch wahrgenommen werden und gemäß Anspruchsgruppenmanagement eine Bedeutung für das Unternehmen hat[124].

Die unternehmensinterne Umsetzung der Anspruchsgruppensteuerung wird als Stakeholder-Management bezeichnet. Sie beinhaltet die Koordination der einzelnen Interessensgruppen[125].

---

[123] VGL. GÖBEL, ELISABETH (1995): S. 62.
[124] VGL. GOODPASTER, KENNETH (1993): S. 91.
[125] VGL. JANISCH, MONIKA (1992): S. 113f.

4.2.4 Dimensionen der Stakeholder Interessen

Folgende Abbildung zeigt die verschiedenen Dimensionen der Stakeholder, ihre Anspruchsgrundlagen, Ziele und Bedeutung[126].

			Interne Stakeholder			
Stakeholder	**Oberziel**	**Anspruch**	**Wertgeneratoren**	**Anspruchsbe-gründung**	**Bedeutung d. Gruppe**	
Management	Berufliche Selbst-verwirklichung, hohe Einkommen	• Erfolg • Macht/ Status • Dividende • Kursgewinne • Entlohnung • Sicherheit	• Kontrolle • Einkommen • Cash Flow • Sicherheit • Gewinn • Entwicklung	Eigentumsvertreter zur Führung des Unternehmens gemäß Principal und Agent	**Sehr hoch,** da großer, direkter Machteinfluß und Steuerung des Unternehmens	
Eigenkapitalge-ber/Shareholder	Nachhaltige Unternehmens-wertsteigerung	• Dividende • Kursgewinn • Einfluß • Marktadä-quate Verzin-sung+X	• Wachstums-dauer • Kapitalkosten • Erweite-rungsinvestiti-on • Umsatz-überschuß-rate	Anteilseigner Mitbestimmung per Aktiengesetz in der Hauptversamm-lung	**Sehr hoch,** da Eigentümer-macht, abhängig aber von Anzahl der Eigentümer und Organisation	
Mitarbeiter	Lebenssicherung, hohe Einkommen	• Sicherheit • Erfolg • Entlohnung • Selbstverwirk-lichung	• Einkommen • Arbeitsplatz-sicherheit • Arbeitsbedin-gungen • Entwicklung	Grundlage der Produkterstellung, Basis d. unter-nehmerischen Tätigkeit Leistungsbereit-schaft	**Sehr hoch,** da spezifisches Know-how und Humankapital, Streikpotential, aber substituierbar	
Aufsichtsrat	Funktionierende Unternehmensfüh-rung und Ge-schäftsabläufe (Kontrolle)	• Entlohnung • Macht/ Status • Selbstver-wirklichung • Sicherung der Ansprüche durch das Management	• Wachstums-dauer • Unterneh-mensfort-bestand • Kapitalkosten • Erweiterung-sinvesti-tion • Umsatzüber-schußrate • Kontrolle, Information	Eigentümer und Mitarbeiter als Vertreter und (gesetzliches) Kontrollorgan	**Sehr hoch,** Vorstandsentlas-tung. Einfluß auf tägl. Geschäft geringer da auf Informationen d. Mgt. angewiesen.	
Betriebsrat/ Gewerkschaften/ Verbände	Arbeitnehmerver-tretung	• Arbeitsplatz-gestaltung • Mitbestim-mung • Alle Arbeit-nehmer-belange • Sicherheit	• Arbeitszufrie-denheit • Einkommen • Mitbestim-mung • Unterneh-mensfort-bestand/ Wachstums-dauer • Gesetzes-konformität	Mitbestimmung per Gesetz	**Hoch,** da Humankapital-vertretung, Streik-pot., gesetzlich verankerte Rechte, oft jedoch viel-schichtige Interes-senvertretung u. Beeinflussungs-potential	

---

[126] Die Art der Bedeutung der Anspruchsgruppe kann bei einer generellen Übersicht nur subjektiv eingestuft werden. Im speziellen Fall ist dies für jedes Unternehmen einzeln zu prüfen. Dies gilt auf Grund des hohen Abstraktionsgrades auch für die anderen darge-stellten Kriterien.

Externe Stakeholder

Stakeholder	Oberziel	Anspruch	Wertgene-ratoren	Anspruchsbe-gründung	Bedeutung d. Gruppe
Kunden/ Konsumenten	Bedürfnisbefriedigung	• Produkt • Preisleistung • Sicherheit • Selbstver-wirklichung	• Produktquali-tät • Leistung/ Nutzen • Image • Moralische Werte • Marketing Mix	Leistungsabneh-mer	**Sehr hoch,** da ohne Kunden kein Unternehmen. bestehen kann. Jedoch keinen direkten Einfluß
Wettbewerber	Nachhaltige eigene Unternehmens-wertsteigerung	• Sicherung der Geschäfte • Entwicklung • Marktmacht • Dividende	• Wachstums-dauer • Kapitalkosten • Erweiterungs-investition • Umsatzüber-schußrate • Einfluß auf Mitbewerber	Fairer Wettbewerb und eigene Sicherung	**Mittel,** da kein direkter Einfluß, aber im Rahmen des Wettbewerbs Einfluß auf Unter-nehmensentschei-dung
Lieferanten	Nachhaltige eigene Unternehmens-wertsteigerung	• Sicherung der Geschäfte • Entwicklung • Perspektiven • Marktmacht • Dividende	• Wachstums-dauer • Kapitalkosten • Erweiterungs-investition • Umsatzüber-schußrate • Einfluß • Stabile Bezie-hung/ Preise	Kooperationspart-ner, Beteiligung am Leistungspro-zeß	**Mittel,** da Teil des Leistungsprozes-ses, aber ohne direkten Einfluß. Abhängig vom Grad d. Integra-tion in d. Unter-nehmen
Fremdkapital-geber	Erhaltung der Zahlungsfähigkeit d. Unternehmens/ Sicherung der Investition	• Kapitalverzin-sung • Sicherheit • Macht	• Fremdkapital-kosten • Amortisation • Wachstums-dauer • Investition • Umsatzüber-schußrate • Kontrolle	Sicherung des investierten Kapitals und Rückzahlung	**Mittel,** je nach Umfang. Kein direkter Einfluß auf d. U. mit Ausnahme in Krisensituationen. Beratung /Hilfe
Staat	Wohlfahrt und Sicherstellung der staatlichen Ord-nung	• Wirtschafts-wachstum • Verteilungs-gerechtigkeit • Stabilität/ Kontrolle/ Konsens • Machtbalance • Gesellschaft-liche Moral	• Einnahmen • Aufgaben-entlastung • Förderung der Privatwirt-schaft • Sicherung der Ethik und Normen • Wirtschafts-zahlen	Sicherung d. gesellschaftlichen/ hoheitlichen Interessen. Exekutive, Legisla-tive, Judikative, setzen die Rah-menbedingungen für d. Unterneh-men.	**Mittel,** da keinen direkten Einfluß, aber durch Gesetze, Abgaben, Wirtschaftspolitik Einfluß auf die Existenz/ Wert-schöpfung d. U.. Wohlfahrtsunter-stützung
Gesellschaft/ Öffentlichkeit	Wohlfahrt	• Allgemein-wohl • Kontrolle • Umwelt • Gerechtigkeit • Moral Öffentl. Verantwor-tung d. Unter-nehmen	• Investitionen • Spenden/ Steuer • Wachstums-dauer • Umsatzüber-schußrate • Einhalten von Werten/Moral/ Umweltschutz • Wirtschafts-kennzahlen	Unternehmen als Beeinflusser und Beeinflußte der Gesellschaft	**Mittel,** da schwer zu spezifizieren und in verschiedenen Gruppen direkt oder indirekt vertreten. Abhän-gig von der Organisation.

Abbildung 19: Eigene Darstellung in Anlehnung an Gomez, Peter (1993): S. 104.

Die folgenden Punkte zeigen die wesentlichen Aspekte der in der Grafik dargestellten Anspruchsgruppensteuerung.

4.2.4.1 Oberziele

Die Oberziele sind für die Analyse der Stakeholder bedeutsam. Die Ergebnisse müssen in ein optimales Gleichgewicht zum Hauptziel des Unternehmens gebracht und damit abgeglichen werden. Da die einzelnen Anspruchsgruppen sehr inhomogen sind, ist es schwierig die Einzelziele exakt zu bestimmen. Die Ziele sind zusätzlich, entgegen der klassischen Volks- und Betriebswirtschaftslehre, nicht nur rein materiell, sondern auch in großem Maße immateriell und subjektiv. „Sie werden dabei im wesentlichen von soziokulturellen Faktoren, Persönlichkeitsmerkmalen und Erfahrungen, Fähigkeiten und Erwartungen der einzelnen Anspruchsgruppen determiniert"[127]. Die Oberziele stellen ein Bündel von mehreren Einzelzielen dar, die einen wesentlichen Anteil der jeweiligen Einzelziele der Untergruppen beinhalten. Mit der eindeutigen Festlegung der Ziele wird die Grundlage zur Beurteilung der Nutzen- und Zielerreichung gelegt[128].

Die Erhöhung des Stakeholder Value entspricht dabei der Erhöhung der Nettowertschöpfung des Unternehmens und der Erhöhung des immateriellen Nutzens der Stakeholder. Der Nutzen der Gruppenmitglieder liegt in der Bedürfnisbefriedigung, die aus jeder Aktion des Unternehmens für die Gruppenmitglieder entstammt. Ausgehend von den Bedürfnis- und Motivations-Funktionen nach Maslow und Herzberg führt eine Bedürfnisbefriedigung zu einem positiven Wertzuwachs und damit zu einer Steigerung des Stakeholder Value[129]. Beim Shareholder Value liegt nur ein Wertzuwachs vor, wenn sich der Cash Flow als Meßgröße erhöht. Da die Shareholder aber Teil der Stakeholder sind, ist der Cash Flow Zuwachs nur ein Teil formal gleicher Wertsteigerungsmöglichkeiten für die Anspruchsgruppen[130].

Aufgrund der angesprochenen Aspekte der verschiedenen Oberziele der Stakeholder obliegt dem Management eine entscheidende Rolle, diese Oberziele zu erkennen und in Einklang mit dem Unternehmenshauptziel des Stake-

---

[127] BRUNE, JENS (1995): S. 227.

[128] VGL. STEINMANN, HORST; SCHREYÖGG, GEORG (1992): S. 626f.

[129] Zur Darstellung und Kritik der gängigen Motivationsmodelle VGL. STEINMANN, HORST; SCHREYÖGG, GEORG: S. 420f.

[130] VGL. BRUNE, JENS (1995): S. 227.

holder Value, dem „sinnvollen Überleben" unter Schaffung von Mehrwert, zu bringen[131].

4.2.4.2 Anspruch

Die Ansprüche der Stakeholder dienen zu einer Überprüfung und Messung der Oberziele und symbolisieren die einzelnen Unterziele zur Erreichung der Oberziele[132]. Der jeweilige Anspruch stellt damit eine Konkretisierung der Oberziele dar, denen jedoch noch individuelle Meßsysteme zur Überprüfung zuzuordnen sind[133]. Die Anspruchsbegründung ist für die Existenz und den Einfluß der Stakeholder nicht erforderlich.

4.2.4.3 Wertgeneratoren

Die Wertgeneratoren verdeutlichen, wie in der bereits dargestellten Definition beim Shareholder Value-Ansatz[134], die Einflußmöglichkeiten (Stellschrauben) der Zielerreichung. Wenn, wie bereits angedeutet, die verschiedenen Ansprüche und Oberziele der Stakeholder schwer zu definieren und zu selektieren sind, so müßte jede Änderung der Stellschrauben auf irgendeine Art zu einer Anspruchsbefriedigung einer Zielgruppe führen. Die obige Tabelle zeigt, daß sich verschiedene Wertgeneratoren auch bei verschiedenen Stakeholder-Gruppen wiederholen und so zu einer Zielerreichung mehrerer Gruppen gleichzeitig führen kann. So inhomogen wie sich die einzelnen Stakeholder Gruppen an sich zeigen, so können auch die entsprechenden Wertgeneratoren innerhalb der jeweiligen Gruppe in einer Diskrepanz zueinander stehen. Aber auch gleiche Wertgeneratoren werden von den einzelnen Stakeholdern verschieden interpretiert und für ihre entsprechenden Ansprüche eingesetzt.

Der Wertgenerator Fremdkapitalkosten ist für die Anspruchsgruppe der Shareholder möglichst gering zu halten (z.B. durch Streuung der Fremdkapitalgeber bzw. Suche nach dem günstigsten Anbieter), wobei die Anspruchsgruppe der Fremdkapitalgeber an hohen Fremdkapitalkosten für ihr eigenes Einkommen interessiert ist (z.B. durch Anschlußfinanzierung, hohe Zinssätze und Finanzierung aus einer Hand).

---

[131] VGL. MEIER-SCHERLING, PHILIPP (1996): S. 123.

[132] VGL. JANISCH, MONIKA (1992): S. 193.

[133] VGL. VGL. STEINMANN, HORST; LÖHR, ALBERT (1992): S. 73f.

[134] Zur Darstellung der Werttreiber im Rahmen des Shareholder Value-Ansatzes siehe Kapitel 3.1.2.
VGL. RAPPAPORT, ALFRED (1998): S. 55f.

Für das Unternehmen bzw. das Management ist es beim Anspruchsgruppenmanagement wichtig, die einzelnen Werttreiber und Ihre Auswirkungen zu kennen, um die entsprechenden Ansprüche und Oberziele der Stakeholder gezielt beeinflussen zu können[135]. Das Problem liegt hierbei jedoch in der Analyse und Definition der Stakeholder und ihrer Wertgeneratoren und Oberziele da diese selten als einheitliche Gruppe auftreten. Des weiteren können sich die Stakeholderinteressen und damit ihre Wertgeneratoren sehr schnell ändern. Eine konsequente Verfolgung der Stakeholder Theorie würde dabei zu einem verstärkten Lobbyismus orientierten handeln des Unternehmens führen, ohne dabei seine eigentlichen Wertgeneratoren zur Unternehmenswertmaximierung zu nutzen und beeinflussen.

4.2.4.4 Anspruchsbegründung

Ohne Anspruchsbegründung und/oder möglicher Machteinflußnahme auf das Unternehmen erscheint kein Anspruch gegenüber dem Unternehmen durchsetzbar zu sein. Allerdings ist dies nicht der Fall, denn so vielfältig sich die Stakeholder-Gruppen darstellen, so vielfältig kann auch die Begründung ihrer Existenz sein. Diese Begründung kann sich, je nach Änderung der Oberziele, auch verschiedenen Situationen anpassen und bei Zielerreichung erlöschen.

Das Unternehmen muß jedoch bei der Anspruchsbegründung unterscheiden, wer von rechts wegen einen Anspruch aufgrund der Existenz des Unternehmens hat und auch dementsprechen Einfluß ausüben kann, oder wer aus eigenem Interesse ohne rechtliche Basis Einfluß auf das Unternehmen ausüben möchte[136]. Je zwingender die Anspruchsbegründung der Stakeholder ist, desto höher ist auch ihre Möglichkeit, Oberziele zu verwirklichen[137].

Das Problem der Anspruchsbegründung liegt in der Basis der Stakeholder Value Theorie da diese auf dem Koalitionsmodell aufbaut. Diesem spricht die Machtausübung einzelner Stakeholder auf Kosten anderer Gruppen entgegen. Durch Machtausübung einzelner Stakeholder wird zum Teil gar keine Anspruchsbegründung benötigt. Die Durchsetzung von Ansprüchen basiert hierbei weitestgehend auf Macht und nicht auf moralischem Recht.

---

[135] VGL. GOMEZ, PETER (1994): S. 14.
[136] VGL. STEINMANN, HORST; GERUM, ELMAR (1978): S. 473.
[137] VGL. JANISCH, MONIKA (1992): S. 196f.

4.2.4.5 Unternehmensziel und Anspruchsbefriedigung der Stakeholder

Der Stakeholder Value nennt als Hauptziel die nachhaltige Sicherstellung eines „sinnvollen Überlebens" des Unternehmens, wobei eine detaillierte Definition des „sinnvollen Überlebens" offen bleibt. Laut Stakeholder Value braucht das Unternehmen bei der Forderung nach einer dauerhaften Existenz eine Legitimation[138]. Diese Legitimation für das Unternehmen wird in der Befriedigung und Nutzengenerierung für die Anspruchsgruppen gesehen. Die einzelnen Gruppen verfügen dabei gegenüber dem Unternehmen eine derartige Machtstellung und Sanktionspotential, daß sie das Unternehmen in Ihrem Fortbestand gefährden können wenn das Unternehmen nicht dauerhaft einen subjektiven Nutzen für die Stakeholder schafft[139]. Aufgrund dieses definierten Machtpotentials, muß es laut Stakeholder Value Theorie das Hauptziel der Unternehmensstrategie sein, die optimale Kombination von den Zielvorstellungen aller Anspruchsgruppen[140] zur langfristigen koalitionskonformen Fortexistenz des Unternehmens zu ermitteln und umzusetzen. Das so beschriebene Hauptziel des Unternehmens steht dabei unter der Prämisse einer nachhaltigen monetären Liquidität und eines Mindestgewinns zur Stakeholder Befriedigung[141]. Im Gegensatz zum Shareholder Value wird die Gewinnmaximierung zugunsten anderer Wertgeneratoren der Stakeholder aufgegeben. Es ist jedoch fraglich, ob nicht die Mehrzahl der Stakeholder materiell befriedigt werden möchte wozu ein maximaler Gewinn des Unternehmens nötig ist. Es bleibt somit dem Management beim Stakeholder Value überlassen wie er seine Anspruchsgruppen befriedigt und deren Erwartungen erfüllt[142].

---

[138] VGL. JANISCH, MONIKA (1992): S. 142f.

  Es ist fraglich warum ein Unternehmen überhaupt eine Legitimation zum existieren benötigt. In einer freien Wirtschaftsordnung und Gesellschaft ist diese Legitimation absolut unnötig.

[139] VGL. BRUNE, JENS (1995): S. 224.

  Bei diesen Argumenten der Stakeholder Value Theorie ergibt sich fast der Eindruck, daß das Unternehmen ein Selbstbedienungsladen für jeden Stakeholder ist, der das größte Machtpotential besitzt den Fortbestand des Unternehmens zu gefährden.

[140] VGL. GOMEZ, PETER (1993): S. 36ff.

[141] Zur Befriedigung der Stakeholder Interessen ist gerade dieser wirtschaftliche Erfolg Grundvoraussetzung und darf dabei nicht nur das Überleben des Unternehmens sichern, sondern muß den Wert maximieren.

[142] Hier zeigt sich wie wenig griffig das Konzept des Stakeholder Value ist. Im Grunde genommen muß das Unternehmen doch seinen langfristigen Gewinn maximieren um die Interessengruppen zu befriedigen.

4.2.4.6 Bedeutung der Gruppe

Die Bedeutung der Stakeholder hängt im wesentlichen von ihren Einfluß-möglichkeiten auf das Unternehmen ab[143]. Die Einflußmöglichkeit bzw. das Machtpotential variiert je nach Anspruch und Oberziel bzw. auch nach der Anspruchsbegründung und der Diskrepanz zu den Unternehmenszielen. Das Machtpotential hängt besonders von der Verflechtung der einzelnen Gruppen mit dem Unternehmen ab. Ein, wenn auch substituierbarer, Shareholder kann seine Aktien bei Nichterfüllung seiner Oberziele leicht veräußern. Dies ist bei einem Mitarbeiter oder einem abhängigen Lieferanten nicht so leicht und schnell möglich. So müßte eigentlich ein langfristiger Mitarbeiter eine höhere Bedeutung als Stakeholder haben als ein Kleinaktionär. Sicherlich ist dies auch der Fall, jedoch hat der Kleinaktionär als Individuum im Gegensatz zum Groß-aktionär nur ein begrenztes Machtpotential gegenüber dem Management aber eine hohe Flexibilität durch potentielle Nutzung von Alternativanlagen[144].

Nicht die Größe der Gruppe und ihr Einflußpotential, sondern ihr tatsäch-lich auf das Unternehmen ausgeübte Einfluß ist das wesentliche Kriterium[145]. Es ist schwierig, den einzelnen Stakeholdern in einer abstrakten Darstellung die jeweilige Bedeutung zuzumessen. Hierbei liegt neben der Identifizierung der Stakeholder der wesentliche Punkt des Managements. Ist die Bedeutung der Gruppe hoch, ist das Unternehmen eher daran interessiert, divergierende Oberziele der Stakeholder seinen Unternehmenszielen anzupassen. Durch die Prognose von Stakeholdereinflüssen läßt sich abschätzen, wie versucht wird, Einfluß in den entsprechenden Bereichen zu nehmen[146].

Die Ideen oder Anliegen von Stakeholdern unterliegen oft gewissen Le-benszyklen, die gemäß der Diffusionstheorie[147] über Innovatoren, Adaptoren und Nachzüglern ihren Einfluß verstärken. Die Phasen dieser Lebenszyklen lassen sich in Bewußtseinswerdung der Interessen, Politisierung, Fixierung,

---

[143]   VGL. STEINMANN, HORST; HASSELBERG, FRANK (1988A): S. 1312ff.

[144]   VGL. BERGER, ROLAND (1996).

        VGL. LADERMAN, JEFFREY M. (1993): S. 38f.

[145]   Der Einfluß auf das Unternehmen hängt dabei von verschiedenen Faktoren ab wie z.B. Kapitalbeteiligung, Interesse der Einflußnahme, Möglichkeiten der Einflußnahme durch Informationsflüsse aus dem Unternehmen etc.

[146]   VGL. GÖBEL, ELISABETH (1995): S. 64.

[147]   Unter Diffusionsprozeß wird der Prozeß des Käuferverhaltens bei der Ausbreitung von Innovationen in einem sozialen System bezeichnet. Innovationen können dabei neue Ideen, Verhaltensweisen, Produkte oder Produktionsverfahren sein. Die Diffusion ist das Ergebnis der individuellen Übernahmeentscheidung (Adaption) der Mitglieder einer Gruppe, sozialem System, Organisation o.ä..

Verwirklichung und Kontrolle unterteilen[148]. Die Ziele der Unternehmens Interessen müßten sich demnach in der Stakeholder Value Theorie an den Gruppen ausrichten, um einen legitimen Unternehmenszusammenhang zu erhalten[149].

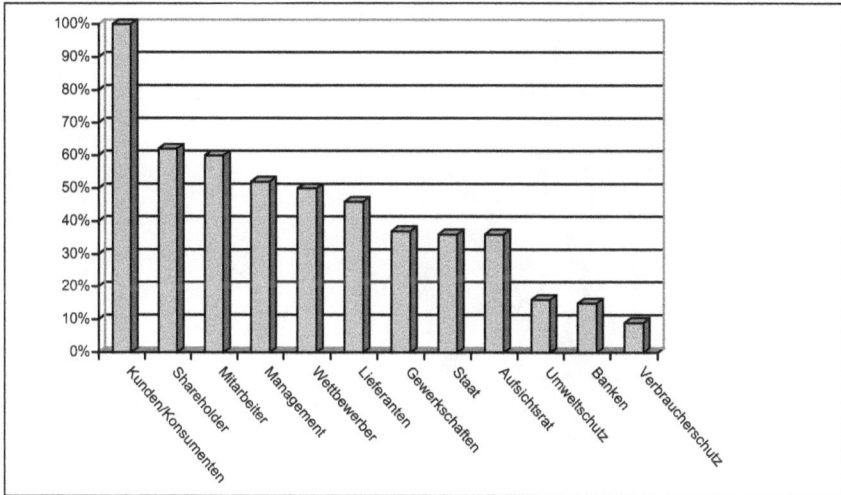

Abbildung 20: Bedeutungsgrad der Stakeholder, nach: Jeschke, Barnim. (1993): S. 189.

Die Abbildung zeigt eine Einschätzung von Unternehmen bezüglich der Bedeutung von Anspruchsgruppen auf das Unternehmen. Die Grafik stellt die hohe Bedeutung der Kunden, Mitarbeiter und Shareholder für das Unternehmen dar.

Es ist schwierig die Stakeholder zu generalisieren. Je nach kulturellem Unterschied und gesellschaftlicher Struktur können die jeweiligen Stakeholder als inhomogene Gruppe gesehen werden die individuell analysiert und befriedigt werden müßten. Generell läßt sich sagen, daß die Stakeholder-Präferenzen auch von der Unternehmensstruktur, Art des Geschäftes, sowie lokalen und kulturellen Einflüssen abhängig sind.

---

[148] VGL. DYLLICK, THOMAS (1989): S. 231f.
[149] VGL. STEINMANN, HORST; LÖHR, ALBERT (1992): S. 88.

4.3 Kritische Würdigung des Stakeholder Value Ansatzes

Die Entwicklung des dargestellten Stakeholder Value Ansatzes und die Steuerung der verschiedenen Anspruchsgruppen basierte weitgehend auf Kritikpunkten des Shareholder Value-Ansatzes. Diese waren besonders die einseitige Ausrichtung der Unternehmensinteressen auf Ansprüche einer einzelnen Gruppe und das Mißachten anderer am Unternehmensprozeß beteiligter Gruppen.

4.3.1 Vorzüge des Konzeptes

Der vom Stakeholder-Ansatz erhobene umfassende Geltungsanspruch wird insofern erfüllt, als daß der beim Shareholder Value-Ansatz kritisierte Zielmonismus aufgehoben wird, indem neben den Aktionären auch andere Anspruchsgruppen in das Zielsystem des Unternehmens mit einbezogen werden[150]. Grundsätzlich ist die Vorgabe eines oder einiger weniger Ziele für das Treffen und die Überprüfung zielorientierter Entscheidungen vorteilhaft, und erleichtert zudem die optimale Allokation der dem Unternehmen zur Verfügung stehenden internen und externen Ressourcen[151].

Während im Idealfall die Berücksichtigung der Interessen aller Stakeholder langfristig auch zu einem höheren Shareholder Value führt, kommt es vor allem bei einer kurzfristigen Sichtweise immer wieder zu konkurrierenden Zielen, deren gleichzeitige Realisierung nicht verwirklicht werden kann[152]. Der vorgestellte Stakeholder Value zeigt sich als wichtiges Element der wertorientierten Unternehmensführung. Er liefert insbesondere innerhalb der Anspruchsgruppen wichtige Aufschlüsse über die Ziele interner und externer Anspruchsgruppen, mit denen das Unternehmen konfrontiert wird[153]. Die Bedeutung des Anteilseigners wird hierbei konsequent relativiert. Er tritt lediglich als eine von vielen Anspruchsgruppen auf, von denen keine Gruppierung formal bevorzugt wird. Ihm werden andere Stakeholder mit gleichwertigen Subzielen zur Seite gestellt. Der Shareholder wird nur in dem Maße berücksichtigt, in dem er zur Gesamtzielerreichung aller Stakeholder beiträgt. Damit verliert der beim Shareholder Value kritisierte Punkt einer einseitigen Bevorzugung von Eigentümerinteressen seine Bedeutung.

---

[150] VGL. BRUNE, JENS W. (1995): S. 280.
[151] VGL. COPELAND, THOMAS; KOLLER, TIMOTHY; MURRIN, JACK (1990): S.22f.
[152] VGL. VOLKART, RUDOLF (1996).
[153] VGL. UNZEITIG, EDUARD; KÖTHNER DIETMAR (1995): S. 139f.

Ein weiterer Kritikpunkt am Shareholder Value, als Ausgangspunkt zum Stakeholder Value, ist die Infragestellung einseitiger Maximierungsstrategien als Hauptmaxime des Unternehmens. Auch hierbei wird das Anspruchsgruppenmanagement seiner Zielsetzung gerecht, indem das gesamte Zielsystem durch die verschiedenen Gruppen eine Mehrdimensionalität erhält. Das Ziel des Systems, das Unternehmen vor sanktionierenden Anspruchsgruppen zu bewahren, muß jedoch im Einzelfall geprüft werden. Es ist dabei fraglich, ob das Koalitionsmodell ein Modell ist, welches alle wesentlichen Interessengruppen entsprechend berücksichtigt[154].

Der wesentliche Unterschied zum Shareholder Value liegt in dem Unterschied der langfristigen Unternehmensziele zwischen Unternehmensfortbestand und Eigentümerwertsteigerung durch Unternehmenswachstum. Der Stakeholder Value Ansatz greift die Kritik an der rein finanzorientierten Sicht des Shareholder Value auf und fokussiert das Unternehmensziel auf den Fortbestand und den Interessenausgleich der Anspruchsgruppen[155]. Der Ansatz wird auch gezwungener Maßen dem höheren Sozialbezug kontinentaleuropäischer Gesellschaften im Vergleich zum anglo-amerikanischen Wirtschaftsraum gerecht. Insofern ist die ganzheitliche Betrachtung des Unternehmens und seiner Umwelteinflüsse ein nicht zu unterschätzender Faktor bei der lokalen Adaption des Wertmanagements[156].

Zusammenfassend ist festzuhalten, daß der Stakeholder Value Ansatz ein verstärktes Bewußtsein des Unternehmensmanagements auf andere Interessengruppen erzeugt. Diese Bewußtseinsschärfung kann das Unternehmen positiv nutzen, um sich gegenüber anderen Unternehmen abzugrenzen, Wettbewerbsvorteile zu erreichen und damit zusätzliche Wertschöpfungsmechanismen für das Unternehmen per se und für wesentliche Anspruchsgruppen zu erzielen.

4.3.2 Defizite des Anspruchsgruppenmanagements

Bei kritischer Betrachtung des auf dem Koalitionsmodell basierenden Stakeholder Value Ansatzes fällt vor allem auf, daß nicht nach der Begründung und Berechtigung der jeweiligen Anspruchsgruppen differenziert wird. Auch wird beim zugrundeliegenden Koalitionsmodell nicht der Kreis der einzubeziehen-

---

[154] VGL. JANISCH, MONIKA (1992): S. 142ff.

[155] VGL. BRUNE, JENS W. (1995): S. 281.

[156] VGL. CHATTERJEE, SAYAN; LUBATKIN, MICHAEL H.; SCHWEIGER, DAVID M.; WEBER YAAKOV (1992): S. 330.

den Koalitionspartner eingegrenzt[157]. Durch diese undifferenzierte und z.T. auch unbegründete Gleichstellung der Ansprüche verschiedener Stakeholder wird das erwerbswirtschaftliche Gewinnstreben des Unternehmens zu Gunsten genereller nicht klar definierter Ziele verdrängt. „Was beim Shareholder Value-Ansatz so einfach und zwingend aussieht – ein Ziel (Wertsteigerung des Unternehmens), fünf Wertgeneratoren (Umsatzwachstum, Gewinnmarge, Investitionen, Kapitalkosten, Steuerrate) -, wird beim Stakeholder-Ansatz kompliziert und kaum überschaubar"[158].

Die Shareholder beteiligen sich hauptsächlich an Unternehmen, um die ihnen verbrieften Rechte in Form von Erträgen zu erwerben[159]. Sie sind nicht an der Sicherung anderer Stakeholderwünsche interessiert die zu keiner Shareholder Value Maximierung führen. Ist dies der Fall, werden die Investoren ihr Kapital anders anlegen. Die Ausrichtung (eines nicht wertsteigerungsorientierten oder schwachen Managements) auf die Befriedigung verschiedener Interessengruppen führt oft zu Überinvestitionen in schrumpfende oder unrentable Bereiche bzw. ist nicht zukunftsorientiert[160]. Dies ist häufig in alten Industriebereichen wie z.B. Bergbau und Schiffsbau vorzufinden, in denen die notwendigen Umstrukturierungen durch Subventionen und Interventionen der Koalitionspartner verzögert werden[161]. Durch derartige Maßnahmen können oft nur kurzfristig die Interessen der Stakeholder wie z.B. Arbeitsplatzerhalt gewährleistet werden. Tatsächlich werden dabei auf Kosten des Unternehmens, vieler kleiner Anteilseigner, der gesamten Volkswirtschaft und anderer Gesellschaftsgruppen dem Management Möglichkeiten geboten, den oftmals populistischen Stakeholder Forderungen nachzugeben[162]. Lobbyisten versuchen mit legalen oder illegalen Mitteln Einfluß auf Unternehmen und Organisationen zu nehmen und erschweren die notwendige Zielorientiertheit des Managements im Sinne des Shareholder Value-Ansatzes . So überläßt das Koalitionsmodell dem Management, welchen Stakeholdern primär Beachtung geschenkt wird, solange das Unternehmen weiterhin fortbesteht[163].

Als Beispiel der Befriedigung falscher Interessengruppen, kann hier ein Vergleich der Schiffbauunternehmungen Bremer Vulkan Werft und der Meyer

---

[157] VGL. BISCHOFF, JÖRG (1994): S. 170.
[158] GOMEZ, PETER (1993): S. 103.
[159] VGL. HARBRECHT, WOLFGANG (1971): S. 91.
[160] VGL. RAPPAPORT, ALFRED (1996B).
[161] VGL. RAPPAPORT, ALFRED (1996B).
[162] VGL. KLEINEWEFERS, HENNER (1996).
[163] VGL. GOMEZ, PETER; WEBER, BRUNO (1989): S. 14f.

Werft in Papenburg herangezogen werden. Bremer Vulkan orientierte sich an dem Fortbestand alter Strukturen, befriedigte (sehr kurzfristig) die Interessen der Arbeitnehmer und Gewerkschaften, wurde durch staatliche Hilfen massiv unterstützt und mußte einige Jahre später Konkurs anmelden. Die Meyer Werft hingegen orientierte sich an der Gruppe der Shareholder. Um langfristig deren Wert zu steigern, wurden u.a. die Stakeholderwünsche der Kunden durch flexible Kundenorientierung und geschicktes Wirtschaften erfüllt. Dadurch wurden langfristig auch die Interessen anderer Stakeholder befriedigt. So wird ohne staatliche Hilfe ein positiver Cash Flow erwirtschaftet, der Shareholder Value gesteigert und ein möglicher Konkurs abgewendet

Der Vorwurf, daß der Shareholder Value nur monetär orientiert ist, läßt sich jedoch in gleichem Maße auch für die Stakeholder erheben[164]. Die Wünsche und Forderungen der Interessengruppen werden bei guten Unternehmensergebnissen immer überproportional steigen, um auch ein, ob berechtigt oder nicht, „Teil vom Kuchen abzubekommen"[165].

Daß der Fortbestand eines Unternehmens nur Zweck und nicht Ziel des Shareholder Value bzw. eines neu definierten Stakeholder Value sein kann, geht aus der Tatsache hervor, daß der Fortbestand zwar Grundbedingung einer nachhaltigen Wertsteigerung ist[166], das Ziel jedoch auf der Wertsteigerung und der verbesserten Wettbewerbssituation liegt[167].

Mit Schwierigkeiten ist bereits die Identifikation der von den Handlungen des Unternehmens betroffenen Anspruchsgruppen sowie deren vielseitigen Interessen verbunden[168]. Neben der Ermittlung der verschiedenen Forderungen werfen auch die häufig bestehenden inhärenten Zielkonflikte erhebliche Umsetzungsprobleme auf[169]. Der dem Stakeholder-Ansatz zugrundeliegende Anspruch, alle verschiedenen Interessen zu berücksichtigen, sowie die daraus resultierenden Zielkonflikte, verhindern eine eindeutige Maximierung der Zielerreichung[170]. Selbst die im Anspruchsgruppenmanagement geforderte unter-

---

[164] VGL. ACKERMANN, JOSEF (1995): S. 6.

[165] VGL. ACKERMANN, JOSEF (1995): S. 8.

[166] VGL. STEINMANN, HORST; GERUM, ELMAR (1978): S. 470.

[167] Eine Vertiefung in die inhaltliche Zielvorstellungen der Betriebswirtschaft und Sinnhaftigkeit des Unternehmens per se soll hier nicht weiter erfolgen. Vielmehr wird auf das Kapitel 2.1 verwiesen.
VGL. WAGNER, FRANZ W. (1997): S. 473-498.

[168] VGL. SCHMID, STEFAN (1996): S. 24.

[169] Ein Zielkonflikt entsteht z.B. wenn durch Rationalisierungsmaßnahmen der Gewinn gesteigert werden könnte, dadurch andererseits aber Arbeitsplätze vernichtet würden.

[170] VGL. BRUNE, JENS W. (1995): S. 225.

nehmensseitige Abwägung der Ziele der einzelnen Stakeholder bietet hierbei keine Abhilfe. Das Unternehmen hat das Problem, die Ziele zu erkennen, zu definieren, zu bewerten und eventuell darauf zu reagieren[171].

In diesem Zusammenhang muß der Stakeholder-Theorie vorgeworfen werden, daß sie eine gleichrangige Berücksichtigung der divergierenden Interessen der Anspruchsgruppen fordert, ohne praktikable Handlungsanweisungen dafür zu liefern, wie diese harmonisiert bzw. gewichtet werden können. Der Führungsebene des Unternehmens obliegen hierbei wesentliche Aufgaben. Sie muß die Bedeutung und Abwägung der Einzelinteressen erkennen, analysieren und ihnen eventuell entgegentreten. Anstatt durch die Stakeholder Theorie die Macht der Interessengruppen zu stärken, können diese potentieller Willkür durch ein starkes Management ausgesetzt sein, da dieses eigene Interessen vertritt.

Obwohl der Stakeholder-Ansatz in seiner theoretischen Darstellung eine Basis für den Erfolg eines Unternehmens versucht darzustellen, müssen sich die Unternehmen dem globalen Wettbewerb stellen. Innerhalb dieses Wettbewerbs sind soziale und gesellschaftliche Ziele so vielschichtig und international unterschiedlich gewichtet, da die gleichen Interessensgruppen verschiedene und nicht nachvollziehbare Bedürfnisse haben. Die Erfüllung einzelner, lokaler Stakeholdergruppen ist für multinationale Unternehmen oft nur schwer möglich. Die Ansprüche verschieden nationaler Stakeholder widersprechen sich bzw. konkurrieren miteinander. Zudem wird ein internationaler Investor nicht auf die Befriedigung verschiedener lokaler Interessengruppen Wert legen, wenn dadurch kein maximaler Shareholder Value für das Unternehmen erwirtschaftet wird.

Selbst wenn die lokalen Ziele selektiert und befriedigt werden, sind sie nur umsetzbar, solange sie die Wertsteigerung des Unternehmens nicht gefährden. Insbesondere sind die Interessen der Kapitalgeber zwingend zu beachten, da nur über sie der ständig ansteigende Kapitalbedarf gedeckt werden kann. Voraussetzung dafür ist eine überwiegend aktionärsorientierte Unternehmenspolitik, die sehr schnell zu einem Widerspruch mit dem Stakeholder-Ansatz führen kann und quasi automatisch wieder eine Hinführung zum klassischen Shareholder Value bedeutet[172].

---

[171] VGL. MARCUS, BERNIE (1999): S. 17.
[172] VGL. JACKSON, TONY (1997).

4.4 Die Weiterentwicklung zum Market Adapted Shareholder Value Approach (MASA)

Der Stakeholder Value ist aufgrund der dargestellten Kritik nicht als Unternehmenskonzept einsetzbar. Wie der nun vorgestellte MASA zeigt, kann seine Beachtung jedoch einen wesentlichen Beitrag zur Steigerung des Shareholder Value leisten.

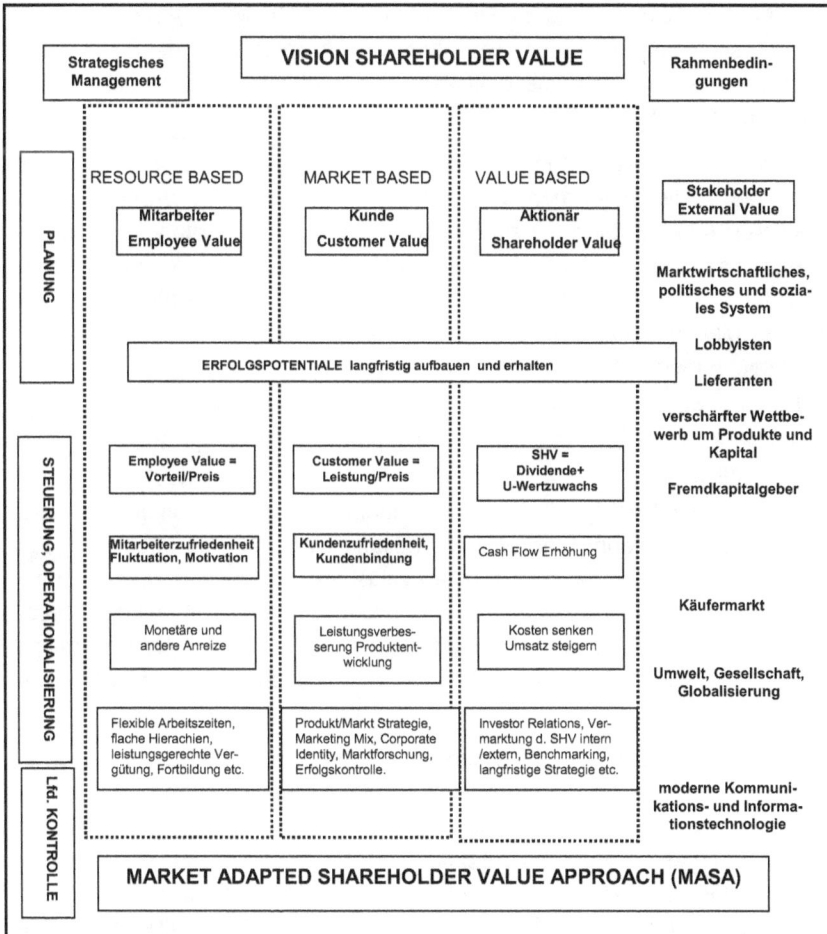

Strategisches Management	VISION SHAREHOLDER VALUE		Rahmenbedingungen
	RESOURCE BASED	MARKET BASED	VALUE BASED

PLANUNG

RESOURCE BASED	MARKET BASED	VALUE BASED	Stakeholder External Value
Mitarbeiter / Employee Value	Kunde / Customer Value	Aktionär / Shareholder Value	Marktwirtschaftliches, politisches und soziales System

ERFOLGSPOTENTIALE langfristig aufbauen und erhalten

Lobbyisten

Lieferanten

STEUERUNG, OPERATIONALISIERUNG

verschärfter Wettbewerb um Produkte und Kapital

Employee Value = Vorteil/Preis	Customer Value = Leistung/Preis	SHV = Dividende+ U-Wertzuwachs	Fremdkapitalgeber
Mitarbeiterzufriedenheit, Fluktuation, Motivation	Kundenzufriedenheit, Kundenbindung	Cash Flow Erhöhung	
Monetäre und andere Anreize	Leistungsverbesserung Produktentwicklung	Kosten senken Umsatz steigern	Käufermarkt
Flexible Arbeitszeiten, flache Hierachien, leistungsgerechte Vergütung, Fortbildung etc.	Produkt/Markt Strategie, Marketing Mix, Corporate Identity, Marktforschung, Erfolgskontrolle.	Investor Relations, Vermarktung d. SHV intern /extern, Benchmarking, langfristige Strategie etc.	Umwelt, Gesellschaft, Globalisierung

moderne Kommunikations- und Informationstechnologie

Lfd. KONTROLLE

MARKET ADAPTED SHAREHOLDER VALUE APPROACH (MASA)

Abbildung 21: Integration der Stakeholder und Shareholder zum Market Adapted Shareholder Value Approach (MASA), eigene Darstellung.

Statt einer extremen Fokussierung auf Share- oder Stakeholder ist im Rahmen des strategischen Managements ein Ansatz zu entwickeln, der die Nutzung der Stakeholder zur Erfüllung des Shareholder Value-Ansatzes mit einbezieht. Daneben muß er ressourcen- und marktorientierte Sichtweisen mit den wertorientierten integrieren. Die obige Grafik zeigt dafür eine mögliche Integration des Stakeholder Value in die Shareholder Value Maximierung durch die neu dargestellte Entwicklung des Market Adapted Shareholder Value Approach.

> Unter Market Adapted Shareholder Value Approach (MASA) wird die Integration ressourcen-, markt- und wertorientierter Ansätze unter der Berücksichtigung von Stakeholder Value Einflüssen zur langfristigen Shareholder Value Maximierung verstanden.

Beim ressourcenorientierten Ansatz ist insbesondere das Humankapital (Employee Value), beim marktorientierten Ansatz sind vor allem die Kunden (Customer Value) in Betracht zu ziehen. Beide sind Teil der langfristigen Unternehmenswertsteigerung und Basis des MASA. Im Rahmen des MASA sollen unter dem Markt sowohl der Kundenmarkt, Mitarbeitermarkt und die externen Marktbedingungen mit ihren entsprechenden Einflußpotentialen auf das Unternehmen verstanden werden.

Bei der Festlegung der Ziele des Unternehmens, den Interessen der Stakeholder oder denen der Shareholder zu dienen, geht es nicht um eine Ausschließlichkeit der beiden Systeme[173]. Vielmehr muß eindeutig festgelegt werden, inwieweit der gewählte Ansatz durch den anderen unterstützt bzw. maximiert werden kann. Eine optimale Lösung bietet hier die Integration des Stakeholder Value in den Shareholder Value an. Nur mit der Unterstützung und optimalen Allokation der Interessengruppen, läßt sich das Ziel der Shareholder Value Maximierung erreichen. Der Shareholder Value bleibt allerdings die oberste Maxime – die Stakeholder dienen dabei eher zur optimierten Umsetzung des MASA.

Im Unternehmenszielsystem legen das Management und die Eigentümer das Oberziel und die zu deren Erreichung notwendigen Nebenbedingungen als Zwischen- und Unterziele fest. Diese untergeordneten Ziele sind notwendig, weil die Unternehmensführung die unterschiedlichen Interessen verschiedener Einflußgruppen zur Erreichung ihres Oberziels berücksichtigen muß. Sie müssen diese aber nicht in den Mittelpunkt des Handelns stellen. Die langfristige Wertsteigerung, der Shareholder Value, sollte im Mittelpunkt des Zielsystems

---

[173] VGL. HOSTETTLER, STEPHAN (1995): S. 308.

stehen. Diese langfristige Wertsteigerung kann nur erreicht werden, wenn die Einflußgrößen auf den Shareholder Value erkannt und entsprechend gestaltet werden.

Die dem Shareholder Value-Ansatz vorgeworfene alleinige Orientierung am Wertzuwachs der Anteilseigner und Ignoranz aller anderen Anspruchsgruppen ist teilweise nachvollziehbar und muß um die marktorientierte Komponente des Stakeholder Ansatzes ergänzt werden. Ein hoher Aktionärswert wird langfristig nur, wie in der Grafik dargestellt, durch eine effiziente Allokation der Ressourcen im Rahmen eines integrativen Wertsteigerungsmanagements erzielt werden. Hierfür muß der Potentialfaktor Mitarbeiter (Employee Value), das Risikopotential Umfeld (General External Value = sonstige Stakeholder) und der Leistungsadressat Kunde (Customer Value) in die Betrachtung mit einbezogen werden.

Die wesentlichen Ansatzpunkte für die Markt-Orientierung im neu entwickelten Market Adapted Shareholder Value Approach stellen folgende Wertgeneratoren dar[174]:

- **Employee Value (unternehmensintern)**

Hierunter sollen alle aus dem Unternehmen intern und extern hervorgehenden Wertsteigerungsmöglichkeiten über die Mitarbeiter verstanden werden. Hierzu zählen sämtliche Maßnahmen im Bereich der Personalgewinnung-, förderung-, motivation etc. mit dem Ziel durch die Qualität der Mitarbeiter langfristig den Unternehmenswert zu maximieren. Der Mitarbeiter ist wesentlicher Bestandteil zur Erzielung einer langfristigen Wertsteigerung und Wettbewerbssicherung des Unternehmens. Als solches müssen alle Mitarbeiter entsprechend ihrer Position, Verantwortung und Persönlichkeit erkannt, gefördert und behandelt werden.

- **General External Value (unternehmensextern)**

Dieser beinhaltet das Beobachten der Unternehmensumwelt und der Stakeholder. Die im Stakeholder Value dargestellten Vorgehensweisen der Analyse der Oberziele und der Bedeutung der Interessengruppen müssen auf die Ziele des Unternehmens generell abgestimmt werden. Die Nutzung der externen Anspruchsgruppen zur Zielerreichung des Unternehmens ist hierbei die Voraussetzung. Durch die MASA-Steuerung, Integration und Maximierung dieser Wertgeneratoren, läßt sich der angestrebte Shareholder Value maximieren.

---

[174] Die detaillierte Auflistung der dargestellten Wertgeneratoren Emplyee Value, External Value, Customer Value und die Voraussetzungen für den MASA befinden sich in Kapitel 5.

- **Customer Value (unternehmensextern)**

Unter dem Bereich des Customer Value soll die verstärkte Kundenorientierung verstanden werden. Die monoistische Ausrichtung der Unternehmensziele auf finanzpolitische Kennzahlen im Rahmen einiger Shareholder Value Mißinterpretationen, haben zu einer extrem einseitigen Sichtweise der Unternehmenszielsetzung geführt[175]. Die Kunden dürfen als wesentlicher Faktor einer Shareholder Value Maximierung nicht vernachlässigt werden. Der Kunde ist die Basis für die langfristige Wertentwicklung genauso wie eine langfristige Shareholder Value Maximierung den größten Nutzen für den Kunden bringt (Produktinnovation, Forschung, Service, Preis/Leistungssteigerung etc.)[176].

Diese Wertfaktoren sind von großer Bedeutung, da sie einen maßgeblichen Einfluß auf den Shareholder Value haben. Es ist unstrittig, daß nur zufriedene Kunden Unternehmensleistungen in Form von Gütern oder Dienstleistungen nachfragen, sofern es sich nicht um protektionierte Märkte oder eine unternehmerische Monopolstellung handelt. Gleichermaßen gilt, daß eine hervorragende Qualität dieser Unternehmensleistungen nur von zufriedenen und motivierten Mitarbeitern geleistet wird. Gerade im Finanz- und Dienstleistungssektor (besonders bei High-end-Dienstleistungen) spielt die Personalqualität eine wichtige Rolle für den Erfolg am Markt[177].

Eine hohe Qualität der Dienst- oder Finanzleistung und der damit einhergehende Wertzuwachs ist in allen Branchen sehr stark abhängig von der Leistung der Mitarbeiter, welche wiederum von den Motivations- und Leistungsanreizen determiniert wird[178].

Es hat sich somit gezeigt, daß sowohl die fälschlicher Weise kurzfristige Ausrichtung der Unternehmensführung auf den Aktionärswert (Shareholder Value- Ansatz) als auch die Mitberücksichtigung aller Interessengruppen (Stakeholder-Ansatz) nicht angemessen ist. Aus diesem Grund erscheint eine Kombination beider Methoden und deren Integration im neu entwickelten Market Adapted Shareholder Value Approach als ein möglicher Lösungsansatz.

Modernes wertorientiertes Management sollte sich dadurch auszeichnen, daß es neben den Eigentümerinteressen auch die Interessen der Mitarbeiter,

---

[175] VGL. HILL, WILHELM (1996): S. 414.

[176] VGL. DAY, GEORGE S. (1994): S. 50f.

[177] VGL. VOLKART, RUDOLF (1995A): S. 1066.

[178] VGL. ACKERMANN, JOSEF (1995).

der Umwelt und der Kunden berücksichtigt[179]. Ein wertorientiertes Management umfaßt also nicht nur den Shareholder Value, sondern auch weitere Ansätze aus dem Marketing und dem generellen Management, den Customer Value, External Value und den Employee Value. Diese werden so genutzt und gesteuert, daß sich hieraus eine optimale Allokation der Ressourcen zur Shareholder Value Maximierung geben.

Eine Maximierung des langfristigen Shareholder Value kann nur durch ein aufgeklärtes Unternehmerhandeln erzielt werden, das langfristig orientiert ist und deshalb obige Interessengruppen (Shareholder Value, Employee Value und Customer Value unter Beachtung des External Value) berücksichtigt. In der Sprache der Spieltheorie formuliert heißt das: Bei der langfristigen Wertsteigerung handelt es sich nicht um ein Ein-Perioden-Spiel, sondern um ein Mehr-Perioden-Spiel mit den Anspruchsgruppen[180].

---

[179] So spricht z.B. Daimler-Benz-Chef Schrempp heute statt von Shareholder Value vom „magischen Dreieck", in dem die Interessen von Mitarbeitern, Kunden und Aktionären zu verknüpfen seien was ansatzweise einem Market Adapted Shareholder Value Approach gleichkommt.
VGL. NÖLTING ANDREAS (1998A): S. 173f.

[180] VGL. HILL, WILHELM (1996): S. 425ff.

5 MARKET ADAPTED SHAREHOLDER VALUE APPROACH (MASA) ALS GANZHEITLICHER SHAREHOLDER VALUE-ANSATZ ZUR INTERNEN UND EXTERNEN UNTERNEHMENSFÜHRUNG

Aus den bisherigen Ausführungen wird deutlich, daß weder der reine finanzorientierte Shareholder Value-Ansatz allein, noch der multidimensionale Stakeholder-Ansatz zielführend ist, um die Unternehmensziele im Rahmen des modernen wertorientierten Managements zu erreichen[1]. Der Shareholder Value sollte als langfristige Vision[2] im Unternehmen existieren und bekannt sein. Die Formulierung der Vision in Form von durchsetzbaren, klaren Unternehmenszielen muß dabei in allen Unternehmensbereichen und in der Unternehmensumwelt bekannt sein, angestrebt und umgesetzt werden. Als neues Konzept wird hierzu der Market Adapted Shareholder Value dargestellt.

5.1 Shareholder Value als nachhaltiges Unternehmensziel

Im Market Adapted Shareholder Value Approach werden die Machtverhältnisse zwischen Eigentümern, Management, Mitarbeitern und Kunden in ein ganzheitliches Konzept gebracht, das den eindeutigen Wertmaßstab der Shareholder Value Maximierung beibehält[3]. Dieses Konzept muß jedoch neben den Stakeholdern auch die internen Strukturen im Unternehmen und sein Verständnis zur Umwelt berücksichtigen. Dieses Verständnis zur Umwelt impliziert die unternehmensspezifische Corporate Identity, brancheninterne Strukturanalysen und landestypische Kulturen und Wirtschaftssysteme[4].

---

[1] Im strategischen Management gilt die langfristige Existenzsicherung durch Wertsteigerung des Unternehmens im Vergleich zur Konkurrenz als oberstes Ziel. Zur Erreichung dieses Ziels stellen wertorientierte Managementansätze die Steigerung des Unternehmenswerts in den Mittelpunkt des Zielsystems.

[2] Als Vision soll hierbei ein abstrakter Begriff verstanden werden, der in verschiedenen Zielen formuliert ist. In einer hierarchischen Form kann die Vision folgendermaßen dargestellt werden: Alltägliches – Prozeß (als Mittel/Hilfe das Ziel zu erreichen) – Ziele (Abschluß der Ziele bei Erfüllung) – Vision (Leitbild). Die Vision sollte in jedem Unternehmen existieren und bekannt sein.

[3] VGL. GOMEZ, PETER (1995): S. 1722.

[4] VGL. PORTER, MICHAEL E. (1990): S. 173ff.
VGL. DUFEY, GUNTER; HUMMEL, ULRICH (1997): S. 193ff.

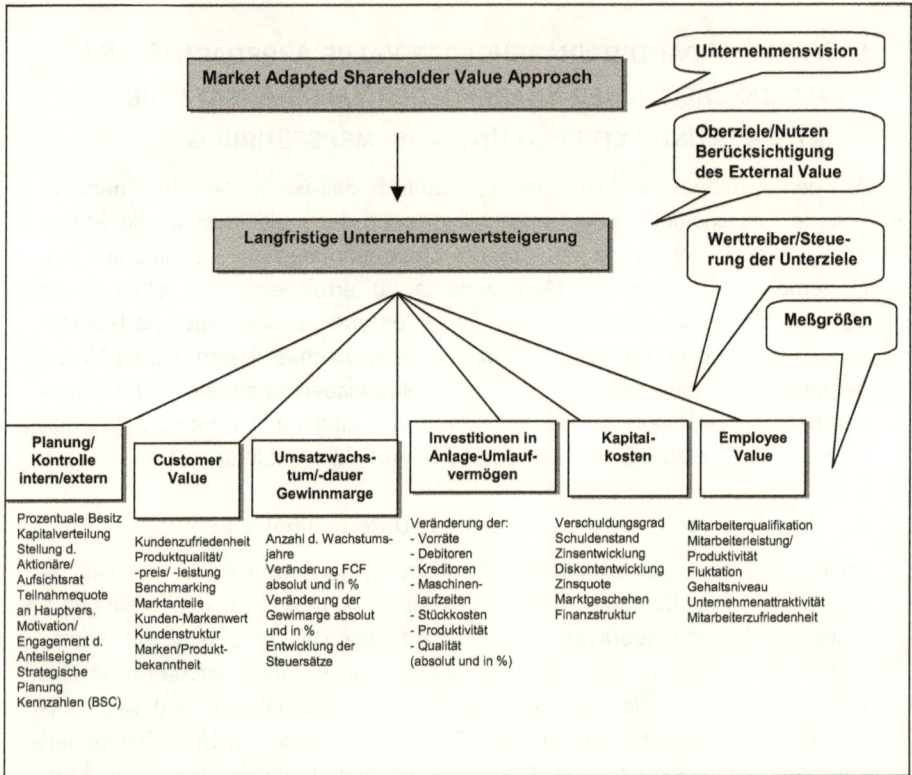

Abbildung 22: Meßgrößen, Werttreiber und Oberziele des MASA, eigene Darstellung.

Die Abbildung zeigt die einzelnen Meßgrößen, Werttreiber und Oberziele des Market Adapted Shareholder Value Approach (MASA). Die langfristige Unternehmenswertsteigerung als nachhaltiges Unternehmensziel beinhaltet beim MASA im Vergleich zum monoistischen Shareholder Value-Ansatz die zusätzlichen Werttreiber Kunden und Mitarbeiter. Somit werden bei dem Ziel der nachhaltigen Unternehmenswertsteigerung insgesamt 6 Werttreiber berücksichtigt.

Zur möglichen Implementierung des Market Adapted Shareholder Value Approach in Europa und Deutschland, muß nochmals auf die anglospezifische Herkunft des klassischen Shareholder Value eingegangen werden. Dies begründet sich aus der zum Teil US- spezifischen Entwicklung des Shareholder Value – Ansatz im Rahmen der amerikanischen Wirtschaftsordnung und Kultur und dem großen Einfluß der angloamerikanischen Wirtschaft auf die weltweiten Kapitalmärkte.

5.1.1 Die US-amerikanische Herkunft und Bedeutung des Shareholder Value

Die Idee der Maximierung des Shareholder Value wird in den USA durch das effektive Funktionieren des Kapitalmarktes, das Board Modell der US-amerikanischen Unternehmensverfassung, den Einfluß der Finanz-Analysten auf den Kapitalmarkt und die Unternehmen, umfangreiche periodische Berichterstattung börsennotierter Gesellschaften und die US-GAAP Rechnungslegungsvorschriften unterstützt[5].

Die typische amerikanische Kapitalgesellschaft besitzt im Gegensatz zur kontinentaleuropäischen AG lediglich zwei Gesellschaftsorgane, das Shareholder Meeting (Hauptversammlung) und den Board of Directors (Vorstand). Dem Vorstand obliegt somit die duale Funktion von Geschäftsführung und Kontrolle die in Deutschland der Aufsichtsrat wahrnimmt[6]. Eine Trennung wie in Deutschland oder der Schweiz zwischen den Aufsichtsfunktionen und den exekutiven Funktionen der Geschäftsführung findet praktisch nicht statt[7]. Zudem existiert in den USA im Gegensatz zum deutschen Sprachraum kein Aktiengesetz, das die Rechte und Pflichten der Anteilseigner regelt[8].

Mit dem Ziel der Stärkung der Aktionärsrechte haben sich institutionelle Anleger (besonders Investmentgesellschaften[9]) zu Proxy Groups (professionelle Stimmrechtvertretungen) zusammengeschlossen, die den Kontakt zum Management suchen, um ihre Interessen im Sinne der Shareholder Value Maximierung zu wahren[10]. Börsennotierte Unternehmen unterliegen in den USA strengen Publizitätsvorschriften durch die SEC (Securities and Exchange Commission, Aufsichtsbehörde für das Wertpapiergeschäft in den USA) . Diese Informationen sind öffentlich zugänglich und sind die Zutrittsbedingungen für den US-Kapitalmarkt. Die detaillierten und umfangreichen SEC-Registrierungs- und Berichtspflichten werden durch die periodische Berichterstattung und den Jahres- und Quartalsbericht unterstützt. Sie bilden die informativen

---

[5]   VGL. SCHÜTZ, AXEL (1996): S. 478.

[6]   VGL. FELTON, ROBER; HUDNUT, ALEC; VAN HEECKEREN, JENNIFER (1996): S. 173.

[7]   VGL. DUFEY, GUNTER; HUMMEL, ULRICH (1997): S. 197ff.

[8]   VGL. LÖHNERT, PETER (1996): S. 58.

[9]   Zur Darstellung der volkswirtschaftlichen Bedeutung von Investmentgesellschaften VGL. NEUMANN, MANFRED (1971):S. 25-37.

[10] VGL. RAPPAPORT, ALFRED (1998): S. 114.

Voraussetzungen zur Umsetzung der Eigentümerkontrolle und deren Einfluß zur Shareholder Value Maximierung[11].

Die Rechnungslegungsgrundsätze nach US-GAAP (United States Generally Accepted Accounting Principals) sind mit den SEC-Richtlinien aktionärsorientiert und ermöglichen eine objektive Informationspolitik im Rahmen der finanzwirtschaftlichen Theorie in Form eines „Performance Reporting"[12]. Das primäre Ziel der amerikanischen Rechnungslegung ist die Transparenz und die Nutzung von externen, veröffentlichten Daten zur Steuerung und Beurteilung der Unternehmen[13]. Besonders für Investoren dienen diese entscheidungsrelevanten, vergleichsfähigen Daten zur potentiellen eigen- oder fremdkapitalorientierten Investitionsbeurteilung[14]. Der Zwang zur Veröffentlichung von Quartalsergebnissen und Unternehmensergebnissen führt jedoch oft zu kurzfristiger Gewinnzahlenorientierung und keiner nachhaltigen langfristigen Shareholder Value Maximierung[15].

Das Ziel der US-GAAP Rechnungslegung ist entgegen dem Maßgeblichkeitsprinzip[16] bzw. dem Gläubigerschutz im HGB, die Wesentlichkeit (materiality)[17] im Abschluß. Das Materiality Prinzip besagt, daß die Abschlußinformationen nicht zu falschen oder unvollständigen Informationen der Empfänger führen dürfen[18].

Diese Voraussetzungen führten zu der zum Teil monoistischen Shareholder Value-Orientierung der US-Unternehmen[19]. Die positiven Möglichkeiten einer langfristigen Unternehmenswertsteigerung, die sich durch eine angepasste, strategieintegrierte Shareholder Value-Orientierung ergeben, basieren auf dem amerikanischen Ausgangsmodell. Sie benötigen jedoch eine starke lokale Anpassung, da der Erfolg der Eigentümerorientierung extrem von den

---

[11] VGL. SCHÜTZ, AXEL (1996): S. 478.
[12] RAMIN, KURT; FEY, GERD (1998): S. 287.
[13] VGL. RAMIN, KURT; FEY, GERD (1998): S. 268.
[14] VGL. VGL. GUSERL, RICHARD (1998): S. 1045.
[15] VGL. LÖHNERT, PETER (1996): S. 76.
[16] Maßgeblichkeit = Grundsatz der ordnungsgemäßen Bilanzierung nach dem die Handelsbilanz für die Steuerbilanz maßgeblich ist.
[17] Wesentlichkeit/Materiality = Offenlegung aller wesentlichen Tatbestände im Rechnungsabschluß, d.h. alle Tatbestände, die in ihrer Größenordnung einen Einfluß auf das Jahresergebnis haben und wegen ihrer Aussage für die Empfänger von Jahresabschlüssen von Bedeutung sind.
[18] VGL. SCHÜTZ, AXEL (1996): S. 478.
[19] VGL. ECKERT, STEFAN (1997): S. 227.

lokalen Rahmenbedingungen und den internen Unternehmensvoraussetzungen und den spezifischen Unternehmensrandbedingungen abhängig ist[20].

5.1.2 Die Weiterentwicklung im deutschsprachigen Kulturraum

Ähnlich wie in den USA verstärkt sich, wenn auch ca. 5-10 Jahre später in Kontinentaleuropa, die Diskussion um die Aktionärsrechte[21]. Gründe dafür sind die verstärkten Engagements institutioneller, internationaler, vielfach US-amerikanischer Investoren mit dem Bedürfnis der Transparenz und Kontrolle über ihr eingesetztes Kapital[22]. Unterstützt werden diese Bemühungen durch Aktionärsvereinigungen wie z.b. in Deutschland der Schutzgemeinschaft der Kleinaktionäre und dem Deutschen Schutzverein für Wertpapierbesitz u.a. [23]. Ziel dieser Gruppen ist es unter anderem, den Einfluß einiger weniger Gruppen (Banken, Versicherungen) auf die Unternehmen zu reduzieren und die Interessen der Kleinaktionäre, besonders auch bei Firmenübernahmen und wichtigen Unternehmensentscheidungen zu verstärken[24]. Zudem steigt der Druck auf Unternehmen, deren Aktienkurs sich unterproportional zu den Mitbewerbern entwickelt und die keine klare, langfristige Strategie besitzen. Sie erhalten von Seiten der Aktionäre scharfe Kritik oder laufen Gefahr bei einer unterdurchschnittlichen Marktkapitalisierung keine zukünftigen Anteilseigner zu gewinnen oder von Mitbewerbern übernommen zu werden[25].

Die verzögerte Entwicklung des Shareholder Value in Europa ist neben kulturellen und wirtschaftspolitischen Unterschieden im wesentlichen auf den kleineren Kontrollkreis der Unternehmen zurückzuführen[26]. Dies hat mehrere Gründe:

---

[20] VGL. CHATTERJEE, SAYAN; LUBATKIN, MICHAEL H.; SCHWEIGER, DAVID M.; WEBER YAAKOV (1992): S. 322f.
VGL. ECKERT, STEFAN (1997): S. 226f.
[21] VGL. POSTAN, BASIL (1998): S. 3f.
[22] VGL. WAGNER, FRANZ W. (1997): S. 482.
[23] VGL. KÜTING, KARLHEINZ; LORSON, PETER (1999).
VGL. WENGER, EKKEHARD: (1997): S. 256f.
[24] VGL. WENGER, EKKEHARD: (1997): S. 258.
[25] VGL. SPIELBERGER, KARL (1996).
[26] VGL. CHATTERJEE, SAYAN; LUBATKIN, MICHAEL H.; SCHWEIGER, DAVID M.; WEBER YAAKOV (1992): S. 324f.
Die Kontrolle der Unternehmen in Europa erfolgt dabei im wesentlichen nicht über den Kapitalmarkt wegen seiner fehlenden Festbeteiligungen am Unternehmen, sondern durch den Aufsichtsrat mit Bankenvertretern, Arbeitnehmervertretern etc..

- die **Struktur und Kontrolle der Unternehmen** und deren interne und externe Besonderheiten[27]

- verschiedene lokale **Rechnungslegungsvorschriften**

- die **Aktionärsstruktur** mit einer geringen "Aktienkultur" in der Gesellschaft

- die **soziale Marktwirtschaft** und damit das höhere Mitspracherecht von **Stakeholdern** in z.B. Deutschland.

Struktur und Kontrolle der Unternehmen:

Die amerikanische Managementstruktur und die internen und externen Einflüsse auf die Unternehmen sind aufgrund kultureller Unterschiede und gegebenen Rahmenbedingungen unbestritten anders als in Europa[28]. Dies beinhaltet Mitarbeiterführung, Motivation der Mitarbeiter, die Bearbeitung der Absatzmärkte, Steuer- und Finanzrecht etc.[29]. Die jeweilige Struktur des Unternehmens ist zudem von den kulturellen Unterschieden der Führungsmentalitäten und der Unternehmensgeschichte geprägt. Dadurch bedingt sind die internen und externen Einflußfaktoren je nach Unternehmen und Kultur unterschiedlich. Die Strukturen der Unternehmen können dabei so verschieden sein, daß die jeweilige Beschaffenheit des Unternehmens und seiner Mitarbeiter einer individuellen Anpassung bedarf.

Rechnungslegungsvorschriften:

Im Vergleich zum US–amerikanischen Board Modell welches die Geschäftsführung und die Kontrolle in einem Gremium vereinigt, obliegt im deutschen Sprachraum dem Aufsichtsrat und der Hauptversammlung die Kontrollpflicht. Bei der Wahl des Aufsichtsrates durch die Eigentümer haben die Aktionäre, wenn auch nur indirekt, einen ähnlich starken Einfluß auf das Unternehmen, wie in den USA[30].

Wie bereits dargelegt, ist das Principal Agent Problem die Folge der Trennung von Eigentum und Verfügungsgewalt[31]. Die mit dieser Trennung „entstehenden Aufwendungen liegen in dem begründeten Bedürfnis der Eigentümer, die beauftragten Agenten im Hinblick auf die Wahrnehmung ihrer Interessen zu überwachen"[32].

---

[27] VGL. DUFEY, GUNTER; HUMMEL, ULRICH (1997): S. 198ff.

[28] VGL. KÜTING, KARLHEINZ; LORSON, PETER (1999).

[29] VGL. BEAUCHAMP, TOM L.; BOWIE, NORMAN E. (HRSG.) (1993): S. 58.

[30] VGL. FELTON, ROBER; HUDNUT, ALEC; VAN HEECKEREN, JENNIFER (1996): S. 170.

[31] Zu dem Principle Agent Problem vergleiche Kapitel 2.2.2.2.1.

[32] LÖHNERT, PETER (1996): S. 52.

Die in Deutschland praktizierte Rechnungslegung führt zur Bildung von stillen Reserven, bei denen der Gesellschaft Vermögenswerte entstehen, die sowohl der Höhe als auch der Ursache nach der Öffentlichkeit nicht zugänglich gemacht werden. Aus Sicht von amerikanischen Investoren steht diese Art der Rechnungslegung im Konflikt mit dem Shareholder Value Approach. Weiterhin steht das Vorsichtsprinzip im Konflikt mit dem US-Bilanzierungsgrundsatz der „gerechten Darstellung" (fair presentation)[33].

Mit der verstärkten Hinwendung zu den IAS (International Accounting Standards) und deren Anerkennung durch den lokalen Gesetzgeber, findet hier eine Weiterentwicklung zu international vereinheitlichten Richtlinien statt. Diese entwickeln sich ähnlich wie US-GAAP zu einer objektiveren, transparenten Darstellung des Unternehmens. Die noch vorhandenen Unterschiede dieser beiden Rechnungslegungen werden sich in den nächsten Jahren weiter reduzieren[34].

Die Rechnungslegung nach IAS hat den Informationsgehalt für Anleger erheblich verbessert. Die zunehmend weltweite Anerkennung dieser Vorschriften bildet die Voraussetzung für die Harmonisierung. Die moderne Informationstechnologie ermöglicht zudem einen schnelleren und relevanteren Informationsausgleich zwischen Anlegern, Unternehmen und Wettbewerbern[35]. Kleinaktionäre haben durch die zusätzliche Qualität und Quantität der Medien fast dieselben Möglichkeiten der Informationsbeschaffung wie institutionelle Anleger. Nur die Machtdominanz von Großaktionären in europäischen Unternehmen ermöglicht diesen einen besseren Einblick in die entsprechenden Unternehmen als den Kleinaktionären.

Aktionärsstruktur:

Die Aktionärsstruktur unterscheidet sich in Europa im wesentlichen von den USA durch den Einfluß von wenigen Institutionen bzw. Personen, wodurch die Unternehmenskontrolle durch eine geringere Anzahl durchgeführt wird. Dies ist durch den starken Einfluß der Banken, dem Auftreten von Mehrheitsaktionären und dem gewichtigen Mitspracherecht von Arbeitnehmervertretern gekennzeichnet[36]. Obwohl gerade diesen einflußreichen Gruppen verstärkt an einer langfristigen Shareholder Maximierung gelegen sein müßte, ist dies auf Grund der intern konkurrierenden Interessen, bzw. der fehlenden Zieleindeutigkeit

---

[33] VGL. WEBER, JÜRGEN (1997).
[34] VGL. KÜTING, KARLHEINZ; EIDEL, ULRIKE (1997): S. 11.
[35] VGL. RAMIN, KURT; FEY, GERD (1998): S. 290.
[36] VGL. DUFEY, GUNTER; HUMMEL, ULRICH (1997): S. 199f.

nicht gegeben[37]. Der Einfluß von Finanzdienstleistern auf Unternehmen ist in Europa höher als in den USA und übernimmt oft ersatzweise die Funktionen eines schwachen Aufsichtsrates[38]. Hierfür gibt es mehrere Gründe. Zum einen weisen die kontinentaleuropäischen Unternehmen tendenziell einen höheren Fremdkapitalanteil auf, zum anderen wird ein Großteil dieser Mittel im Gegensatz zu der amerikanischen Obligationsfinanzierung, über Bankkredite finanziert. Mit Hilfe von signifikanten Anteilen an Großunternehmen, besitzen besonders deutsche Banken eine Doppelrolle als Fremd- und Eigenkapitalgeber. Die zusätzliche Ausübung von Depotstimmrechten durch die Banken bei Hauptversammlungen erhöht die Kontrollmechanismen einer kleinen aber mächtigen Gruppe gegenüber den Unternehmen[39].

Klare Unterschiede zu den USA zeigen sich auch in Europa durch die Dominanz der Mehrheitsaktionäre und den Bankeneinfluß auf Unternehmen. In den USA werden wenige börsennotierte Gesellschaften von Mehrheitsaktionären dominiert, da Aktionäre mit mehr als 50% Kapitalanteil verpflichtet sind, den restlichen Aktionären ein Übernahmeangebot zu unterbreiten[40].

Die Art der Aktionärsstruktur zeigt die beim Stakeholder Value vertretene Kritik der pluralistischen Zielorientierung einzelner Interessensgruppen. Sie wahrt nicht die verschiedenen Interessen der Stakeholder, sondern vergrößert oft nur den eigenen Nutzen.

Soziale Marktwirtschaft und Stakeholder:

Ein weiterer Unterschied zu den USA liegt in dem tendenziell höheren Mitspracherecht von verschiedenen Stakeholdern. Die in Europa und besonders in Deutschland verbreitete Soziale Marktwirtschaft muß mehr Interessengruppen in die einzelnen Unternehmensentscheidungen mit einbeziehen, als das angelsächsische Wirtschaftssystem. Dort stehen die Individuen stärker im Mittelpunkt des Wirtschaftslebens als in der zunehmenden sozialen Verantwortung in Europa. So haben deutsche und österreichische Arbeitnehmer einen gesetzlichen Anspruch auf Sitze in Kontrollgremien größerer Unternehmen. In Frankreich oder Holland besitzen Arbeitnehmervertreter zudem besondere Veto- und Informationsrechte[41].

---

[37] VGL. SPIELBERGER, KARL (1996).
[38] VGL. FELTON, ROBER; HUDNUT, ALEC; VAN HEECKEREN, JENNIFER (1996): S. 175.
[39] VGL. BÜHNER ROLF (1996): S. 36.
[40] VGL. ECKERT, STEFAN (1997): S. 214ff.
[41] VGL. FOSHAG, JÖRG (1998)

Nicht nur die aufgezeigten wirtschaftlichen und kulturellen Unterschiede haben in bestimmten Kreisen zu einer Ablehnung des Shareholder Value in Europa geführt[42]. Besonders sind die falsche Interpretation und kurzfristige Sichtweise der Unternehmenswertsteigerung und die Verbindung von unpopulären Entscheidungen mit dem Shareholder Value mit dafür verantwortlich. Diese Punkte und die zum Teil berechtigte funktionale Kritik an dem Ansatz hat die pluralistische Stakeholder Orientierung gefördert und erweitert[43]. Bei dem bereits vorgestellten Modell des Stakeholder Value kann man jedoch nicht von einer Weiterentwicklung sprechen, sondern von einer Abkehr der langfristigen Wertsteigerung. Der Verzicht auf eine eindeutige Maximierungsvorschrift führte, wie in Kapitel 4.3.2. gezeigt, zu schwerwiegenden Mängeln bei der Operationalisierung des Stakeholder Value Ansatzes. Dies, obwohl die Wertsteigerungssystematik teilweise aus dem Shareholder Value übernommen wurde. Durch diesen Verzicht wurde jedoch ein wesentlicher Bestandteil der Unternehmenswertsteigerung, nämlich die Eindeutigkeit von Strategiealternativen verworfen[44]. Gerade diese eindeutige Entscheidungsfähigkeit stellt den wesentlichen Bestandteil der zukunftsorientierten Unternehmensführung dar[45]. Voraussetzung für eine Weiterentwicklung und erfolgreiche Umsetzung des Shareholder Value sind die Berücksichtigung der in Kapitel 3 dargestellten Kritik am klassischen Shareholder Value und eine Anpassung des Konzeptes an europäische, insbesondere deutsche Rahmenbedingungen[46].

5.1.3 Mögliche Adaption und Anwendbarkeit des Shareholder Value auf kontinentaleuropäische Unternehmen durch MASA

Die Entwicklung zur Shareholder Value Maximierung im angelsächsischen Sprachraum und die sich verändernden internationalen Rahmenbedingungen waren auch die Auslöser für die Implementierung des wertorientierten Managements in Kontinentaleuropa und anderen Regionen der Welt. Hierbei kam es u.a. zu spezifischen Weiterentwicklungen, die sich neben den in Kapitel 3 besprochenen verschiedenen Shareholder Value Modellen hin zu einem Stakeholder Value und Anspruchsgruppenkonzept entwickelten. Die Bedeutung des Shareholder Value ist in den USA am stärksten ausgeprägt. Dies ist zum einen auf den großen Einfluß von Aktionärsgruppen wie den Pensions-

---

[42] VGL. WATTS, CHRISTOPHER; WOOTLIFF, BENJAMIN (1997): S. 41.

[43] VGL. GOMEZ, PETER (1995): S. 1728.

[44] VGL. ECKERT, STEFAN (1997): S. 219f.

[45] VGL. MIROW, MICHAEL (1994): S. 92ff.

[46] VGL. WATTS, CHRISTOPHER/ WOOTLIFF, BENJAMIN (1997): S. 43.

kassen, der generellen Bedeutung der Unternehmensanteile (Aktien) an Investitionen und den gegebenen Rahmenbedingungen zurückzuführen[47]. Es läßt sich aber nicht pauschal sagen, daß das US-System monoistisch auf Finanzwerte ausgerichtet ist und das kontinentaleuropäische System auf die Befriedigung vieler Interessensgruppen[48].

Die Shareholder Value Maximierung kann und darf bei einer langfristigen Orientierung nicht lokale Besonderheiten und Gegebenheiten ignorieren[49]. Es muß sich gerade diese kulturspezifischen Ansätze zu Nutze machen, um sich somit einen Wettbewerbsvorteil gegenüber der lokalen und internationalen Konkurrenz zu schaffen[50]. Diese unterschiedlich institutionellen Rahmenbedingungen spiegeln sich in den Mitarbeitern, Kunden, Aktionären und externen Rahmenbedingungen wider, die zu einem angepaßten Shareholder Value-Ansatz, dem MASA führen.

Die aufgezeigten Defizite des Stakeholder Value im operativen Bereich zeigen die Problematik ihrer Integration in der eindeutigen Unternehmenszielsetzung und in verschiedene Unternehmensstrukturen. Eine Verkennung institutioneller, legislativer und faktischer Macht der Anspruchsgruppen muß jedoch beim Shareholder Value berücksichtigt und zu dessen langfristiger Maximierung genutzt werden. Diese Gruppen tragen einen wesentlichen Teil zur Steuerung der Werttreiber bei und müssen dementsprechend in der Unternehmensplanung über die Steuerung des External Value im Shareholder Value-Ansatz berücksichtigt werden. Besonders im Rahmen der Sozialen Marktwirtschaft, durch die letztendlich eine faktische Legitimation gewisser Stakeholder Gruppen gewährleistet wird, müssen diese Rahmenbedingungen zur Shareholder Value Maximierung genutzt werden.

Als zentrale Einflußgrößen auf den Unternehmenswert gelten strategische und spezifische Wettbewerbsvorteile[51], die ein Unternehmen mit Hilfe seiner Erfolgspotentiale aufbauen und ausschöpfen kann[52]. Zu diesen Erfolgspotentialen zählen interne und externe Erfolgsfaktoren. Interne Potentiale können im Bereich der Organisation, Unternehmensführung, Produktion, des Humankapitals etc. identifiziert werden. Während externe Erfolgspotentiale beispielswei-

---

[47] VGL. GUSERL, RICHARD (1998): S. 1038.

[48] VGL. WATTS, CHRISTOPHER/ WOOTLIFF, BENJAMIN (1997): S. 45.

[49] VGL. DUFEY, GUNTER; HUMMEL, ULRICH (1997): S. 201f.

[50] VGL. GUSERL, RICHARD (1998): S. 1043.

[51] Voraussetzung für einen Wettbewerbsvorteil ist, daß der Leistungsvorteil für den Kunden wichtig ist, vom Kunden wahrgenommen und honoriert wird und außerdem dauerhaften Bestand hat (komparative Konkurrenzvorteile).

[52] VGL. PORTER, MICHAEL E. (1990): S. 370f.

se im Markt, der Landeskultur oder in den Beziehungen zu Kunden und Liefe-ranten erzielbar sind. Hervorzuheben sind vor allem die Erfolgsfaktoren Kun-den und Mitarbeiter.

Ein hoher Zufriedenheitsgrad für Kunden und Mitarbeiter ist die Vorausset-zung für eine unternehmensspezifische langfristige Wertgenerierung. Sie wie-derum ist die Basis für einen steigenden Shareholder Value. Demzufolge können Kundenwert (Customer Value) und Mitarbeiterwert (Employee Value) als wesentliche Einflußgrößen des Shareholder Value angesehen werden. Dabei ist zu berücksichtigen, daß ein Unternehmen eine Erhöhung des Kun-den- und Mitarbeiterwerts nicht aus altruistischen Gründen anstrebt, sondern meistens nur als Mittel zum Zweck der Unternehmenswertsteigerung. Zudem sollte das Unternehmen seine wesentlichen externen Rahmenbedingungen (External Value) erkennen, beachten und ebenfalls zur Maximierung des Shareholder Value durch den Market Adapted Shareholder Value Approach nutzen.

Folgende Grafik zeigt aufbauend zu der Abbildung 23 in Kapitel 5.1. die zentrale Bedeutung des ganzheitlich orientierten MASA.

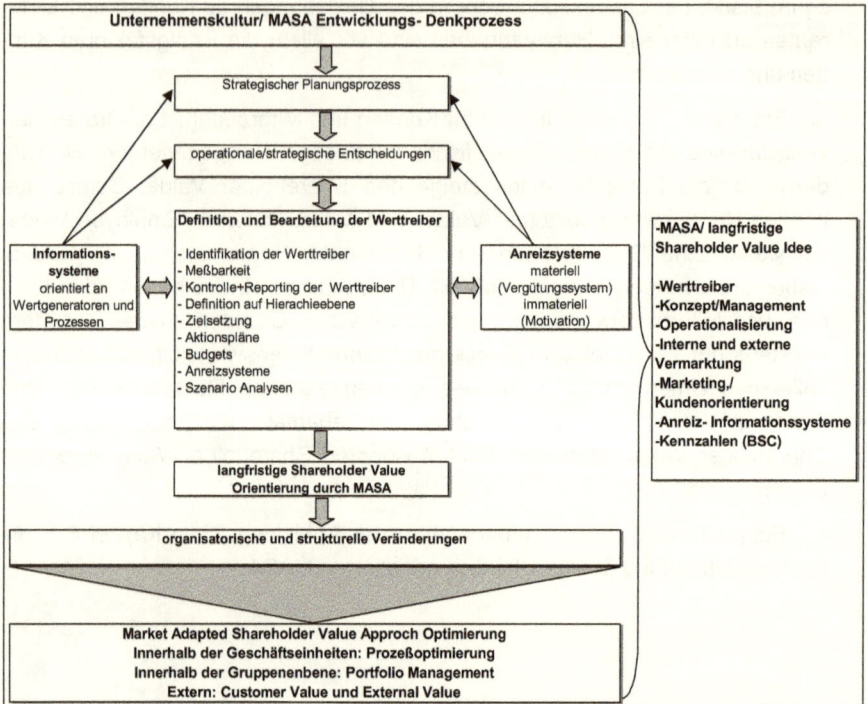

| Unternehmenskultur/ MASA Entwicklungs- Denkprozess |

Strategischer Planungsprozess

operationale/strategische Entscheidungen

Definition und Bearbeitung der Werttreiber

**Informations-
systeme**
orientiert an
Wertgeneratoren und
Prozessen

- Identifikation der Werttreiber
- Meßbarkeit
- Kontrolle+Reporting der Werttreiber
- Definition auf Hierachieebene
- Zielsetzung
- Aktionspläne
- Budgets
- Anreizsysteme
- Szenario Analysen

Anreizsysteme
materiell
(Vergütungssystem)
immateriell
(Motivation)

-MASA/ langfristige
Shareholder Value Idee

-Werttreiber
-Konzept/Management
-Operationalisierung
-Interne und externe
Vermarktung
-Marketing,/
Kundenorientierung
-Anreiz- Informationssysteme
-Kennzahlen (BSC)

**langfristige Shareholder Value
Orientierung durch MASA**

organisatorische und strukturelle Veränderungen

**Market Adapted Shareholder Value Approch Optimierung
Innerhalb der Geschäftseinheiten: Prozeßoptimierung
Innerhalb der Gruppenebene: Portfolio Management
Extern: Customer Value und External Value**

Abbildung 23: Shareholder Value Management und die Bedeutung der ganzheitlichen Umsetzung, eigene Darstellung.

Als zentrale Größe gelten für den MASA die in der Abbildung dargestellte Bearbeitung der Werttreiber. Der MASA ist hierbei im Rahmen der internen (Mitarbeiter, Shareholder) und externen (Kunden, Shareholder) Einflußfaktoren eingebettet und Teil der strategischen Unternehmensplanung. Eine Konzentration auf die Kunden und Mitarbeiter eines Unternehmens ist zum einen sinnvoll, weil sie ein wichtiges Erfolgspotential zur Erreichung des Shareholder Value darstellen, aber andererseits auch, weil sie und die Aktionäre den größten Beitrag zum Shareholder Value leisten.

Einer Studie von Arthur Anderson zufolge, bei der 250 Kapitalgesellschaften (vorwiegend Aktiengesellschaften) in Deutschland, Österreich und der Schweiz befragt wurden, werden die Kunden von 71%, die Eigenkapitalgeber von 49% und die Mitarbeiter von 48% der Befragten als diejenige Interessengruppe angesehen, die die größte Bedeutung und den größten Einfluss auf das Unternehmen hat[53].

Nicht jedes Unternehmen besitzt Eigentümer in Form von Aktionären. Trotzdem ist es für jedes agierende Unternehmen, jede Behörde, Genossenschaft, Stiftung o.ä. sinnvoll, die Vision der Shareholder Value Maximierung zu verfolgen, da die Anteilseigner in irgendeiner Form immer existieren. Die Genossenschaften unterliegen einem Förderungsauftrag ihrer Mitglieder. Bei Genossenschaften stellen die Mitglieder (Genossen) die Aktionäre dar. Ihre Rechten und Pflichten ähneln denen der Aktionäre in gewissem Maße, werden aber fälschlicherweise bei der Betrachtung der Shareholder Value Maximierung kaum berücksichtigt. Die Ausschüttungen für die Mitglieder/Eigentümer der Genossenschaften erfolgen im Gegensatz zu den Aktiengesellschaften nicht über höhere Dividenden, sondern über günstigere Preise und sonstige Vergünstigungen für die Mitglieder, die je nach Inanspruchnahme genutzt werden. Maximiert wird hierbei der Customer Value für die Mitglieder.

Bei Behörden, Verwaltungen und Staatsbetrieben stellen die Bürger die Anteilseigner dar. Diese sind zwar Eigentümer bzw. Anteilseigner der „Unternehmen", besitzen aber im Vergleich zu Aktionären und Genossen ein sehr eingeschränktes Kontroll- und Mitgestaltungsrecht, das durch Teilnahme in Form von Bürgermeister-, Verwaltungs- und Parlamentswahlen ausgeübt werden kann. Bei diesen „Unternehmen" fehlt oft die Konkurrenz die ein wesentlicher Antrieb bei der Implementierung einer Shareholder Value Maximierung sein kann. Ein maximaler Shareholder Value (bei öffentlichen Verwaltungen und Staatsbetrieben müßte von einem „Citizen Value" anstatt von einem Shareholder Value gesprochen werden) wird für die Bürger erreicht, wenn eine gute, effiziente Leistung zu niedrigen Preisen (Steuern und Abgaben) erbracht wird.

---

[53] VGL. STIPPEL, PETER (1998): S. 15.
Vergleiche hierzu auch die Darstellung der Abbildung 20 in Kapitel 4.2.4.6.

5.2 Die Bedeutung der Eigenkapitalgeber im Rahmen der Shareholder Value-Orientierung

Die Begründung der vorrangigen Unternehmensausrichtung auf die Interessen der Anteilseigner im Rahmen des MASA bezieht sich auf mehrere Punkte, die hierbei nur oberflächlich behandelt werden sollen.

• Eigentumsbegriff

Die Maximierung des Shareholder Value als Unternehmensziel ist aus der Volks- und Betriebswirtschaftslehre und dem gängigen Recht ableitbar[54]. Das Eigentum an einem Unternehmen ist per Definition die eigentliche Grundlage des Unternehmerischen[55]. Das Gewinnstreben ist eventuell das Ziel und die Maxime des Unternehmens, aber nicht die Voraussetzung des Unternehmerischen[56]. Die Eigenkapitalgeber erwerben durch die Zurverfügungstellung von Eigenkapital Eigentum an dem damit finanzierten Unternehmen. Ihnen steht auch ein Verfügungsrecht über die Mittel und das Unternehmen an sich im Rahmen der gesetzlichen, vertraglichen und institutionellen Regeln zu[57].

Diese Grundlage der anteilseignerorientierten Unternehmensführung wird der Situation großer Publikumsgesellschaften nur bedingt gerecht, da viele Faktoren einen zusätzlichen Einfluß auf die Unternehmensführung haben. Dabei darf die Verantwortung des Eigentums gegenüber anderen Stakeholdern und der Gesellschaft auch bei der Möglichkeit des internationalen Wettbewerbs nicht außer Acht gelassen werden[58]. Das Eigentum bildet jedoch weiterhin das Fundament der eigenkapitalorientierten Unternehmensführung[59].

• Stellung der Eigenkapitalgeber

Die Stellung der Eigenkapitalgeber ist für den Shareholder Value-Ansatz maßgeblich. Der Eigenkapitalgeber haftet mit seinem eingesetzten Kapital für das Unternehmen. Durch diese Risikoübernahme legitimiert sich die Leistungsbeteiligung und Verfügungsberechtigung über die Unternehmensgewinne. Die Wertmaximierung des Unternehmens stellt hierfür die Entlohnung des Risikos für den Eigenkapitalgeber dar. Die Gewinnaneignungs-Legitimation als Zielsetzung der Eigentümer und deren damit begründeter Einfluß auf die Unterneh-

---

[54] VGL. SCHACHTSCHNEIDER, KARL (1999): S. 412.

[55] VGL. EBENDA: S. 413.

[56] VGL. STEINMANN, HORST; LÖHR, ALBERT (1992): S. 123ff.

[57] VGL. FORSTMOSER, PETER (1996).

[58] VGL. SCHACHTSCHNEIDER, KARL (1999): S. 431.

[59] VGL. COPELAND, THOMAS; KOLLER, TIMOTHY; MURRIN, JACK (1993): S. 39.

men ist in einer marktwirtschaftlichen Ordnung relativ unstrittig. Probleme ergeben sich erst bei der für große Kapitalgesellschaften üblichen Trennung von Eigenkapital, Management und Kontrolle[60].

Neben der bereits erwähnten Principal Agent Problematik, tritt auch angesichts der Größe des Unternehmens und der Rechte Dritter die Frage nach der Einflußverteilung zwischen Eigenkapitalgebern und Interessengruppen in den Vordergrund[61]. Zudem ist zu berücksichtigen inwieweit diese Stakeholder mit legalen oder illegalen Mitteln die Ziele der Eigenkapitalgeber und des Unternehmens behindern können[62]. Aufgrund der im Vergleich zu den USA unterschiedlich ausgeprägten gesellschaftlichen Rahmenbedingungen müssen in Deutschland auch andere Interessengruppen neben den Shareholdern berücksichtigt werden.

- **Kapitalmarktkonstellation**

Bei der allgemeinen Betrachtung des Kapitalmarktes wird davon ausgegangen, daß es sich bei den Marktteilnehmern in der Mehrzahl um Investoren und weniger um Spekulanten handelt. Investoren sind an einer längerfristigen Ertragsmaximierung bei bestimmten Risikopräferenzen interessiert[63]. Wird die erwartete Mindestrendite nicht erreicht, so werden die Aktien möglicherweise veräußert. Dies kann zu einer Marktwertreduzierung der betroffenen Unternehmen führen[64]. Oft reagieren Aktienkurse kurzfristig sehr stark auf veröffentlichte bilanzorientierte Gewinnkennzahlen und andere Einflußfaktoren (durch Informationen oder sonstige politische, wirtschaftliche, soziale Rahmenbedingungen). Diese starken, oft technisch bedingten Kursausschläge haben natürlich auch einen Einfluß auf die langfristige Bewertung des Unternehmens. Es zeigt sich jedoch, daß sich der Aktienkurs langfristig nach den gewichteten Risiken und der Shareholder Value-Orientierung der Unternehmen richtet und nicht nach kurzfristigen Einflußfaktoren oder buchhalterischen Erfolgsausweisen[65]. Um einen langfristig höheren Marktwert zu erzielen, müssen die Unternehmen an einer guten Performance[66] zur Anlockung weiterer Investoren am Kapitalmarkt interessiert sein.

---

[60] VGL. GOMEZ, PETER (1993): S. 34.

[61] VGL. JANISCH, MONIKA (1992): S. 110.

[62] VGL. SCHACHTSCHNEIDER, KARL (1999): S. 430.

[63] VGL. ECKERT, STEFAN (1997): S. 223.

[64] VGL. SPREMANN, KLAUS (1994): S. 318.

[65] VGL. STEWART, BENNETT (1991): S. 2f.

VGL. RAPPAPORT, ALFRED (1992): S 87f.

[66] Die Messung der guten Performance richtet sich dabei sowohl nach der Entwicklung der Aktienkurse als auch der Qualität der Unternehmensleitung.

Dies gilt ebenso für nichtbörsennotierte und eigentümergeführte Unternehmen. Hierbei entsprechen die Gesellschafter den Investoren und die Entscheidungen weiterer Eigenkapitalinvestitionen richten sich nach den gleichen, wenn auch oft emotional geprägten Bedingungen, wie für börsennotierte Kapitalgesellschaften. Zur Erhaltung einer gesicherten Finanzposition und den damit gegebenen Möglichkeiten, die Wettbewerbssituation positiv zu beeinflussen, ist für alle Unternehmen, unabhängig ihrer Größe und Gesellschaftsform, eine Maximierung des Shareholder Value erforderlich.

5.3 Unternehmensinterne Voraussetzungen zur Umsetzung des Market Adapted Shareholder Value Approach

5.3.1 Shareholder Value als Handlungsmaxime

Sowohl der Stakeholder als auch, obwohl anders behauptet und gefordert, der bisher in der europäischen und US-amerikanischen Realität umgesetzte Shareholder Value gehen von einer tendenziell kurzfristigen Interessenorientierung aus[67]. Schnelle Gewinne aus falsch verstandenem Shareholder Value Maximierungsdenken gehen zu Lasten von Zukunftsinvestitionen, Wettbewerbspositionierung und langfristiger Wertsteigerung[68]. Ebenso können aus kurzfristigen Gewinnen Begehrlichkeiten der Stakeholder entstehen, die die Unternehmensleitung kurzfristig zu befriedigen gewillt ist aber dabei den Blick auf die langfristige Shareholder Value Maximierung versperren[69]. Die beiden dargestellten Konzepte des Shareholder Value und Stakeholder Value gehen in ihrer Extremform von Ansätzen aus, die das Management einseitig nach seinen Interessen lenken kann. Dies geschieht durch Aktionäre mit z.t. unzureichenden Kontrollmechanismen, mit geringen unternehmensspezifischen Kenntnissen und durch Vorschriften, Verbote, Einflußnahmen diverser Lobbyisten und Stakeholder. Diese Fremdregulierung bzw. fehlende Shareholder Orientierung wird den nötigen Aufgaben, Zielen und Umsetzungen der Unternehmensführung nicht gerecht[70]. Zudem müssen die Shareholder Value Faktoren Mitarbeiter und Kunde stärker integriert werden, was beim MASA gewährleistet ist.

Zur erfolgreichen, langfristigen Shareholder Value Maximierung müssen alle internen und externen Unternehmensaktivitäten auf die Vision ausgerichtet werden. Der Shareholder Value darf sich nicht alleine auf kurzfristige Finanzkennzahlen konzentrieren. Das Unternehmen muß Aktivitäten entfalten, die auf der Ressourcenseite vor allem das Potential der Mitarbeiter und die Inputfaktoren des Unternehmens maximieren. Auf der Marktseite gilt es vor allem die Kunden des Unternehmens langfristig optimal an das Unternehmen zu binden. Zudem müssen die externen Rahmenbedingungen in die Unternehmenssteuerung und Planung integriert werden. Die entsprechenden Steuer- und Einflußfaktoren werden im folgenden dargestellt:

---

[67] VGL. RAPPAPORT, ALFRED; JOHNSON, BRUCE; NATARAJAN, ASHOK (1985): S. 58f.
[68] VGL. GOODSON, PETER D.; GOGEL, DONALD J. (1987): S. 26.
[69] VGL. BERGER, ROLAND (1996).
[70] VGL. STIPPEL, PETER (1998): S. 16.

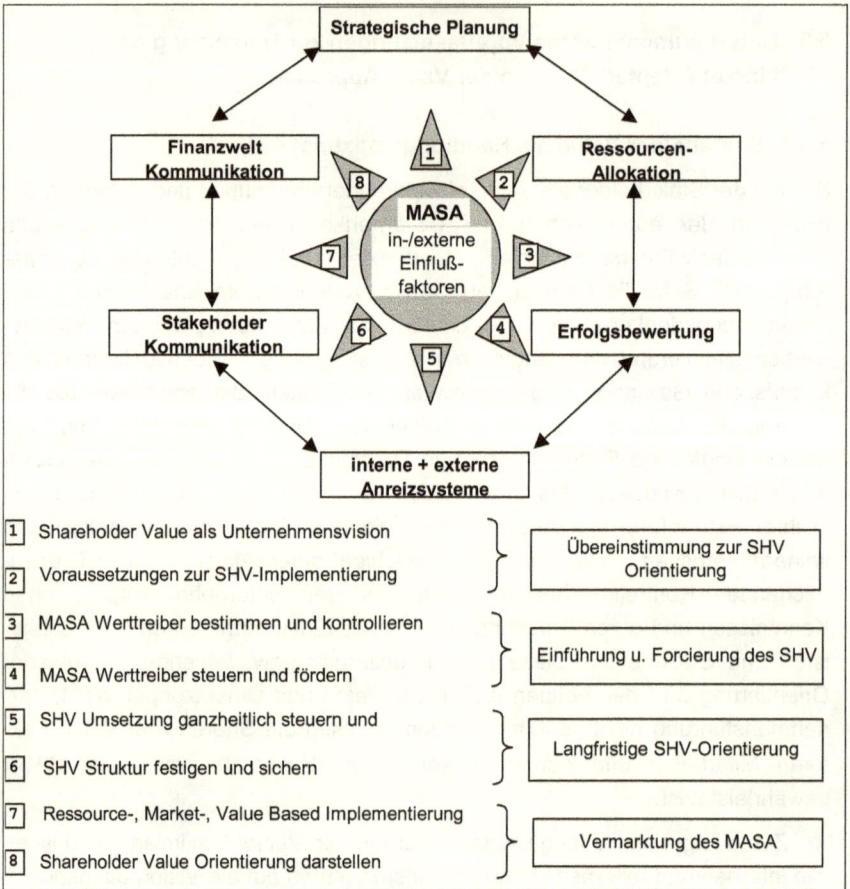

Abbildung 24: Der Shareholder Value Management Kreis und seine Implementierung, eigene Darstellung.

Die Abbildung stellt den Zusammenhang zwischen MASA und den verschiedenen unternehmensinternen und -externen Erfolgsfaktoren dar. Die Implementierung des MASA spiegelt dabei das gesamte Unternehmensumfeld wider. Dies entweder durch Einbeziehen in Form von Kommunikation oder durch direkte Integration und langfristige Planung wie bei der Umsetzung der Werttreiber. Danach muß sich das Handeln und die Organisation aller Unternehmensbereiche auf die Shareholder Value Maximierung als Teil der Vision des Unternehmens richten.

5.3.2 Aufbau von Geschäftsfeldeinheiten als Basis der Portfolioanalyse zum Internal und External Value des Shareholder Value

Zur Analyse der aktuellen Shareholder Value Situation des Unternehmens und der Wettbewerbskonstellation auf Geschäftsfeld- und Produktebene eignet sich insbesondere das Portfolio Management[71]. Die Bewertung der verschiedenen Strategischen Geschäftsfelder (SGF) unter Risiko-, Wachstums- und Rendite-Gesichtspunkten ermöglicht die Auswahl derjenigen Geschäftsfelder, die sich zu einem wertmaximierenden und zur Unternehmensstrategie passenden Portfolio zusammenfügen[72]. Mit Hilfe des Portfolio Managements kann der Internal und External Value analysiert und optimiert werden, um damit den Shareholder Value zu maximieren.

Voraussetzung für die Erstellung eines Shareholder Value basierten Geschäftsfeldportfolios ist eine klare Segmentierung des Unternehmens in strategische Geschäftsfelder. Diese Aufteilung ist insbesondere in großen oder international agierenden Unternehmen und Konglomeraten erforderlich, da deren operative Bereiche häufig in unterschiedlichen Märkten (produktspezifisch und geographisch) mit verschiedener Risikostruktur wirtschaften. Eine risikoadäquate Bewertung ist aber nur innerhalb eines weitgehend homogenen strategischen Geschäftsfelds möglich. Außerdem sollte die Vergleichbarkeit der Geschäftsfelder durch ein einheitliches Planungs- und Berichtswesen gewährleistet sein[73].

Nachdem der Wertbeitrag der Geschäftsfelder mit dem gewählten Verfahren bestimmt werden kann, sind die strategischen Geschäftsfelder (SGF) in das gewählte Geschäftsfeldportfolio einzuordnen[74]. Es können Portfolios mit unterschiedlichen Dimensionen[75] verwendet werden, wobei die Position im

---

[71] Portfolios sind zweidimensionale graphische Darstellungen, in welche die Analyseobjekte (z.B. ganze Unternehmen, strategische Geschäftsfelder (SGF) oder Produkte) eingeordnet werden. Weitere Dimensionen lassen sich mit Hilfe zusätzlicher graphischer Elemente (bspw. durch die Kreisgröße einer Positionierung) abbilden. Bisher wurden Portfolio-Modelle mit verschiedenen Dimensionen entwickelt, die eine Analyse und Steuerung des Unternehmens nicht nur über das Geschäftsfeldportfolio, sondern über multiple Portfolios, z.B. Ressourcen-, Technologie- oder Kundenportfolios, ermöglichen.
VGL. KNORREN, NORBERT (1998): S. 90ff.

[72] VGL. LEWIS, THOMAS G.; STELTER, DANIEL (1994): S. 186.
VGL. KNORREN, NORBERT (1998): S. 89.

[73] VGL. WAGNER FRANZ (1997): S. 480f.

[74] VGL. PORTER, MICHAEL E. (1990): S. 448ff.

[75] Als mögliche Dimensionen können bspw. Shareholder Value, Werttreiber, relativer Marktanteil, Marktwachstum, Umsatz usw. dienen.

Portfolio als Anhaltspunkt dient, um zu entscheiden, welches SGF desinvestiert, fortgeführt oder ausgebaut werden soll[76]. Durch die Verbindung von Portfoliotheorie und dem MASA lassen sich gezielt einzelne Geschäftsfelder analysieren, steuern und benchmarken[77]. Eine alleinige Portfolioanalyse ohne Shareholder Value Integration basiert nur auf eingeschränkten Daten und berücksichtigt nicht alle (besonders die zukünftigen) Einflußfaktoren der Entscheidungssituation[78].

Nach der erfolgten Aufteilung des Unternehmens in Geschäftsfelder und deren interner und externer Analyse der Beiträge zum Unternehmenswert muß analysiert werden, mit welchen operativen Maßnahmen eine Shareholder Value Maximierung erzielt werden kann[79]. Diese Analyse und die kontinuierliche Shareholder Value-Orientierung kann am besten mit bereichsspezifischen Kennzahlensystemen überprüft, angepaßt und verbessert werden.

5.3.3 Wertorientiertes Kennzahlensystem im Rahmen des Shareholder Value

Um die Implementierung einer wertorientierten Managementkonzeption zu ermöglichen, bedarf es eines umfassenden Steuerungs- bzw. Controllingsystems und eines hierauf basierenden monetären Anreizsystems für das Management und die sonstigen Mitarbeiter[80].

Im folgenden wird anhand einer Balanced Scorecard, eines sogenannten „Frühwarn- oder Kontrollsystems" dargestellt, wie die wertorientierte Unternehmensführung und deren Teilbereiche gesteuert und kontrolliert werden kann. Zur Sicherstellung des Wertmanagements bedarf es eines Kennzahlensystems,[81] welches dazu beiträgt, den Grundgedanken des Market Adapted Shareholder Value Approach umzusetzen. Dieser Grundgedanke besteht darin, alle unternehmerischen Maßnahmen unter Wahrung der Zielsetzungen von bestimmten Interessengruppen auf eine Maximierung des Shareholder Value

---

[76] VGL. RAPPAPORT, ALFRED (1992): S 91.

[77] VGL. SCHMIDT, JEFFREY (1992): S. 11f.

[78] VGL. ALBERTS, WILLIAM; MC TAGGERT, JAMES (1984): S. 140ff.

[79] VGL. COPELAND ET AL. (1993): S. 24.

[80] VGL. HAHN, DIETGER (1998): S. 570f.

[81] Bei diesem System handelt es sich um Kennzahlen, die gegenseitig voneinander abhängen und sich ergänzen können. Kennzahlensysteme werden zur Beurteilung von bestimmten Unternehmensbereichen herangezogen. Sie dienen der Erkennung der Unternehmensentwicklung und dienen als Instrument zur Ursachenforschung von Änderungen in Geschäftsbereichen.
VGL. WOLL, ARTHUR (1996): S. 407.

auszurichten. In dieser Hinsicht ist es erforderlich, sämtlichen Mitarbeitern bewußt zu machen, wie sie durch ihr Handeln den Firmenwert positiv beeinflussen können.

Die massive Kritik an klassischen, gewinnorientierten Kennzahlensystemen[82] führten in den neunziger Jahren zur Entwicklung der Balanced Scorecard[83] durch Kaplan /Norton[84].

> Die Balanced Scorecard (BSC) ist ein unternehmensspezifisches Kennzahlensystem, welches dazu beiträgt, die übergeordnete Unternehmensstrategie nicht nur mit Hilfe der üblichen monetären Kennzahlen, sondern auch anhand von nicht-monetären Größen umzusetzen und zu messen[85].

Die Balanced Scorecard ermöglicht die Integration der im Rahmen des Shareholder Value orientierten Managements formulierten strategischen und operativen Ziele, sowohl finanzieller, markt- als auch ressourcenorientierter Art[86].

Der Grundgedanke von Kaplan/Norton, auch nicht-monetäre Größen in ein Kennzahlensystem einzubeziehen, ist nicht neu, da dies mit ähnlichen Begründungen bereits in den fünfziger Jahren gefordert wurde[87]. Die Weiterentwicklung zur expliziten Festlegung von operationalen Meßgrößen für miteinander verbundene Erfolgspotentiale, ermöglicht einerseits die externen Rahmenbedingungen mit einzubeziehen. Zum anderen spiegeln sich aber auch die werttreibenden Bereiche der Unternehmung wider[88]. Diese umfassende und integrative Sicht der Balanced Scorecard soll die Grundlage für eine langfristige und nachhaltige Steigerung und Steuerung des MASA bilden.

Die Balanced Scorecard (BSC) trägt des weiteren dazu bei, daß die Unternehmensstrategie von oben nach unten praktisch umgesetzt und an alle Mitar-

---

[82] Zur kritischen Darstellung der klassischen Kennzahlen, siehe Kapitel 2.

[83] Balanced Scorecard wird in der deutschen Literatur bspw. mit „ausbalanciertes Zielsystem" oder „ausgewogener Berichtsbogen" übersetzt.
VGL. HAHN, DIETGER (1998): S. 574.
VGL. KAUFMANN, LUTZ (1997): S. 421.

[84] VGL. KAPLAN, ROBERT; NORTON, DAVID (1996).

[85] VGL. KAUFMANN, LUTZ (1997): S. 422.

[86] VGL. HAHN, DIETGER (1998): S. 574.

[87] VGL. KAPLAN, ROBERT; NORTON, DAVID (1996): S. 55f.
VGL. WEBER, JÜRGEN (1985): S. 25.

[88] VGL. MICHEL, UWE (1998): S. 207.
VGL. KAUFMANN, LUTZ (1997): S. 428.

beiterebenen kommuniziert wird[89]. Dabei ermöglicht die BSC die Überführung der strategischen Ziele in nachvollzieh- und erreichbare operative Meßgrößen für den Planungs- und Budgetierungsprozeß[90]. Akzeptanz und Motivation zur Leistung bei den Mitarbeitern werden hierdurch gesteigert[91]. Der kontinuierliche Rückkopplungsprozeß trägt außerdem zum Aufdecken von Diskrepanzen zwischen vorhandenen und erwünschten Potentialen wissensbasierter, technologischer und organisatorischer Art bei[92]. Positiv ist insbesondere die hohe Anschaulichkeit des Konzeptes sowie die Reduktion der Datenmenge von Steuerungsgrößen, die es dem Management ermöglicht, sich auf die wesentlichen Größen zu konzentrieren[93]. Die Balanced Scorecard als Instrument zur Umsetzung des wertorientierten Managements ist daher nicht nur für große Aktiengesellschaften, sondern auch für mittelständische, nicht-börsennotierte Unternehmen geeignet[94].

Die Ausführungen von Kaplan/Norton enthalten jedoch Schwächen im Hinblick auf die Strategieformulierung. Die Autoren geben zwar technische Hinweise zur Entwicklung einer Balanced Scorecard.[95] Ihre Handlungsempfehlungen, wie Ursache-Wirkungs-Beziehungen generiert werden können, sind jedoch wenig konkret[96]. Bedeutend ist aber gerade die Bestimmung dieser Kausalzusammenhänge bei der Operationalisierung der Balanced Scorecard[97].

---

[89] VGL. KAPLAN, ROBERT; NORTON, DAVID (1997): S. 204ff.
VGL. MICHEL, UWE (1998): S. 197.
Der auf der Kommunikation und praktischen Umsetzung liegende Schwerpunkt des Konzeptes von Kaplan/Norton ist insofern zweckmäßig, als daß verschiedene (VGL. KAPLAN, ROBERT; NORTON, DAVID (1997).) von Kaplan und Norton durchgeführte empirische Untersuchungen ergaben, daß eine bislang ungenügende Überführung der Unternehmensvision in operative Kennzahlen und Maßnahmen für untergeordnete Bereiche erfolgt. Eine Erklärung hierfür ist die mangelhafte Kommunikation der Strategie gegenüber operativen Ebenen.

[90] VGL. KAPLAN, ROBERT; NORTON, DAVID (1997): S. 238.
VGL. WEBER, JÜRGEN; SCHÄFFER, UTZ (1998): S. 351.

[91] VGL. MICHEL, UWE (1998): S. 208.

[92] VGL. KAPLAN, ROBERT; NORTON, DAVID (1996): S. 64.

[93] VGL. KAPLAN, ROBERT; NORTON, DAVID (1993): S. 134.
VGL. KAUFMANN, LUTZ (1997): S. 428.

[94] VGL. MICHEL, UWE (1998): S. 208.

[95] VGL. KAPLAN, ROBERT; NORTON, DAVID (1997): S. 142ff.

[96] VGL. WEBER, JÜRGEN; SCHÄFFER, UTZ (1998): S. 350.

[97] VGL. HORVÁTH, PETER; KAUFMANN, LUTZ (1998): S. 48.
Balanced Scorecard stellt dabei ein Werkzeug zur Umsetzung von Strategien dar, bei denen die Unternehmensziele in konkrete Handlungsvariablen übertragen und kommuniziert werden. Dabei können die Beteiligten ihr Maß an Zielerfüllung selbst verfolgen.

Weder die quantitative, noch die qualitative Auswahl der Zielgrößen sowie deren Messung, die für die strategische (Prämissenkontrolle) und operative Leistungsmessung in unterschiedlichen temporären Abständen zweckmäßig ist, ist eindeutig determiniert.

Zur zielgerichteten, adäquaten Verwendung beim Market Adapted Shareholder Value Approach sollte die Balanced Scorecard unternehmens-, branchen- und strategiespezifisch gestaltet werden und alle, für die Unternehmensstrategie wesentlichen Perspektiven, z.B. auch die der Wettbewerber, abbilden[98]. Um die Balanced Scorecard nicht „als typisches Modeprodukt ... in das bisherige Controlling-Instrumentarium"[99] einzuordnen, sollte zudem eine Anpassung der Balanced Scorecard an die jeweilige Unternehmenssituation erfolgen[100]. Außer einer unternehmensspezifischen Auswahl von Ergebniskennzahlen, Frühindikatoren und Maßnahmen, erfordert eine wertorientierte Unternehmensstrategie in den meisten Fällen auch die Berücksichtigung weiterer Perspektiven wie sie im MASA dargestellt sind. Zur Minderung des Risikos einer erheblichen Selbstdarstellung von Kennzahlensystemen muß die BSC um die in Kapitel 4.4 angesprochenen Punkte Resource Based, Market Based, Value Based und die externen Rahmenbedingungen des Unternehmens angepaßt werden. Zudem ist eine Erweiterung der Balanced Scorecard um Kennzahlen für die Prämissen der Planung nötig.

Hierfür sollte eine Koppelung der strategischen Unternehmensziele anhand der vier verschiedenen Perspektiven (Shareholder Value, Customer Value, Employee Value und den External Value) erfolgen[101]. Neben der bisherigen in der Unternehmenspraxis fokussierten finanziellen Perspektive (Shareholder Value), sind dies die Kundenperspektive (Customer Value), die interne Perspektive (Employee Value erweitert um die interne Struktur/Organisation) und die Umwelt- und Wachstumsperspektive (External Value)[102].

Auch Kaplan/Norton selbst deuten darauf hin, daß diese Ursache-Wirkungs-Beziehungen nicht von allen Unternehmen vorbehaltlos als korrekt eingeschätzt werden. VGL. KAPLAN, ROBERT; NORTON, DAVID (1997): S. 211ff.

VGL. WEBER, JÜRGEN; SCHÄFFER, UTZ (1998): S. 350.

Auch bei positiver Entwicklung der Meßgrößen auf Kunden- und bzw. oder Prozeßebene ist eine negative Entwicklung des Shareholder Value möglich, was bei einer aktionärswertbasierten Vergütung zu Konflikten führen kann.

[98] VGL. BRUNNER, JÜRGEN; SPRICH, OLIVER (1998): S. 32.

[99] VGL. WEBER, JÜRGEN; SCHÄFFER, UTZ (1998): S. 341.

[100] VGL. BRUNNER, JÜRGEN; SPRICH, OLIVER (1998): S. 32.

[101] VGL. KAUFMANN, LUTZ (1997): S. 422f.

[102] VGL. KAPLAN, ROBERT; NORTON, DAVID (1996): S. 54.

Die in der folgenden Abbildung dargestellten Parameter der Balanced Scorecard zeigen den Zusammenhang der verschiedenen BSC Kennzahlenperspektiven im Rahmen des MASA.. Die verschiedenen Kennzahlen sind dabei nicht als gleichwertig zu betrachten da im Rahmen des MASA der Internal Value, External Value und Customer Value dem Shareholder Value untergeordnet sind und nur seiner Maximierung dienen.

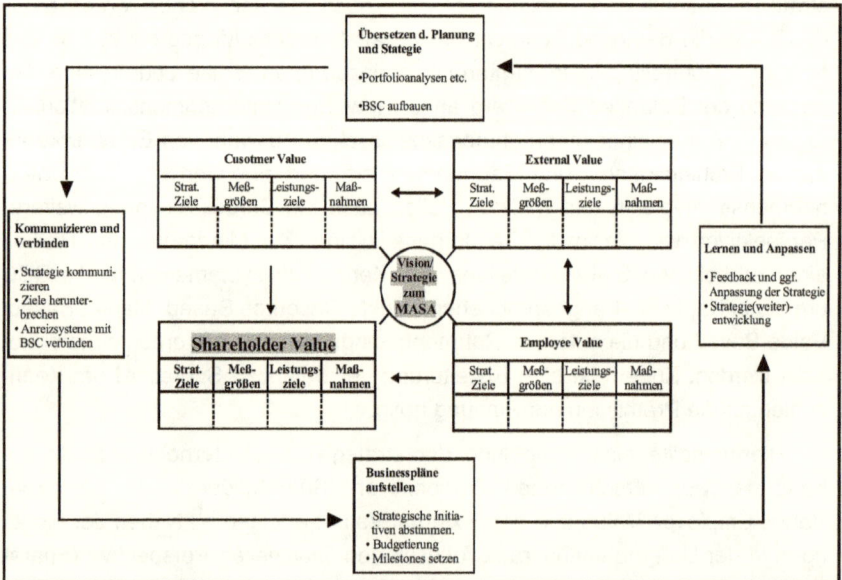

Abbildung 25: Balanced Scorecard, eigene Darstellung; in Anlehnung an Michel, Uwe (1998): S. 206; Kaplan, Robert; Norton, David (1996): S. 54.

Die Grafik zeigt das Zusammenspiel der verschiedenen Faktoren im Rahmen des MASA und deren individuelle Steuerung und Anpassung der BSC zur Shareholder Value Maximierung.

Ausgehend von der obersten Zielsetzung und Vision des Unternehmens werden für jede der miteinander über Ursache-Wirkungs-Ketten verbundenen Perspektiven strategische und operative Ziele sowie Meßgrößen[103] und Maß-

---

[103] Kaplan/Norton empfehlen sechs Leistungsindikatoren pro Perspektive zu formulieren, um die Übersichtlichkeit und Intention der Balanced Scorecard zu wahren. VGL. KAPLAN, ROBERT; NORTON, DAVID (1996): S. 68.

nahmen abgeleitet, deren Überwachung und Steuerung zur Umsetzung der gemeinsamen, übergeordneten Strategie beiträgt[104].

Die Ursache-Wirkungs-Ketten zwischen den verschiedenen Perspektiven lassen sich am folgenden Beispiel verdeutlichen:

Erhöhen sich die Kenntnisse und Fähigkeiten der Mitarbeiter (Employee Value), führt dies zu einem reibungsloseren und damit auch effizienteren Ablauf der Leistungserstellung. Hierdurch können z.b. entweder die Kosten und damit auch die Preise gesenkt oder die Produktqualität gesteigert werden. In beiden Fällen ist eine erhöhte Kundenzufriedenheit und damit auch ein gesteigerter Umsatz zu erwarten, welcher wiederum eine gute Basis für eine Erhöhung des Cash Flow darstellt[105].

Die MASA spezifisch angepaßte Balanced Scorecard soll folglich als ein umfassendes Kennzahlensystem bezeichnet werden, bei dem monetäre Größen und strategisch bedeutsame Aspekte von Kunden, internen Geschäftsprozessen sowie externen Rahmenbedingungen über Ursache-Wirkungs-Ketten verbunden sind[106]. Die Balanced Scorecard unterstützt hierdurch den Managementprozeß, welcher die Klärung und Kommunikation der Strategie, das Aufstellen von Business Plänen und Vorgaben sowie Lern- und Anpassungsprozesse mit dem Ziel der Shareholder Value Maximierung beinhaltet[107]. Die Funktion der Balanced Scorecard sollte somit über die eines reinen Kennzahlensystems hinausgehen, da sie außer zur Bereitstellung von Leistungsmeßgrößen auch der Strategieformulierung, -operationalisierung, -kommunikation und -umsetzung dient[108].

5.3.4 Nachhaltigkeit der langfristigen Wertsteigerung

Der Shareholder Value-Ansatz ermöglicht beim Market Adapted Shareholder Value Approach eine disziplinübergreifende Wertung und Betrachtung ausgehend von einer isoliert finanz-ökonomischen Betrachtungsweise. Das Ziel der nachhaltigen Shareholder Value-Orientierung geht dabei über den bisherigen

---

[104] VGL. KAPLAN, ROBERT; NORTON, DAVID (1992): S. 71-79.
VGL. KAPLAN, ROBERT; NORTON, DAVID (1997): S. 24ff.
[105] VGL. KAPLAN, ROBERT; NORTON, DAVID (1996): S. 64ff.
Basis dieser Erhöhung des Employee Value muß dabei ein strikter Vergleich der Kosten und des gestiegenen Cash Flow sein.
[106] VGL. KAUFMANN, LUTZ (1997): S. 423.
[107] VGL. MICHEL, UWE (1998): S. 206.
[108] VGL. MICHEL, UWE (1998): S. 198 u. 204f.
VGL. KAUFMANN, LUTZ (1997): S. 423.

Grad der in der Praxis zum Teil kurzfristigen kosten- und finanzorientierten Ansätze hinaus[109]. Es werden der managementbezogene, technologiebezogene und marketingbezogene Ansatz mit dem Ziel der langfristigen Unternehmenswertmaximierung in die Strategie miteinbezogen um den Shareholder Value zu maximieren[110].

Die Eigenverantwortlichkeit des Managements sollte hierbei einen höheren Stellenwert erhalten, indem sie eine langfristig wertorientierte Unternehmensführung anstrebt und daran gemessen wird. Dies bedeutet, daß das Unternehmen einen dauerhaft höchstmöglichen Cash Flow erwirtschaften muß. Das Management ist zu einer langfristigen Maximierung des Unternehmenswertes verpflichtet. Das Unternehmen muß sich dabei als Teil der Gesellschaft und seines Umfeldes sehen und mit externen und internen Ressourcen langfristig verantwortungsvoll und wertorientiert umgehen. Diese externen und internen Rahmenbedingungen müssen dabei im Rahmen des MASA optimal zur Shareholder Value Maximierung genutzt werden.

Das Unternehmen ist den Eigentümern gegenüber verpflichtet, nachhaltigen Wert zu schaffen. Diese unternehmensinterne und -externe Verantwortung muß über die kurzfristige Begehrlichkeit einzelner Anspruchsgruppen im Sinne einer ganzheitlichen, nachhaltigen Unternehmensführung gestellt werden.

Grundsätzlich ist bei allen Maßnahmen zur Steigerung des Shareholder Value im Rahmen des MASA zu bedenken, daß ein enger Zusammenhang zwischen dem Shareholder Value, dem Customer Value und dem Employee Value besteht, die alle einen Einfluss auf den Unternehmenswert haben[111]. Wenn in einem Bereich Wert vernichtet wird, können in einem der anderen Bereiche nur durch Umverteilung Zuwächse erzielt werden. Es ist daher von hoher Bedeutung, in möglichst allen Bereichen gute Ergebnisse zu erzielen, um den gesamten Wert des Unternehmens zu erhöhen.

Um einen hohen Shareholder Value für die Aktionäre zu erwirtschaften, werden im Rahmen wertorientierter Managementkonzepte in allen Bereichen des Unternehmens unausgeschöpfte Potentiale zur Wertsteigerung – sogenannte Wertlücken („value gaps") gesucht und falls möglich, systematisch

---

[109] Mit kurzfristigen kosten- und finanzorientierten Ansätzen sind dabei besonders die in der Unternehmenspraxis übliche Messung der Shareholder Value Maximierung an Jahreskennziffern gemeint, die eine nachhaltige Wertsteigerung beeinflussen.

[110] VGL. SIMON, JOHN G.; POWERS, CHARLES, W.; GUNNEMANN, JOHN (1993): S. 62.

[111] Dieser Zusammenhang im Rahmen des MASA darf aber nicht darüber hinwegtäuschen, daß sich die einzelnen Faktoren gegenseitig ausschließen, da eine DM nur einmal verteilt werden kann. Es muß also individuell abgewogen werden, welche Maßnahme den größten Einfluss auf die Shareholder Value Maximierung hat.

beseitigt. Eine bestimmte Strategie, z.B. die einer Investition, Kapitalanlage oder Akquisition, wird demzufolge immer nur dann durchgeführt, wenn sie zur Wertsteigerung für die Eigentümer beiträgt.

Dabei kann der Wert der Geschäftsbereiche eines Unternehmens durch Produkt- und Marktanalysen sowie entsprechende Aktionen mit Hilfe einer Produkt-Markt- oder Ressourcen-Strategie erhöht werden. Außerdem hilft die in Kapitel 3.1.2. dargestellte VALCOR-Matrix bei der Identifikation potentieller Wege zur Wertsteigerung.

5.4 Employee Value zur Umsetzung und Steigerung des Shareholder Value

5.4.1 Mitarbeiter

Während im externen Marketing der Kundenwert die herausragende Stellung einnimmt, belegt diese Position im internen Marketing der Mitarbeiterwert. Beim internen Marketing werden die Mitarbeiter des Unternehmens als Kunden des Managements angesehen [112].

Unter Mitarbeiterwert (Employee Value) wird dabei derjenige Wert oder Nutzen (sowohl für das Unternehmen als auch den Mitarbeiter[113]) verstanden, den ein Unternehmen für seine Mitarbeiter generiert. Der Employee Value ist wie der Customer Value[114] Teil des Shareholder Value.

Der Employee Value (EV) ist der Quotient aus dem subjektiven Nutzen des Mitarbeiters (= monetärer[115] sowie nichtmonetärer Nutzen[116]) und dessen Arbeitseinsatz/Arbeitsbelastung (= Preis des Arbeitnehmers), wobei dieser von Mitarbeiter zu Mitarbeiter differieren kann. Gleichwohl gilt das allgemeine Prinzip: je höher der EV, um so höher ist der Mitarbeiter Nutzen, seine Unternehmensbindung und seine Zufriedenheit.

$$Employee\ Value(EV) = \frac{Subjektiver\ Nutzen\ durch\ Firmenzugehörigkeit}{Preis\ der\ hierfür\ zu\ bezahlen\ ist}$$

Aus der Sicht der Arbeitnehmer steigt der Employee Value bei Lohnerhöhung. Für das Unternehmen sinkt jedoch der Employee Value in gleichem Maße bei höheren Lohnkosten durch eine Reduzierung des Cash Flow. Hierin liegt die Diskrepanz der Sichtweisen des Employee Value. Das Ziel des Unternehmens, den EV optimal auf die Shareholder Value Maximierung auszurichten, liegt in der Annahme, daß durch einen für Arbeitgeber und Arbeitnehmer ausgewoge-

---

[112] VGL. HOMBURG, CHRISTIAN, DAUM, DANIEL (1997): S. 54.

[113] Zu einer erheblichen Diskrepanz zwischen Unternehmen und Mitarbeitern kommt es bei den Interessen und Nutzen da diese nicht deckungsgleich sind. Höhere Löhne stellen für das Unternehmen Kosten dar, während sie für die Arbeitnehmer Einkünfte darstellen.

[114] Vergleiche hierzu die Darstellung des Customer Value in Kapitel 5.5.

[115] Unter monetärem Nutzen für den Mitarbeiter versteht man die Vergütung.

[116] Unter nichtmonetärem Nutzen soll hierbei neben Anerkennung zum Beispiel Selbstzufriedenheit und andere nicht direkt in Geld meßbare Größen verstanden werden.

nen EV der Wert des Arbeitnehmers für das Unternehmen am größten ist. Dadurch kann mit der Ressource Mitarbeiter eine optimale, langfristige Shareholder Value Maximierung erzielt werden. Gut ausgebildete und motivierte Mitarbeiter sind zur Erzielung einer hohen Unternehmenseffizienz in fast allen Bereichen, insbesondere im Dienstleistungsbereich[117] und in nicht durch Maschinen substituierbaren Bereichen notwendig. Doch nur wenn die Unternehmung ihren Mitarbeitern einen hohen Wert liefert, kann sie neues Humankapital dieser Art gewinnen oder vorhandene gute Mitarbeiter halten.

Darüber hinaus existiert eine Korrelation zwischen Arbeitnehmerzufriedenheit, Qualität der Produkte und langfristigem Shareholder Value[118]. Anhand verschiedener Mitarbeiter-Kennziffern kann das Unternehmen einschätzen, ob es bisher für seine Belegschaft einen eher hohen oder niedrigen Employee Value bietet. Solche Mitarbeiter-Kennziffern sind z.B. die Fluktuationsrate, Krankenstand bzw. Krankheitsrate- und dauer. Mitarbeiter-Kennziffern können auch durch anonyme, regelmäßige Mitarbeiterbefragungen zum Arbeitsablauf und zur Arbeitszufriedenheit bestimmt werden.

Somit bilden der Employee Value und der Customer Value die Kernpunkte der Shareholder Value Maximierung im Market Adapted Shareholder Value Approach. Das Unternehmen muß im Rahmen des MASA Maßnahmen treffen, die die Employee Value, Customer Value und die Shareholder Value adäquaten Werttreiber erhöhen bzw. optimieren.

Beim Employee Value sind dies neben Maßnahmen zur Steigerung der Leistung, eine adäquate Entlohnung der Arbeitnehmer. Dies kann insbesondere durch eine leistungsgerechte und leistungsabhängige Entlohnung mit Hilfe von Kennzahlen (Balanced Score Card) erreicht werden.

Das Shareholder Value orientierte Management darf sich hierbei nicht auf die Führungsebene beschränken, sondern ist auf allen Unternehmensebenen in sämtlichen Geschäftsbereichen zu verankern. Hierfür müssen die finanziellen Kennzahlen mit operativen Werthebeln verknüpft werden, welche wieder-

---

[117] Ein hoher Employee Value ist im Dienstleistungssektor besonders wichtig, da die Mitarbeiter im Grunde das gesamte Wertschöpfungspotential darstellen. Sind die Mitarbeiter – besonders bei High-end-Dienstleistungen – nicht motiviert, dann werden sie auch keine gute Arbeit liefern und somit nicht zu einem hohen Customer Value, und damit auch Shareholder Value beitragen. Da der gesamte Erfolg bei Dienstleistungsunternehmen (Dienstleistungs-Potential, -Prozesse, -Ergebnisse, konkret meßbar am Kundenkontaktpunkt) von zufriedenen Kunden abhängt, führt ein niedriger Kundenwert sehr schnell zu sinkenden Kundenzahlen und damit auch zu sinkendem Umsatz, welcher zwangsläufig einen sinkenden Shareholder Value nach sich zieht.

[118] VGL. HOMBURG, C./DAUM, D. (1997): S. 54.

um in beeinflußbare Leistungsindikatoren heruntergebrochen werden können. Erst durch die systematische Abbildung und funktionale Verknüpfung der betrieblichen Vorgänge können die Wertbeiträge von operativen Maßnahmen transparent gemacht werden. Shareholder Value Management wird so zur Basis einer kontinuierlichen Diskussion von Wirkungszusammenhängen, die nachvollziehbar und im operativen Unternehmensalltag beeinflußbar sind. Zusätzlich dienen Werttreiber als Basis für individuelle und Teamzielvereinbarungen. Dabei gestaltet sich der gesamte Prozeß der Identifikation der relevanten Werttreiber einer Führungseinheit durch Abstimmung über Top down (ausgehend von der obersten Führungsebene) und Bottom up (ausgehend von der untersten Führungsebene).

5.4.2 Management

Der dargestellte Employee Value gilt in gleichem Maße für das Management als auch für alle anderen Mitarbeiter des Unternehmens. Dem Management fällt jedoch auf Grund der Principal Agent Problematik eine doppelte Funktion zu. Auf der einen Seite ist das Management wie alle anderen Mitarbeiter angestellt. Auf der anderen Seite stellt das Management im Unternehmen das wesentliche Organ zur Strategieplanung und Umsetzung der Eigentümerinteressen dar. Inwieweit es dabei zu einer Diskrepanz zwischen den Interessen des Managements und anderen Interessensgruppen, besonders den Shareholdern kommt, hängt im Rahmen der Principal Agent Theorie vom materiellen und immateriellen Anreizsystem des zugrundeliegenden Beschäftigungsverhältnisses ab[119].

Die Stellung des Managements ist formal und faktisch stark ausgeprägt und ist über das Beschäftigungsverhältnis zu regulieren und entsprechend den Eigentümerinteressen anzupassen. Das Leistungssystem muß sich an den jeweiligen langfristigen Wertgeneratoren anlehnen. Hierbei ist es besonders wichtig, neben allen Mitarbeitern, dem Management ein Verständnis für die langfristige Shareholder Value Maximierung zu geben. Das Management ist für die langfristige Shareholder Value-Orientierung und deren optimale operative Umsetzung wesentlich verantwortlich[120]. Der entscheidende Teil eines optimalen Employee Value ist die Anpassung des Entgeltes der Mitarbeiter und des Management an meßbaren Markt- und Shareholder Value orientierten Leistungen.[121]

---

[119] VGL. ELSCHEN, RAINER (1991): S. 216.

[120] VGL. RAPPAPORT, ALFRED (1983): S. 51.

[121] VGL. RAPPAPORT, ALFRED; JOHNSON, BRUCE; NATARAJAN, ASHOK (1985): S. 53.

5.4.3 Entgeltgestaltung für Management und Mitarbeiter

Bislang wird die Entlohnung der Führungsebene in der Regel an buchhalterische Meßgrößen, wie den Jahresüberschuß oder die Dividende gekoppelt. Sie
stellen aufgrund ihrer Mängel, die insbesondere in bilanziellen Gestaltungs-
spielräumen bestehen, keine angemessene Bemessungsgrundlage für Shareholder Value orientiertes Handeln dar[122]. Um die unter Umständen divergierenden Interessen von Anteilseignern und Mitarbeitern in Einklang zu bringen,
muß sichergestellt werden, daß die Ziele der Mitarbeiter mit denjenigen der
Eigentümer übereinstimmen. Ausgehend von der Annahme, daß die Eigentümer an einem möglichst hohen „Total Shareholder Return" interessiert sind, ist
daher zu gewährleisten, daß auch neben den Managern möglichst viele Mitarbeiter in diese Zielsetzung mit einbezogen werden.

Die Koppelung der variablen Vergütung an die strategischen und operativen Werthebel des Unternehmens steigert das Wertbewußtsein und die Motivation der Mitarbeiter[123]. Dies erfordert aber in letzter Konsequenz auch die
Einbindung jedes einzelnen Mitarbeiters in die Erreichung des gesamten Unternehmensziels. Nur wenn allen Mitarbeitern deutlich wird, welchen Beitrag
sie zur Steigerung des Unternehmenswertes leisten können, wird es tatsächlich gelingen, einen optimalen Employee Value zu erzielen. Dadurch kann das
Unternehmen optimal gegenüber den Eigentümern plaziert werden und entsprechend starke Unterstützung gewinnen. Die Beiträge, welche die Mitarbeiter dabei leisten, gilt es entsprechend zu honorieren. Nicht jedes Vergütungs-
instrument ist jedoch gleich geeignet, um die Interessen von Investoren und
Mitarbeitern in Einklang zu bringen und Arbeitnehmer zu unternehmerisch
handelnden Miteigentümern zu machen. Eine effiziente Verhaltensbeeinflus-
sung von Führungskräften und sonstigen Mitarbeitern ist vor allem durch die
Implementierung wertorientierter Kennzahlen in das Anreiz- und Entlohnungs-
system der Unternehmung möglich. Aus diesem Grund wird im folgenden ein
wertorientiertes Anreiz- und Vergütungssystem dargestellt.

Die schon dargelegte Grundidee wertorientierter Anreiz- und Vergütungssysteme besteht darin, die Mitarbeiter und das Management durch eine flexible, leistungsabhängige Entlohnung zu motivieren und damit verstärkt zur
Wertsteigerung des Unternehmens anzuhalten.[124] Shareholder Value orien-

---

[122] VGL. RAPPAPORT, ALFRED (1983): S. 50.
[123] VGL. KNORREN, NORBERT (1998): S. 209ff.
[124] Ein praktisches Problem in dem Zusammenhang der leistungsorientierten Entlohnung
       von möglichst allen Mitarbeitern bei relativ niedrigem Grundgehalt und hoher Erfolgs-
       beteiligung, liegt in Deutschland bei der Bindung an existierende Tarifverträge.

tierte Vergütungssysteme müssen die Belegschaft zu „besseren" Leistungen motivieren, als sie sie ohnehin erbracht hätten[125]. Knorren definiert wertorientierte Anreizsysteme „als die Gesamtheit jener auf die Wertsteigerung des Unternehmens ausgerichteten Instrumente und Strukturen, die die ... Mitarbeiter zu der von der Unternehmensführung gewünschten Leistungsbereitschaft und dem entsprechenden Leistungsverhalten anregen und belohnen."[126] Im Vergleich zu traditionellen Vergütungssystemen[127] zeichnen sich wertorientierte Anreizsysteme dadurch aus, daß die Höhe des flexiblen Entlohnungsbestandteils an die Entwicklung des Unternehmenswerts gekoppelt ist[128].

Das oberste Ziel wertorientierter Anreiz- und Vergütungssysteme ist eine langfristige Steigerung des Unternehmenswertes. Zur Erfüllung dieses übergeordneten Ziels tragen die Anreiz- und Vergütungssysteme insofern bei, als daß sie nachfolgende Wertgeneratoren positiv beeinflussen[129]. Als wichtiges Unterziel ist die Verringerung des Principal-Agent-Problems durch eine Harmonisierung der Interessen von Eigentümern und Managern zu nennen[130].

Des weiteren sollen wertorientierte Vergütungssysteme dazu beitragen, die Motivation und Unternehmens-Identifikation der Mitarbeiter in Folge einer Entlohnung mit Unternehmensanteilen und wertbasierenden Incentives, welche die Mitarbeiter zu „Shareholder und Mitverantwortlichen" der Unternehmung machen, zu erhöhen[131]. Weiterhin soll dadurch der Employee Value erhöht werden, mit der Absicht, die Fluktuation, insbesondere die von qualifizierten Mitarbeitern, zu verringern.

Zur Erreichung dieser Ziele tragen wertorientierte Anreizsysteme aber nur bei, wenn sie verschiedene Anforderungen erfüllen. Hierzu gehört die klare Wertorientierung, Transparenz, Verständlichkeit, Flexibilität und die Motivations- bzw. Belohnungswirkung[132]. Letztere wird nur erreicht, wenn die flexible,

---

[125] VGL. EIGLER, JOACHIM (1999): S. 246.

[126] KNORREN, NORBERT (1998): S. 195.

[127] Bei traditionellen Vergütungssystemen ist der variable Anteil der Entlohnung im Gegensatz zu wertorientierten Vergütungssystemen nicht an Shareholder Value orientierte Kennzahlen gekoppelt, sondern an herkömmliche Größen wie z.B. Umsatzrendite oder Jahresüberschuß.
       VGL. KNORREN, NORBERT (1998): S. 195.

[128] EIGLER, JOACHIM (1999): 246f.

[129] VGL. RAPPAPORT, ALFRED (1983): S. 56.

[130] VGL. EIGLER, JOACHIM (1999): S. 247.
       VGL. VOLKART, RUDOLF; LABHART, PETER (2000).

[131] VGL. RAPPAPORT, ALFRED; JOHNSON, BRUCE, NATARAJAN, ASHOK (1985): S. 53.

[132] VGL. KNORREN, NORBERT (1998): S. 193f.

von der Wertentwicklung abhängige Vergütung einen erheblichen Anteil am Gesamteinkommen darstellt. Besondere Voraussetzungen sollten auch die Bezugsgrößen für den flexiblen Vergütungsbestandteil erfüllen. Diese sollten:

- **eindeutig aus zeitnah verfügbaren Daten berechenbar,**

- **für die Leistungsbewertung der Geschäftsbereiche verwendbar,**[133]

- **vom jeweiligen Mitarbeiter beeinflußbar und erreichbar,**

- **klar nachvollziehbar sein,**

- **und praktisch umsetzbar sein.**

Zu beachten ist nicht zuletzt eine adäquate Festlegung des Normalleistungsniveaus, weil eine Über- oder Unterforderung der Mitarbeiter demotivierend wirken kann[134]. Die Zielvergütung über die variable Leistungsvergütung muß bei Erfüllung der Voraussetzungen zu 100% erreichbar sein. Eine spätere Anpassung der Ziele ist möglich, wirkt sich aber meistens demotivierend aus[135].

Im Gegensatz zur obersten Führungsebene, die nicht nur einzelne Werttreiber, sondern durch strategische Entscheidungen das gesamte Unternehmen beeinflusst, beschränkt sich der direkte Einfluß der meisten anderen Beschäftigten auf die operativen Werttreiber. Aus diesem Grund müssen die Anreiz- bzw. Vergütungssysteme den verschiedenen hierarchischen Ebenen angepaßt und unterschiedliche Bemessungsgrundlagen für den variablen Bestandteil der Entlohnung verwendet werden[136].

Insbesondere in Deutschland wird die Höhe der erfolgsabhängigen variablen Vergütung für Führungskräfte häufig an den bilanziellen Jahresüberschuß oder die Dividende gekoppelt[137]. Im Rahmen des wertorientierten Managements sollten sich jedoch die Vergütungssysteme nicht an manipulierbaren buchhalterischen Größen, sondern an den wertorientierten Kriterien, die im gesamten Unternehmen Anwendung finden sollen, ausrichten[138].

---

[133]   VGL. LAMMERSKITTEN, MARK ET AL. (1997): S. 235.

[134]   VGL. EIGLER, JOACHIM (1999): S. 247.
       Zur Kritik an leistungsabhängigen, Shareholder Value orientierten Entgeltsystemen vergleiche: OSTERLOH, MARGIT (1999): S. 183-204.

[135]   VGL. OSTERLOH, MARGIT (1999): S.248.

[136]   VGL. VOLKART, RUDOLF (2000).
       VGL. KNORREN, NORBERT (1998): S. 195ff.

[137]   VGL. BASSEN, ALEXANDER; KOCH, MAXIMILIAN; WICHELS, DANIEL (2000): S. 11f.

[138]   VGL. KNORREN, NORBERT (1998): S. 196.

Zur Shareholder Value -orientierten Entlohnung können verschiedene Vergütungsarten, wie bspw. (Belegschafts-) Aktien, Optionsanleihen, Unternehmensdarlehen, Fortbildungskurse, Boni oder sonstige Anreize, verwendet werden. Das klassische Instrument zur langfristigen, leistungsabhängigen Vergütung von Führungskräften stellen Stock Options, die eine direkte Partizipation an der Wertentwicklung des Unternehmens ermöglichen, dar[139]. Die Stock Options dürfen jedoch auf Grund von Insider Informationen nicht kurzfristig verkäuflich sein, sondern müssen langfristig an die Wertentwicklung des Unternehmens gebunden werden.

Die inhaltliche Ausgestaltung von Stock Options kann, insbesondere in Bezug auf die Laufzeit, die Höhe des Ausübungspreises und den Ausübungszeitraum, unterschiedlich geregelt werden[140]. Bei den herkömmlichen fixedprice Options wird als Ausübungspreis meistens der Aktienkurs am Tag der Optionsgewährung festgelegt[141]. Als Laufzeit wird in der Regel ein Zeitraum von mehreren Jahren vereinbart, um zu verhindern, daß die Führungskräfte ihr Handeln auf eine kurzfristige Wertsteigerung ausrichten. Die Option wird der Optionsinhaber nur dann ausüben, falls der aktuelle Börsenkurs über dem zugrundeliegenden Basispreis liegt und die vereinbarten Ausübungshürden, die z.B. in einer im Vergleich zu einem Index um 5% höher liegenden Wertentwicklung der eigenen Aktie liegt, erfüllt werden.

Die primäre Quelle für den Unternehmenswert stellen oft nicht die Aktivitäten der Führungsebene, sondern die Maßnahmen der operativ tätigen Einheiten, dar[142]. Die untergeordneten operativen Ebenen beeinflussen den Unternehmenswert indirekt über die Beeinflussung der operativen Wertindikatoren. Diese dienen daher auch als Bemessungsgrundlage für die Höhe der leistungsabhängigen variablen Vergütung der leitenden Angestellten auf untergeordneten Hierarchieebenen bis hin zu operativ tätigen Mitarbeitern[143]. Die Veränderung dieser operativen Indikatoren zur Leistungsmessung läßt sich mit

---

[139] Rappaport verdeutlicht die Verbreitung von Stock Options, indem er darlegt, daß „Stock options now account for more than half of total CEO compensation in the largest U.S. companies and about 30% of senior operating managers' pay. Options and stock grants also constitute almost half of directors' remuneration." RAPPAPORT, ALFRED (1999): S. 91.

[140] VGL. BASSEN, ALEXANDER; KOCH, MAXIMILIAN; WICHELS, DANIEL (2000): S. 16.

[141] VGL. RAPPAPORT, ALFRED (1999): S. 92.

[142] VGL. RAPPAPORT, ALFRED (1999): S. 97.

[143] VGL. KNORREN, NORBERT (1998): S. 218.

Hilfe eines wertorientierten Kennzahlensystems, wie der Balanced Scorecard, erfassen[144].

Herkömmliche Aktienoptionspläne („fixed-price options"), deren Ausübungspreis auf den Kurs am Tag der Optionsgewährung festgelegt ist, haben jedoch den Nachteil, daß Mitarbeiter und Aktionäre nicht in gleicher Art an der Wertentwicklung des Unternehmens partizipieren können. Im Gegensatz zu den Aktionären profitieren die mit Aktienoptionen entlohnten Mitarbeiter von Kurssteigerungen, ohne aber bei sinkenden Kursen unmittelbar an den Verlusten beteiligt zu werden[145]. Ein Problem existiert zusätzlich dadurch, daß Manager in Folge einer positiven Entwicklung des Kapitalmarkts „Windfall-Profits"[146] erlangen, die nicht durch ihre Managementleistung, sondern durch andere, von ihnen nicht beeinflußbare Faktoren ausgelöst werden[147]. Die Entlohnung anhand von fixed-price options führt ebenso dazu, daß auch Manager bestimmter Einzelbereiche, aus deren Handeln nur unterdurchschnittliche Kursgewinne resultieren würden, belohnt werden, da sie an der Gesamtkursentwicklung beteiligt sind und der Kurs der Optionen bereits festgelegt ist[148].

Bei dem Market Adapted Shareholder Value Approach sollten nur diejenigen Mitarbeiter belohnt werden, deren erzielte, relative Wertsteigerungen mindestens so hoch sind, wie diejenigen eines Referenzindexes, beispielsweise der Branchenindex oder allgemeinere Marktindizes[149]. Bei der Verwendung herkömmlicher fixed-price Options, werden Führungskräfte für jegliche Kursanstiege belohnt, auch wenn diese weit unter der relativen Steigerung der Kurse der Wettbewerber oder des Gesamtmarktes liegen. Das größte Problem des fehlenden Gesamtmarktvergleiches, ist die Möglichkeit des Versuchs kurzfristige Aktienkurssteigerungen herbeizuführen anstatt langfristig den Shareholder Value zu maximieren[150].

---

[144]   Zur Darstellung und der MASA angepassten Balanced Scorecard, siehe Kapitel 5.3.3.

[145]   VGL. HIGGINS, RICHARD; DIFFENBACH, JOHN (1985): S. 52ff.

[146]   „Windfall-Profit" läßt sich als „unverhoffter Gewinn" übersetzen und wird als aus Kursniveausteigerungen resultierender Gewinn verstanden, welcher ohne den Einfluß der Unternehmensführung entsteht.
VGL. HIGGINS, RICHARD; DIFFENBACH, JOHN (1985): S. 60f.

[147]   VGL. RAPPAPORT, ALFRED (1999): S. 92. Diesen Mangel verdeutlicht Rappaport anhand des Zeitraums von 1987 bis 1997, während dessen die Aktienrendite aller hundert größten US-amerikanischen Unternehmen überproportional zu dem erzeugten Mehrwert der Unternehmen anstieg.

[148]   VGL. HIGGINS, RICHARD; DIFFENBACH, JOHN (1985): S. 69ff.

[149]   VGL. RAPPAPORT, ALFRED (1999): S. 92f.

[150]   Diese kurzfristige Budget fixierte Gewinnorientierung ist bei den meisten variablen Vergütungssystemen in Deutschland existent.

Einen Ausweg, um nur diejenigen Mitarbeiter zu belohnen, die die Wertsteigerung der Referenzindizes übertreffen, bietet sich mit Hilfe von indexierten Aktienoptionen („variable options"). Hierbei wird die Leistungsmeßgröße (beispielsweise die relative Aktienrendite) in Relation zur relativen Aktienrendite der Wettbewerber (Branchenindex) oder des Gesamtmarktes, gesetzt. Auf diesem Weg können Faktoren, die das Management nicht beeinflussen kann, weitgehend ausgeschaltet werden[151].

Der Mitarbeiter darf dabei sein Optionsrecht nur ausüben, wenn der eigene relative Zuwachs der gewählten Kennzahl, z.B. die relative Aktienrendite[152], diejenige vergleichbare Kennzahl des Indexes schlägt. Diese Indexierung ermöglicht zum einen die Belohnung von Mitarbeitern, die überdurchschnittliche Wertsteigerungen erwirtschaften, zum anderen aber auch eine angemessene Benachteiligung derjenigen Führungskräfte, die nur eine unterdurchschnittliche Leistung erbringen[153].

Eine dem MASA entsprechende Entlohnung sollte sich jedoch nicht nur auf die angesprochenen Aktienoptionen und deren zum Teil unzurechenbare Wertentwicklung an den Börsen orientieren. Ein vom Aktienkurs unabhängiges Bonussystem das sich an langfristigen Shareholder Value orientierten Kennzahlen orientiert, führt dabei oft zu einer größeren Motivation der Mitarbeiter. Durch diese internen und externen Faktoren berücksichtigenden Methoden lassen sich temporäre Schwankungen an Aktienmärkten reduzieren und der Customer Value erhöhen.

---

[151] VGL. BASSEN, ALEXANDER; KOCH, MAXIMILIAN; WICHELS, DANIEL (2000): S. 19ff.

[152] Die Aktienrendite ist mit der Performance des gesamten Aktienmarktes und der der wichtigsten Wettbewerber zu vergleichen. Die Hauptvorteile der Aktienrendite liegen darin, daß sie die Dividenden berücksichtigt, der Aktionär im Vordergrund steht, sie unabhängig von buchhalterischen Verzerrungen ist und die Kapitalkostenveränderungen durch relative Messung zum Markt neutralisiert werden.

[153] VGL. RAPPAPORT, ALFRED (1999): S. 93.

5.5 Customer Value zur Umsetzung und Steigerung des Shareholder Value

Aus der Sicht des Marketing wird der Kundenwert (Customer Value (CV)), also derjenige Wert, den ein Produkt oder eine Dienstleistung eines Unternehmens für einen Kunden darstellt, als ein wichtiger Wertsteigerungshebel angesehen.

Nach erfolgter Auswahl der Zielsegmente unter den bestehenden oder potentiellen Kunden, sind die Haupthebel zur Erhöhung des Kundenwertes dieser Zielsegmente zu identifizieren. Damit kann die Zufriedenheit und Bindung der Kunden an das Unternehmen gesteigert werden. Notwendig ist eine hohe Kundenbindung bzw. -loyalität für den Aufbau dauerhafter Kundenbeziehungen, welche langfristige strategische Erfolgspotentiale darstellen. Diese begrenzen nicht nur das Risiko konjunktureller Schwankungen und Struktureinflüsse, sondern tragen gerade in Zeiten wachsenden Wettbewerbs wesentlich zur Sicherung und zum weiteren Aufbau der Marktposition und Steigerung des Shareholder Value bei. Vor diesem Hintergrund ist gerade ein hoher Customer Value wichtig, der vom Unternehmen generiert werden kann, indem es sich mit seinem Angebot (Produkte, Preis, Plazierung, Promotion etc.) optimal im Markt positioniert.

Der Customer Value ergibt sich, als Teil des MASA, aus der Relation von Ressourceneinsatz und den daraus resultierenden Rückflüssen (Input zu Output). Dementsprechend kann er, wie nachfolgend dargestellt, durch das Verhältnis „Leistung zu Kosten"[154] definiert werden.[155]

$$Customer\ Value = \frac{Leistungen}{Abnehmerkosten}$$

Eine Steigerung des Customer Value läßt sich demzufolge entweder durch eine Verbesserung der Leistung bzw. durch eine Senkung der Abnehmer- bzw. Kundenkosten erzielen. Dies unter der Berücksichtigung eines höheren Absatzes oder einer verbesserten Marge und damit einem höheren Gewinn für das Unternehmen.

---

[154] Der Begriff „Leistung" bezieht sich hier sowohl auf Produktleistungen als auch auf Dienstleistungen und ist keine feste Größe, sondern ergibt sich aus dem subjektiven Empfinden des Kunden.

[155] VGL. PORTER, MICHAEL(1989): S. 178.

Der Customer Value soll hierbei nicht als Konsumentenrente verstanden werden, bei der der Kunde ein verbessertes Produkt zu gleichen Preisen oder ein gleichwertiges Produkt zu niedrigeren Preisen erhält. Vielmehr muß das Unternehmen über eine Umsatzsteigerung (Mengendegression), Wettbewerbsverdrängung oder höhere Kosteneffizienz langfristig die Cash Flow Situation verbessern und die nachhaltigen Ziele zur Shareholder Value Maximierung des Unternehmens verfolgen. Im Rahmen der höchstmöglichen Kosten- und Marketingeffizienz beeinflusst der Customer Value alle wesentlichen internen und externen Prozesse des Unternehmens und entscheidet basierend auf dem Customer Value und der Portfoliotheorie über die optimale Allokation der Unternehemensressourcen.

Aus der Steigerung des Kosten-/Leistungs-Verhältnisses[156] resultiert daneben die Chance zum Aufbau von Market Based Assets. Dies sind beispielsweise eine gute Reputation der Produkte und des Unternehmens oder eine populäre Marke, welche ihrerseits zu einer Erhöhung des Customer Value und damit indirekt des Shareholder Value beitragen[157].

Ist der erzielte Customer Value dauerhaft höher als derjenige der Konkurrenz, stellt er einen Wettbewerbvorteil dar und schafft weitere Möglichkeiten zum Unternehmenswachstum, wodurch sich wiederum eine positive Wirkung auf die Profitabilität und in Folge dessen auch auf den Shareholder Value erzielen läßt.

5.5.1 Interne und Externe Vermarktung des Shareholder Value-Ansatzes

Mit der Kundenorientierung und der Einbeziehung des Customer Value in die langfristige Shareholder Value Implementierung im Unternehmen, muß auch eine externe Vermarktung des Market Adapted Shareholder Value Approach erfolgen, um externen Vorbehalten entgegenzutreten.

Diese Vermarktung bezieht sich auf alle Werttreiber des Unternehmens. Dies sind wie in der Abbildung in Kapitel 5.1. dargestellt sowohl unternehmensintern die Mitarbeiter als auch extern die Kunden und Kapitalgeber. Die Vermarktung des MASA soll dabei zu einer geringeren Ablehnung und dem Abbau von Vorbehalten gegenüber dem Shareholder Value führen. Es muß

---

[156] Die Bezeichnung „Kosten-/Leistungs-Verhältnis" entspricht nicht dem „Preis-/Leistungs-Verhältnis", da in den Kosten, neben dem Verkaufspreis, auch zusätzlich anfallende Kosten, die während der Nutzung des Produkts entstehen, enthalten sind, z.B. Wartungskosten oder Finanzierungskosten. Diese Kosten müssen jedoch in dem Verkaufspreis enthalten sein.

[157] VGL. STIPPEL, PETER (1998): S. 15.

dargestellt werden, daß durch den MASA ein Vorteil für alle Beteiligten am Unternehmensprozeß entsteht. Dies sind vereinfacht dargestellt für:

das Unternehmen: langfristige Unternehmenswertsteigerung durch Wettbewerbsvorteile

die Eigenkapitalgeber/Aktionäre/Shareholder: Sicherstellung der Shareholder Value-Orientierung. Langfristige Steigerung und Maximierung des Investitionswertes

die Mitarbeiter: gerechte Bezahlung bei adäquaten Arbeitsbedingungen und Motivationsvoraussetzungen

die Kunden: beste kundenorientierte Produkte

Dies zeigt, daß durch eine umfassende, langfristige Shareholder Value-Orientierung über den MASA mittels der die Einbeziehung der wesentlichen Werttreiber, der Shareholder Value seine monoistische Finanzstruktur verliert und nicht einzelne Bereiche der Wertkette wie das Marketing, die Planung oder die Mitarbeiter vernachlässigt werden.

6 THESEN ZUR BEDEUTUNG UND ERFOLGREICHEN UMSETZUNG DES MARKET ADAPTED SHAREHOLDER VALUE APPROACH

1. These: Die bisherigen buchhalterischen Formen der Ergebniskontrolle und seine gewinnbasierenden Kennzahlen sind auf Grund ihrer Manipulierbarkeit und fehlenden Vergleichbarkeit nur begrenzt als Basis der internen und externen Unternehmensbewertung und strategischen Steuerung der Unternehmen verwendbar.

2. These: Der Shareholder Value-Ansatz basierend auf den klassischen Kapitalmarkttheorien und der Cash Flow Rechnung, verstärkt die klassische volkswirtschaftliche Theorie der Gewinnmaximierung für die Anteilseigner.

3. These: Eine Konzentration auf die Maximierung des Shareholder Value ist Voraussetzung zur langfristigen, erfolgreichen Unternehmenswertsteigerung.

4. These: Der Shareholder Value nach Rappaport ist seinen Weiterentwicklungen wie dem EVA-Konzept, Economic Profit, Added Value, und Cash Value Added durch seine nicht restriktiven Annahmen und Einschränkungen überlegen.

5. These: Die Kapitalmarkttheorie als Basis des Shareholder Value und eine monoistische, finanzwirtschaftlich orientierte Sicht des Shareholder Value bedürfen einer ganzheitlich unternehmensinternen und -externen spezifischen Anpassung.

6. These: Die Gegenentwicklung zum Shareholder Value der Stakeholder Value ist auf Grund vielfacher Defizite nicht praktikabel umsetzbar. Grund dafür sind die für das Unternehmen sich mehrfach überschneidenden, kaum einschätzbaren Stakeholder Interessen. Bei der schwer nachvollziehbaren Stakeholder Value Theorie fehlt zudem eine klare, langfristig wertmaximierende Vision.

7. These: Die europäische Verbreitung des Stakeholder Value und die US-Herkunft des Shareholder Value, bieten den Ansatzpunkt zum Market Adapted Shareholder Value Approach und der lokalen, unternehmensspezifischen Anpassung.

8. These: Die finanzlastige reine Shareholder Value Orientierung und die praktisch nicht umsetzbare Stakeholder Value Theorie, erfordern eine Integration der wesentlichen Werttreiber Aktionäre, Kunden und Mitarbeiter mit dem eindeutigen Ziel der Shareholder Value Maximierung.

9. These: Durch die Nutzung und Integration der wesentlichen internen (Employee Value) und externen Werttreiber (Customer Value), wird beim Market Adapted Shareholder Approach unter Berücksichtigung der externen Rahmenbedingungen und Unternehmensorganisation der Shareholder Value langfristig maximiert.

10. These: Die Optimierung des Customer Value und Employee Value dienen allein der langfristigen Maximierung des Shareholder Value. Mögliche Interessenkonflikte zwischen Kunden, Mitarbeitern und Aktionären sollen alleine nachhaltig wertmaximierend orientiert sein.

11. These: Die Implementierung des Market Adapted Shareholder Value Approach beinhaltet eine leistungsgerechte Entlohnung und Motivation aller Mitarbeiter die sich an der langfristigen Maximierung des Shareholder Value orientiert.

12. These: Der Market Adapted Shareholder Value Approach muß sich in allen internen und externen Unternehmensbereichen wiederspiegeln und dementsprechend vermarktet werden.

13. These: Der Market Adapted Shareholder Value Approach muß als langfristige Unternehmensvision intern und extern in allen Unternehmensbereichen verankert werden und die Basis aller Unternehmensentscheidungen sein.

Literaturverzeichnis

Achatz, Helmut (1998): Der Shareholder Value im gesellschaftlichen Disput, in: Müller, Michael; Leven, Franz-Josef: Shareholder Value Reporting: Veränderte Anforderungen an die Berichterstattung börsennotierter Unternehmen, Wien 1998.

Ackermann, Josef (1995): Wieviel Gewinn für wen? Unternehmen zwischen Aktionären und Öffentlichkeit, in: Neue Zürcher Zeitung vom 14. Januar 1995.

Alberts, William; Mc Taggert, James (1984): Value Based Strategic Investment Planning, in: Interfaces, 14 (Jan-Febr), 1984, S. 138-151.

Arzac, Enrique (1986): Do your business units create value, in: Harvard Business Review, January-February 1986, S 121-126.

Baan, Willem (1994): Die Rolle des Shareholder Value-Konzeptes in der strategischen Planung des RWE-Konzerns, in: Der Shareholder Value Report: Erfahrungen, Ergebnisse, Entwicklungen, (Hrsg.) Bühner, Rolf, Landsberg/Lech 1994, S. 127-143.

Bacidore, Jeffrey; Boquist, John; Milbourn, Todd (1997): The search for the best financial performance measure, in: Financial Analysts Journal, May/June 1997, Seite 11-20.

Baden Kay (1994): Alternative Ansätze zur Performance-Messung von Unternehmen, in: Höfner, Klaus; Pohl, Andreas (Hrsg.): Wertsteigerungsmanagement: das Shareholder Value-Konzept, Frankfurt/Main 1994, S. 116-149.

Bank, Matthias (2000): Behavioral Finance und Börsenmanipulation, Habilitationsschrift, Nürnberg 2000.

Bartölke, Klaus; Grieger, Jürgen; Kiunke, Sabine; Koall Iris (1999): Zur Berücksichtigung unterschiedlicher Interessen im und am Unternehmen in: Kumar, Brij, Nino; Osterloh, Margit, Schreyögg, Georg (Hrsg.): Unternehmensethik und die Transformation des Wettbewerbs, Stuttgart 1999.

Basler Bankverein (Hrsg.) (1997): Shareholder Value-Konzepte in Banken: Tagungsband zum 4. Baseler Bankentag 27. November 1996, Bern 1997.

Bassen, Alexander; Koch, Maximilian; Wichels, Daniel (2000): Variable Entlohnungssysteme in Deutschland, in: Finanzbetrieb, 2/2000, S. 9-17.

Beauchamp, Tom L.; Bowie, Norman E. (Hrsg.) (1993): Ethical theory and business, Englewood Cliffs 1993.

Behm, Ulrich (1994): Shareholder Value und Eigenkapitalkosten von Banken, Bern 1994.

Berle, A. , Means, G. : The Modern Corporation and Private Property, New York 1932.

Berger, Roland (1996): Shareholder Value begünstigt nicht nur Aktionäre, in: Süddeutsche Zeitung vom 12. Juli 1996.

Bergmann, Jörg (1996): Shareholder Value orientierte Beurteilung von Teileinheiten im internationalen Konzern, Aachen 1996.

Bickford Lawrence C. (1981): Long Term Incentives for Management, in: Compensation Review, 3rd Quarter 1981, S. 131-152.

Bischoff, Jörg (1994): Das Shareholder Value-Konzept, Diss. Wiesbaden 1994.

Bläske, Gerhard; Fuchs Theodor (1997): Shareholder Value ist alleiniger Erfolgsfaktor, in: Süddeutsche Zeitung vom 30. Juli 1997.

Brune, Jens (1995): Der Shareholder Value-Ansatz als ganzheitliches Instrument strategischer Planung und Kontrolle, Köln 1995.

Brunner, Jürgen; Sprich, Oliver (1998): Performance Management und Balanced Scorecard, in: Management, 67. Jg., Nr. 6, 1998, S. 30-35.

Bühner Rolf (1990a): Managen wie die Raider: Wie Unternehmen mehr Wert für die Aktionäre schaffen können, in: Harvard Manager, 12. Jg., Nr. 1, S. 36-41.

Bühner, Rolf (1990): Das Management-Wert-Konzept, Stuttgart 1990.

Bühner, Rolf (1992): Shareholder Value-Ansatz, in: Die Betriebswirtschaft, 52 Jg. 1992, S. 418-419.

Bühner, Rolf (1993): Shareholder Value, eine Analyse von 50 großen Aktiengesellschaften in der Bundesrepublik Deutschland, in: Die Betriebswirtschaft, 53 Jg. 1993, S. 749-768.

Bühner, Rolf (1994a): Unternehmerische Führung und Shareholder Value, in: Bühner, Rolf (Hrsg.), Der Shareholder Value Report: Erfahrungen, Ergebnisse, Entwicklungen, Landsberg/Lech 1994, S. 11-75.

Bühner, Rolf (Hrsg.) (1994b): Der Shareholder Value Report: Erfahrungen, Ergebnisse, Entwicklungen, Landsberg/Lech 1994.

Bühner, Rolf (1994c): Lean Management und Shareholder Value, in: Der Shareholder Value Report: Erfahrungen, Ergebnisse, Entwicklungen, (Hrsg.) Bühner, Rolf, Landsberg/Lech 1994, S. 145-169.

Bühner, Rolf (1994d): Unternehmerische Führung mit Shareholder Value, in: Der Shareholder Value Report: Erfahrungen, Ergebnisse, Entwicklungen, (Hrsg.) Bühner, Rolf, Landsberg/Lech, 1994 S. 11-72.

Bühner Rolf (1996): Wertmanagement, Strategien zwischen Rendite und Risiko, in: absatzwirtschaft, 1/96, S. 36-40.

Bühner, Rolf (1997a): Worauf es beim Shareholder Value ankommt, in: Technologie und Management, 46 Jg. 2/1997, S. 12-15.

Bühner, Rolf; Weinberger, Hans-Joachim (1991): Cash Flow und Shareholder Value, in: Betriebswirtschaftliche Forschung und Praxis, 3/91, S. 187-208.

Bühner, Rolf; Tuschke, Anja (1997b): Zur Kritik am Shareholder Value – eine ökonomische Analyse -; in: Betriebswirtschaftliche Forschung und Praxis, 5/1997, S. 499-516.

Büschgen, Hans E. (1983): Strategische Bankunternehmensplanung und Geschäftsfeldplanung, in: Betriebswirtschaftliche Blätter, 32. Jg., 8/1983, S. 274-279.

Burgmaier, Stefanie (1999): Persönliche Betreuung; in: Wirtschaftswoche, Nr. 14 vom 1.4.1999, S. 72-75.

Chatterjee, Sayan; Lubatkin, Michael H.; Schweiger, David M.; Weber Yaakov (1992): Cultural differences and shareholder value in related mergers: linking equity and human capital, in: Strategic Management Journal, Vol 13, (1992), S. 319-334.

Copeland, Thomas (1994): Why value value? In: The McKinsey Quarterly, 1994, Number 4, S. 97-109.

Copeland Thomas; Weston, Fred (1988): Financial Theory and Corporate Policy, Reading 1988.

Copeland, Thomas; Koller, Timothy; Murrin, Jack (1990): Valuation – Measuring and Managing the Value of Companies, New York 1990.

Copeland, Thomas; Koller, Timothy; Murrin, Jack (1993): Unternehmenswert, Frankfurt 1993.

Copeland, Thomas; Koller, Timothy; Murrin, Jack (1994): Measuring and Managing the Value of Companies, New York 1994.

Copeland, Thomas; Bughin, Jaques (1997): The virtuous cycle of shareholder value creation, in: The McKinsey Quarterly, 1997, Number 2, S. 157-167.

Davis, Evan; Flanders, Stephanie; Star, Jonathan (1990): Who are the world's most successful companies? In: Business Strategy Review, Summer 1990, S. 1-33.

Davis, Evan; Kay, John (1990): Assessing corporate performance, in: Business Strategy Review, Summer 1990 S. 1-16.

Day, George S. (1994): The Capabilities of Market-Driven Organizations. In: Journal of Marketing, Vol. 58, October 1994, S. 37-52.

Day, George S.; Fahey, Liam (1988): Valuing Market Strategies, in: Journal of Marketing, Vol. 52 (July 1988), S. 45-57.

Day, George S.; Fahey, Liam (1990): Putting strategy into shareholder value analysis, in: Harvard Business Review, March-April 1990, S 156-162.

Day Jonathan; Wendler, James (1998): Industrial venture capitalism: Sharing ownership to create value, in: The McKinsey Quarterly, 1998, Number 1, S. 26-33.

Delbrück, Peter G. (1996): Innovative Aktienpläne: Neue Wege zur Mitarbeiterbeteiligung, in: Zeitschrift für das gesamtdeutsche Kreditwesen, 10/96, S. 472-478.

Dickson, Martin (1999): New benchmarks for investors, in Financial Times Survey: European Company Performance, Friday, June 18 1999.

Disch, Wolfgang K.A. (1996): Shareholder Value, Lean-Management, Wo ist denn das Marketing geblieben? in: Marketing Journal 6/1996 S. 371-389.

Dunsch, Jürgen (1997): Die Magie der Renditeziffern, in: Frankfurter Allgemeine Zeitung vom 8. Juli 1997.

Dufey, Gunter; Hummel, Ulrich (1997): Der Shareholder Value-Ansatz: US-amerikanischer Kulturimport oder Diktat des globalen Marktes; in: Engelhard, Johann (Hrsg.): Interkulturelles Management, Wiesbaden 1997, S. 183-211.

Dyllick, Thomas (1984): Das Anspruchsgruppenkonzept: Eine Methodik zum Erfassen der Umweltbeziehungen der Unternehmung, in: Management Zeitschrift, 53, 1984, Nr. 2, S. 74-78.

Dyllick, Thomas (1989): Management der Umweltbeziehungen, Wiesbaden 1989.

Ebner, Martin (1997): Shareholder Value trimmt auf Effizienz, in: Börsen-Zeitung vom 26. September 1997.

Eckert, Stefan (1997): Kapitalstrukturgestaltung von Auslandsgesellschaften – Stammlandspezifische Unterschiede und Ansätze zu deren Klärung, in: Engelhard, Johann (Hrsg.): Interkulturelles Management, Wiesbaden 1997, S. 213-233.

Eckert, Stefan (1999): Konvergenz der nationalen Systeme? – Ursachen und Internationalisierungswirkungen der Denationalisierung der Corporate Governance großer deutscher Aktiengesellschaften am Beispiel der Hoechst AG, in: zu Knyphausen – Aufseß, Dodo(Hrsg.): Globalisierung als Herausforderung der Betriebswirtschaftslehre, S. 95-135.

Elschen, Rainer (1991): Shareholder Value und Agency-Theorie – Anreiz- und Kontrollsysteme für Zielsetzungen der Anteilseigner, in: Betriebswirtschaftliche Forschung und Praxis, 3/91, S. 209-220.

Eigler, Joachim (1999): Bedeutung und Implikation des Shareholder Value-Ansatzes für das Personalmanagement, in: Zeitschrift für Planung, Band 10 Heft 4, S. 1-23.

Fehr, Benedikt (1997): Pochen auf Shareholder Value, in: Frankfurter Allgemeine Zeitung vom 8. Juli 1997.

Felton, Rober; Hudnut, Alec; van Heeckeren, Jennifer (1996): Putting value on board governance, in: The McKinsey Quarterly, 1996, Number 4, S. 170-175.

Finegan, Patrick (1989): Financial incentives resolve the Shareholder Value puzzle in: Corporate Cashflow, October 1989, S. 27-32.

Finegan, Patrick; Gressle, Mark; McGinley Richard (1988): Myth vs. Reality: The Key Challenges in Developing Effective Performance Based Incentives, unveröffentlichtes Manuskript zu "3 Part Series on Corporate Finance Re-Engineering", New York, June 1998.

Forstmoser, Peter (1996): Shareholder Value: die Sicht des Gesetzes. Aktionärs- und Arbeitnehmerinteressen im Visier, in : Neue Zürcher Zeitung vom 16. Dezember 1996.

Foshag, Jörg (1998): Frankreich entdeckt die Aktionäre – Die Themen Shareholder Value und Corporate Governance halten Einzug, in: Börsen-Zeitung vom 3. März 1998.

Friedländer, Ernst; Stabernack, Marc (1998): Betriebswirtschaftliche Ansätze zur wertorientierten Unternehmensführung, in: Müller, Michael; Leven,

Franz-Josef: Shareholder Value Reporting: Veränderte Anforderungen an die Berichterstattung börsennotierter Unternehmen, Wien 1998.

Freeman, Edward (1984): Strategic Management: A Stakeholder Approach, Boston 1984.

Freemann, Edward; Reed, David (1983): Stockholders and Stakeholders: A new perspective on Corporate Governance, in: California Management Review, Volume 25, Spring 1983, No. 3, S. 88-106.

Freemann, Edward; Evan, William (1993): A Stakeholder Theory of the Modern Corporation: Kantian Capitalism, in: Beauchamp, Tom L.; Bowie, Norman E. (Hrsg.): Ethical theory and business, Englewood Cliffs 1993, S. 75-84.

Friedman, Milton (1993): The social responsibility of business is to increase it's profits, in: Beauchamp, Tom L.; Bowie, Norman E. (Hrsg.): Ethical theory and business, Englewood Cliffs 1993, S. 55-60.

Fruhan, William E. (1979): Financial Strategy: Studies in the Creation, Transfer and Destruction of Shareholder Value, Homewood/Georgetown 1979.

Fruhan, William E. (1984): How fast should your company grow?, in: Harvard Business Review, Vol 64, January/February 1984, S. 84-93.

Fruhan, William E. (1988): Corporate Raiders: Head'em off at value gap, in: Harvard Business Review, Vol.68, July/August 1988, S. 63-68.

Gerke, Wolfgang (1992): Business Ethics in Share Trading – Strict Control Versus Confidence in Ethical Management, unveröffentlichte Ausgabe zur Konferenz: Corporate Ethics and Social Responsibility in a Changing Environment, Piraeus 1992.

Gerke, Wolfgang (1995a): Neuorientierung von Wirtschaft, Gesellschaft und Staat, in: Schachtschneider, Karl Albrecht (Hrsg.): Wirtschaft, Gesellschaft und Staat im Umbruch, Nürnberg 1995, S. 49-68.

Gerke, Wolfgang (1995b): Agency Theorie, in: Gerke, Wolfgang; Steiner, Manfred (Hrsg.): Handwörterbuch des Bank und Börsenwesens, Stuttgart 1995, S. 17-26.

Gerke, Wolfgang (1995c): Portfolio Theorie, in: Gerke, Wolfgang; Steiner, Manfred (Hrsg.): Handwörterbuch des Bank und Börsenwesens, Stuttgart 1995, S. 1538-1551.

Gerke Wolfgang; Bank, Matthias (1998): Finanzierung: Grundlagen für die Investitions- und Finanzierungsentscheidungen in Unternehmen, Stuttgart 1998.

Giersberg, Georg (1997a): Coca Cola zeigt den Mitarbeitern morgens den Börsenkurs, in: Frankfurter Allgemeine Zeitung vom 8. Juli 1997.

Giersberg, Georg (1997b): Volkswagen hat seinen Marktwert in einem Jahr mehr als verdoppelt, in: Frankfurter Allgemeine Zeitung vom 8. Juli 1997.

Göbel, Elisabeth (1995): Der Stakeholderansatz im Dienst der strategischen Früherkennung, in: Zeitschrift für Planung, Band 6, Heft 1/1995, S. 55-68.

Gomez, Peter; Weber, Bruno (1989): Akquisitionsstrategie: Wertsteigerung durch Übernahme von Unternehmen, Stuttgart 1989.

Gomez, Peter (1990): Wertorientierte Strategieplanung, in: Der Scheizer Treuhänder, 11/1990, S. 557-562.

Gomez, Peter (1993): Wertmanagement, Düsseldorf 1993.

Gomez, Peter (1994): Strategisches Denken neu ausrichten, in: Gabler's Magazin 1994, Nr. 2, S. 12-16.

Gomez, Peter (1995): Shareholder Value in: Gerke, Wolfgang; Steiner, Manfred: Handwörterbuch des Bank und Börsenwesens, Stuttgart 1995, S. 1720-1728.

Gomez, Peter; Ganz, Matthias (1992): Diversifikation mit Konzept – den Unternehmenswert steigern, in: Harvard Manager, 1/1992, S. 44-54.

Goodpaster, Kenneth (1993): Business Ethics and Stakeholder Analysis, in: Beauchamp, Tom L.; Bowie, Norman E. (Hrsg.): Ethical theory and business, Englewood Cliffs 1993, S. 85-94.

Goodson, Peter D.; Gogel, Donald J. (1987): Managing as if shareholders matter, in: Harvard Business Review, May-June 1987, S 24-26.

Grieger, Jürgen (1999): Umorientierung der Personalwirtschaftslehre? In: Arbeitspapier des Fachbereichs Wirtschaftswissenschaft, Nr. 185, Wuppertal Juni 1999.

Guserl, Richard (1998): Das US-amerikanische Management-Paradigma als neues Zielsystem für Unternehmen in Europa?, in ZfB-Zeitschrift für Betriebswirtschaft, 68.Jg. , Oktober 1998, S. 1037-1051.

Günther, Thomas (1994): Zur Notwendigkeit des Wertsteigerungs-Managements, in: Höfner, Klaus; Pohl, Andreas (Hrsg.): Wertsteigerungsmanagement: das Shareholder Value-Konzept, Frankfurt/Main 1994.

Gutenberg, Erich (1983): Grundlagen der Betriebswirtschaftslehre, Bd. 1 : Die Produktion, 24. Auflage, Berlin 1983.

Hahn, Dietger (1998): Konzepte strategischer Führung – Entwicklungstendenzen in Theorie und Praxis unter besonderer Berücksichtigung der Globalisierung, in: ZfB – Zeitschrift für Betriebswirtschaft, 68. Jg., Nr. 6, 1998, S. 563-579

Hahn, Oswald (1979): Wilhelm Rieger und die heutige Betriebswirtschaftslehre, in: Festschrift zum 100. Geburtstag von Wilhelm Rieger und Wilhelm Vershofen, Nürnberg 1979, S. 61-89.

Hahn, Oswald (1997): Allgemeine Betriebswirtschaftslehre, 3. Auflage, München 1997.

Harbrecht, Wolfgang (1971): Grundlagen der optimalen Kapitalanlageplanung, in: Schuster, Leo: Investment Handbuch, Stuttgart 1971, S. 89-109.

Harbrecht, Wolfgang (1997): Der Beitrag von Verbrauchergenossenschaften zur Grundversorgung des ländlichen Raums, in: Harbrecht, Wolfgang; Vogel, Wolfgang (1997): Der Beitrag von Genossenschaften zur Grundversorgung des ländlichen Raums Nürnberg 1997, S. 115-129.

Harris, Nigel (1999): Unilever Measuring Value, From Theory to Practice, unveröffentlichtes Manuskript, London 26.4.1999.

Hartmann, Cordula (2000): Wertorientiertes Management – Prinzipien, Anwendungsvoraussetzungen und Entwicklungsmöglichkeiten, Bayreuth 2000.

Häusermann, Kurt (1994): Shareholder Value-Ansatz in der Planung, Bern 1994.

Hax, Arnoldo C., Majluf, Nicolas S. (1991): The Strategy Concept and Process: A Pragmatic Approach, Englewood Cliffs 1991.

Helbling, Carl (1995a): Unternehmensbewertung und Steuern, 8. Auflage Düsseldorf 1995.

Helbling, Carl (1995b): Unternehmensbewertung auf der Basis von Einnahmen, Ausschüttungen, Cash Flows oder Gewinnen? in: Der Schweizer Treuhänder, Heft 11, 1990, S. 533-538.

Hellwig, Martin (1996): Warum Banken nicht zur Ruhe kommen. Hintergründe zu einem mit Vordergründen kaschierten Strukturwandel, in: Neue Zürcher Zeitung vom 20. April 1996.

Heri, Erwin (1996): Shareholder Value – (k)ein Allheilmittel. Ein simples, aber ideologisch überinterpretiertes Konzept, in: Neue Zürcher Zeitung vom 22. Oktober 1996.

Higgins, Richard; Diffenbach, John (1985): The impact of strategic planning on stock prices, in: The Journal of Business Strategie, Vol. 6 No. 2, 1985, S. 46-76.

Hill, Wilhelm (1996): Der Shareholder Value und die Stakeholder, in: Die Unternehmung, Nr.6, 1996, S.411-420.

Hill, Wilhelm (1997): Stakeholder Value versus Shareholder Value, in: Basler Bankverein (Hrsg.): Shareholder Value-Konzepte in Banken: Tagungsband zum 4. Baseler Bankentag 27. November 1996, Bern 1997, S. 79-94.

Hillebrand, Winfried (1991a): Die Cash Flow-Strategien, in: Manager Magazin, 5/1991, S. 128-131.

Hillebrand, Winfried (1991b): Aktionäre: Eigentümer kontra Manager – Machtkampf um die Konzerne; in: Manager Magazin, 5/1991, S. 100-135.

Höfner, Klaus; Pohl, Andreas (1994b): Wertsteigerungstechniken für das Geschäftsfeld- und Beteiligungsportfolio, in: Höfner, Klaus; Pohl, Andreas (Hrsg.): Wertsteigerungsmanagement: das Shareholder Value-Konzept, Frankfurt/Main 1994, S. 59-84.

Homburg, Christian, Daum, Daniel (1997): Marktorientiertes Kostenmanagement, Frankfurt am Main 1997.

Horváth, Peter; Kaufmann, Lutz (1998): Balanced Scorecard – ein Werkzeug zur Umsetzung von Strategien – Wenn Unternehmensziele in konkrete Handlungsvariable übertragen und kommuniziert werden, können die Beteiligten ihr Maß an Zielerfüllung selbst verfolgen, in: Harvard Manager, Vol. 20, Nr. 5, 1998, S. 39-48.

Hostettler, Stephan (1995): "Economic Value Added" als neues Führungsinstrument, in: Der Schweizer Treuhänder, 4-1995, S. 307-315.

Hostettler, Stephan (1997): Das Konzept des Economic Value Added (EVA): Darstellung und Anwendung auf Schweizer Aktiengesellschaften, Bern 1997.

Jackson, Tony (1997): Trying to serve two masters. The stakeholder-shareholder debate is no closer to being reconciled, in: Financial Times vom 22. Dezember 1997.

Jahn, Thomas; Prandl, Paul (1997): Shareholder Value – 100 Aktien im Test, in: Capital, März 1997, S. 92-125.

Janisch, Monika (1992): Das strategische Anspruchsgruppenmanagement, Diss. Bern 1992.

Jeschke, Barnim (1993): Konfliktmanagement und Unternehmenserfolg, Wiesbaden 1993.

Kaplan, Robert; Norton, David (1992): The Balanced Scorecard – Measures That Drive Performance, in: Harvard Business Review, Vol. 70, January-February 1992, S. 71-79.

Kaplan, Robert; Norton, David (1993): Putting the Balanced Scorecard to Work, in: Harvard Business Review, September-October 1993, S. 134-147.

Kaplan, Robert; Norton, David (1996): Linking the Balanced Scorecard to Strategy, in: California Management Review, Vol. 39, Nr. 1, Fall 1996, S. 53-79.

Kaplan, Robert; Norton, David (1997): The Balanced Scorecard – Strategien erfolgreich umsetzen, Stuttgart 1997.

Kaufmann, Lutz (1997): ZP-Stichwort: Balanced Scorecard, in: Zeitschrift für Planung, Bd. 8, Nr. 4, 1997, S. 421-428.

Kästli, René (2000): Shareholder Value: Irrungen und Wirrungen-Gefährliche Fehlinterpretationen eines wertvollen Konzepts, in: Neue Zürcher Zeitung vom 1. Oktober 2000.

Keller, Roland (1999): Aktie wird zum Markenartikel, in Werben und Verkaufen 26/99, S. 72-75.

Kirsten, Dirk W. (1995): Value-based-Management – Schlüssel zum strategischen Erfolg, in: Die Bank, 11/95, S. 672-676.

Kleinewefers, Henner (1996): Plädoyers für den "Shareholder value". Wie der volkswirtschaftliche Nutzen maximiert wir, in: Neue Zürcher Zeitung vom 5. Juli 1996.

Knorren, Norbert (1998): Die wertorientierte Gestaltung der Unternehmensführung, Wiesbaden 1998.

Köhler, Robert J. (1996) : Vom Going Public zur dauerhaften Etablierung: immer noch eine mühsame Prozedur, in: Zeitschrift für das gesamtdeutsche Kreditwesen, 10/96, S. 479-480.

Korten, Johannes (1999): Das EVA-Konzept unter Berücksichtigung seiner Jahresabschlußfundierung, Bochum 1999.

Koubek Norbert (1974): Grundelemente einer arbeitsorientierten Einzelwirtschaftslehre-AOEWL, Köln 1974.

Küller, Hans-Detlev (1997): Das Shareholder Value-Konzept aus Gewerkschaftssicht; in: Betriebswirtschaftliche Forschung und Praxis, 5/1997 S. 473-498.

Kümmel, Axel T. (1995): Bewertung von Kreditinstituten nach dem Shareholder Value-Ansatz, Berlin 1995.

Küting, Karlheinz; Eidel, Ulrike (1997): Harmonisierung der Erfolgszahlen, in: Blick durch die Wirtschaft vom 6. Juni 1997, S 11.

Küting, Karlheinz; Lorson, Peter (1999): Die schleichende Amerikanisierung deutscher Unternehmen, in Frankfurter Allgemeine Zeitung, 29.11.1999.

Kühn, Richard; Jenner Thomas (1999): Marketing und Shareholder Value, in: Kumar, Brij, Nino; Osterloh, Margit, Schreyögg, Georg (Hrsg.): Unternehmensethik und die Transformation des Wettbewerbs, Stuttgart 1999.

Laderman, Jeffrey M. (1993): The power of Mutual Funds, in: International Business Week 18.1.1993, S. 34-41.

Lammerskitten, Mark; Langenbach, Wilm; Wert, Boris (1997): Operationalisierungsprobleme des Shareholder Value-Ansatzes, in: Zeitschrift für Planung, Band 8, Heft 3, 1997, S. 221-242.

Langenbach, Wilm; Wertz, Boris (1997): Shareholder Value erfordert eine ganzheitliche Umsetzung, in: Blick durch die Wirtschaft vom 11. April 1997.

Leber, Hendrik; Oberhausberg, Utz (1994): Wertorientiertes Konzernmanagement – Konzernkontrollen und Steuerungsinstrumente, in: Höfner, Klaus; Pohl, Andreas (Hrsg.): Wertsteigerungsmanagement: das Shareholder Value-Konzept, Frankfurt/Main 1994, S. 150-174.

Leven, Franz-Josef (1998): Investor Relations und Shareholder Value, in: Müller, Michael; Leven, Franz-Josef: Shareholder Value Reporting: Veränderte Anforderungen an die Berichterstattung börsennotierter Unternehmen, Wien 1998.

Levitt, Arthur (1996): Shareholder Interests as the director's touchstone, in: government news speeches, Stanford Law School, Palo Alto, March 28, 1996.

Lewis, Thomas G.; Lehmann, Steffen (1992): Überlegene Investitionsentscheidung durch CFROI, in: Betriebswirtschaftliche Forschung und Praxis, 44 Jg., 1992, S.1-20.

Lewis, Thomas G.; Stelter, Daniel (1994): Steigerung des Unternehmenswertes, 2. Auflage, Landsberg/Lech 1994.

Leysinger, Michael (1997): Der neue Maßstab für den Unternehmenserfolg: Economic Value Added, in: Der Schweizer Treuhänder, 4-1997, S. 243-246.

Likert, Rensis (1967) : The human organization: Its management and value, New York 1967.

Löhnert, Peter (1996): Shareholder Value: Reflektion der Adaptionsmöglichkeiten in Deutschland; eine Untersuchung unter Berücksichtigung strategischer Implikationen, Dissertation München 1996.

Marcus, Bernie (1999): Value-Building Growth, A monograph on how the right kind of growth can increase Shareholder Value, Chicago 1999.

Marris, R. (1964): The economic Theory of „Managerial" Capitalism, New York 1964.

Meier-Scherling, Philipp (1996): Shareholder Value Analyse vs. Stakeholder Management: Unternehmerische Grundkonzeptionen als Ansätze zur Erweiterung der Theorie der Unternehmung, Darmstadt 1996.

Meyers Randy (1996): Metric wars, in: CFO, October 1996.

Mirow, Michael (1994): Shareholder Value als Instrument der internen Unternehmungsführung, in: Der Shareholder Value Report: Erfahrungen, Ergebnisse, Entwicklungen, (Hrsg.) Bühner, Rolf, Landsberg/Lech 1994, S. 91-105.

Michel, Uwe (1998): Mit Balanced Scorecard und Shareholder Value zu einem durchgängigen und umfassenden Wertmanagement, in: VDI Berichte, Nr. 1412, 1998, S. 189-209.

Modigliani, Franco; Miller, M. (1958): The cost of Capital, Corporation Finance, and the Theory of Investment, in American Economic Review, 48, 1958, S. 261-297.

Modigliani, Franco; Miller, M. (1961): Dividend Policy, Growth, And The Valuation of Shares, in: The Journal of Business, 34, October 1991, S. 411-433.

Mulligan, Thomas (1993): The Moral Mission of Business, in: Beauchamp, Tom L.; Bowie, Norman E. (Hrsg.): Ethical theory and business, Englewood Cliffs 1993, S. 64-75.

Müller, Michael (1998a): Shareholder Value Reporting – ein Konzept wertorientierter Kapitalmarktinformation, in: Müller, Michael; Leven, Franz-Josef: Shareholder Value Reporting: Veränderte Anforderungen an die Berichterstattung börsennotierter Unternehmen, Wien 1998.

Müller-Merbach (1997): Stakeholder versus Shareholder, in: Technologie und Management, 46 Jg., 2/1997, S. 8-10.

Neupert, Thilo (1996): Die langsfristigen Aktionäre müssen gepflegt werden, in: Handelsblatt vom 8.10.1996.

Neumann, Manfred (1971): Die volkswirtschaftliche Bedeutung der Investmentfonds, in: Schuster, Leo: Investment Handbuch, Stuttargt 1971, S. 89-109.

Neumann, Manfred (1982): Theoretische Volkswirtschaftslehre III, München 1982.

Neumann, Manfred (1991): Theoretische Volkswirtschaftslehre II 3. Auflage, München 1991.

NN (1991): Meinungen zum Thema: Shareholder Value als Zielgröße der Unternehmensführung, in: Betriebswirtschaftliche Forschung und Praxis, 3/91, S. 241-253.

NN (1995a): Shareholder Value Analysis als Verfahren der strategischen Planung, in: Das Wirtschaftsstudium 2/95, S. 122-124.

NN (1995b): Gefährliche Ansprüche an die Eigentümer. "Shareholder Value Management" – Zauberwort der Neunziger, in: Neue Zürcher Zeitung vom 14. März 1995.

NN (1996a): Shareholder Value und Aktienkultur – eine Umfrage bei den Dax-Werten, in: Zeitschrift für das gesamte Kreditwesen, 10/96, S. 481-495.

NN (1996b): Shareholder Value – Die Unternehmen entdecken endlich die Interessen der Aktionäre, in: Das Wirtschaftsstudium 7/96, S. 607-608.

NN (1996c): Das Shareholder Value-Konzept in der Praxis, in: Neue Zürcher Zeitung vom 24. Oktober 1996.

NN (1997a): Noch ist Shareholder Value kein Erfolgsmaßstab, in: Die Welt vom 23. September.1997.

NN (1997b): Shareholder Value ist in Deutschland noch in der Startphase, in: Frankfurter Allgemeine Zeitung vom 26. August 1997.

NN (1997c): Shareholder Value am Anfang, in: Die Welt vom 14.10.1997.

NN (1998): Firmen entdecken das Aktien-Marketing, in: Die Welt vom 16.1.1998.

NN (1999): Manager unter Druck, in Manager Magazin 2/1999, S. 113-163.

Nölting Andreas (1998a): Unter Wert verkauft, in: Manager Magazin, April 1998, S. 172-176.

Nölting Andreas(1998b): Hebelwirkung, in Manager Magazin, Mai 1998 S. 114-120.

Nölting Andreas (1999): Aktienmarketing – Faktor Herz, in: Manager Magazin, März 1999, S. 112-119.

Obermeier Georg (1994): Die Umsetzung des Wertsteigerungskonzeptes in einem Holding Konzern, in: Der Shareholder Value Report: Erfahrungen, Ergebnisse, Entwicklungen, (Hrsg.) Bühner, Rolf, Landsberg/Lech 1994, S. 79-90.

Osterloh, Margit (1999): Wertorientierte Unternehmensführung und Management-Anreizsysteme, in: Kumar, Brij, Nino; Osterloh, Margit; Schreyögg, Georg (Hrsg.): Unternehmensethik und die Transformation des Wettbewerbs, Stuttgart 1999, S. 183-204.

Palass, Brigitta (1999): Moderne Formel. Wie die Ökoperformance den Shareholder Value beeinflusst: in Manager Magazin 9/99, S. 142-143.

Philipp, B.C. (1995): Bereits ein Modewort? In: Finanz und Wirtschaft, Nr. 69, September 1995, S. 23-24.

Porter, Michael E. (1989): Competitive Advantage, New York 1989.

Porter Michael E. (1990): Competitive Strategy, New York 1990.

Postan, Basil (1998): Shareholder Value in Germany – Economic Value Added – in: Credit Lyonnais Securities vom 25. November 1998.

Ramin, Kurt; Fey, Gerd (1998): Die internationale Rechnungslegung und ihr Informationsgehalt für den Anleger, in: Müller, Michael; Leven, Franz-Josef: Shareholder Value Reporting: Veränderte Anforderungen an die Berichterstattung börsennotierter Unternehmen, Wien 1998, S. 267-292.

Rappaport, Alfred (1981): Selecting strategies that create shareholder value, in: Harvard Business Review, May/June 1981, S. 139-150.

Rappaport, Alfred (1983): Corporate performance standards and shareholder value, in: The Journal of Business Strategy, Spring 1983, S. 28-38.

Rappaport, Alfred (1983): How to design value-contributing executive incentives, in: The Journal of Business Strategie, Vol. 4 No. 2, 1983, S. 49-60.

Rappaport, Alfred (1986): Creating Shareholder Value: The new Standard for Business Performance, New York 1986.

Rappaport, Alfred (1992): CFO's and Strategists: Forging a common framework, in: Harvard Business Review May-June 1992, S 84-91.

Rappaport, Alfred (1995): Shareholder Value – Wertsteigerung als Maßstab für die Unternehmensführung, Stuttgart 1995.

Rappaport, Alfred (1996): Verteufelter Shareholder value, in: Neue Zürcher Zeitung vom 24. August 1996.

Rappaport, Alfred (1998): Creating Shareholder Value. A guide for Managers and Investors, New York 1998.

Rappaport, Alfred (1999): New Thinking on How to Link Executive Pay with Performance, in: Harvard Business Review, Vol. 77, March-April 1999, S. 91-101.

Rappaport, Alfred; Johnson, Bruce; Natarajan, Ashok (1985): Shareholder returns and corporate excellence, in: The Journal of Business Strategie, Vol. 6 No. 2, 1985, S. 51-62.

Raster, Max (1995): Shareholder Value Management. Ermittlung und Steigerung des Unternehmenswertes, Diss. Wiesbaden 1995.

Rieger, Wilhelm (1964): Einführung in die Privatwirtschaftslehre, 3. Auflage, Erlangen 1964.

Röttger, Bernhard (1994): Das Konzept des Added Value als Maßstab für finanzielle Performance, Kiel 1994.

Roventa, Peter (1994): Shareholder Value aus der Sicht der Holding, in: Höfner, Klaus; Pohl, Andreas (Hrsg.): Wertsteigerungsmanagement: das Shareholder Value-Konzept, Frankfurt/Main 1994, S. 175-196.

Samuelson, Paul (1967): Economics, New York 1967.

Samuelson, Paul (1975): Volkswirtschaftslehre Band II, 6. Auflage Köln 1975.

Sandig, Curt (1962): Betriebswirtschaftspolitik, 2. Auflage, Stuttgart 1962.

Schachtschneider, Karl (1999): Eigentümer globaler Unternehmen, in: Kumar, Brij, Nino; Osterloh, Margit, Schreyögg, Georg (Hrsg.): Unternehmensethik und die Transformation des Wettbewerbs, Stuttgart 1999.

Schaltegger, Stefan; Figge, Frank (1997): Shareholder Value durch Umweltschutz? Unerwünschte Aufblähung der Investitionen, in: Neue Zürcher Zeitung vom 11. Juli 1997.

Schamari, Ulrich (1997): Shareholder Value gehört zu einer langfristigen Unternehmensstrategie, in: Blick durch die Wirtschaft 15. Dezember 1997.

Schierenbeck, Henner (1996): Ertragsorientiertes Bankmanagement im Visier des Shareholder Value-Konzepts, in: Basler Bankverein (Hrsg.): Shareholder

Value-Konzepte in Banken: Tagungsband zum 4. Baseler Bankentag 27. November 1996, Bern 1997, S. 3-48.

Schiltknecht, Kurt (1996): Prosperität durch Shareholder-Orientierung. Der Beitrag des Management zur Wirtschaftsentwicklung, in: Neue Zürcher Zeitung vom 10. Juli 1996.

Schlienkamp, Christoph (1980): Shareholder Value-Anforderungen aus Analystensicht, in: Müller, Michael; Leven, Franz-Josef: Shareholder Value Reporting: Veränderte Anforderungen an die Berichterstattung börsennotierter Unternehmen, Wien 1998.

Schmid, Hans-Rudolf (1992): Vor der Metamorphose des Aktionärs. Gebündelte Eigentümerinteressen mit Wertsteigerungsziel, in: Neue Zürcher Zeitung vom 14. Juli 1992.

Schmidt, Jeffrey (1992): The link between benchmarking and shareholder value, in: The Journal of Business Strategie, May/June 1992, S. 7-14.

Schmidt, Reinhard; Maßmann, Jens (1999): Drei Mißverständnisse zum Thema "Shareholder Value", in: Kumar, Brij, Nino; Osterloh, Margit, Schreyögg, Georg (Hrsg.): Unternehmensethik und die Transformation des Wettbewerbs, Stuttgart 1999.

Schmidt, Stefan (1996): Nicht Shareholder-Orientierung, sondern Stakeholder-Orientierung! Diskussionsbeiträge der wirtschaftswissenschaftlichen Fakultät Ingolstadt, Nr. 76, Oktober 1996.

Schmid, Stefan (1998): Shareholder Value-Orientierung als oberste Maxime der Unternehmungsführung? – Kritische Überlegungen aus der Perspektive des Strategischen Managements -, in: Zeitschrift für Planung, Bd. 9, Nr. 3, 1998, S. 219-238.

Schneider, Erich (1951): Wirtschaftlichkeitsrechnung, Bern-Tübingen, 1951.

Schneider, Erich (1973): Wirtschaftlichkeitsrechnung Zürich-Tübingen, 8. Auflage 1973.

Schneider, Dieter (1968): Ausschüttungsfähiger Gewinn und das Minimum an Selbstfinanzierung, Zeitschrift für Betriebswirtschaftliche Forschung 1968, Nr. 2, S. 1-12.

Seed Allen (1985): Winning strategies for shareholder Value Creation, in: The Journal of Business Strategie, Vol. 6 No. 2, 1985, S. 44-51.

Seeger, Christoph (1999): Raster Fahndung, in Manager Magazin 9/99, S. 110-113.

Siegert Theo (1991): Stellungnahme zum Thema: "Shareholder Value als Zielgröße der Unternehmensführung", in: Betriebswirtschaftliche Forschung und Praxis, 3/1991, S. 241-254.

Siegert Theo (1994): Marktwertorientierte Unternehmenssteuerung, in: Der Shareholder Value Report: Erfahrungen, Ergebnisse, Entwicklungen, (Hrsg.) Bühner, Rolf, Landsberg/Lech 1994, S. 109-126.

Siegert Theo (1995): Shareholder Value als Lenkungsinstrument, in: Schmalenbachs Zeitschrift für Betriebswirtschaftliche Forschung, Vol. 47 (6/1995), S. 580-607.

Simon, John G.; Powers, Charles, W.; Gunnemann, John (1993): The responsibilities of corporations and their owners, in: Beauchamp, Tom L.; Bowie, Norman E. (Hrsg.): Ethical theory and business, Englewood Cliffs 1993, S. 60-65.

Sondak, Harris (1996): Unternehmensführung als moralische Herausforderung. Die Rolle der Ethik im Management und in der Ausbildung von Managern, in: Neue Zürcher Zeitung vom 28./29. September 1996.

Spielberger, Karl (1996): Wer kontrolliert die Unternehmen? Warum der Shareholder-Gedanke in Europa Mühe hat, in: Neue Zürcher Zeitung vom 5. November 1996.

Spremann, Klaus (1989): Stakeholder-Ansatz versus Agency-Theorie, in: Zeitschrift für Betriebswirtschaft, 59. Jg., 1989, S. 742-745.

Spremann, Klaus (1991): Probleme der Erfolgsmessung, in: Wirtschaftswoche vom 20.9.1991, S. 90-96.

Spremann, Klaus (1992): Projekt-Denken versus Perioden-Denken, in: Spremann, Klaus; Zur, Ernst (Hrsg.): Informationssysteme im Controlling, Wiesbaden 1992, S. 363-380.

Spremann, Klaus (1994): Wertsteigerung als Managementprinzip in Europa, in: Wertsteigerungsmanagement, Frankfurt 1994, S. 303-323.

Steiner, Heinz-Gerd; Maßner Wolf; Rees, Michael (1994): Anwendung des Shareholder Value-Konzepts in der Praxis, in: Höfner, Klaus; Pohl, Andreas (Hrsg.): Wertsteigerungsmanagement: das Shareholder Value-Konzept, Frankfurt/Main 1994, S. 197-226.

Steinmann, Horst (1969): Das Großunternehmen im Interessenkonflikt, Stuttgart 1969.

Steinmann, Horst; Gerum, Elmar (1978): Die Unternehmung als Koalition, in: Wirtschaftswissenschaftliches Studium, Heft 10, Oktober 1978, S. 469-475.

Steinmann, Horst; Hasselberg, Frank (1988a): Der strategische Managementprozess – Vorüberlegung für eine Neuorientierung, in: Zeitschrift für Betriebswirtschaft, 58. Jg. 1988, S. 1308-1322.

Steinmann, Horst; Löhr, Albert (1988b): Unternehmensethik – eine „realistische Idee", in: ZfbF 4/1988, S. 299 -315.

Steinmann, Horst; Schreyögg, Georg (1991): Management-Grundlagen der Unternehmungsführung, Wiesbaden 1991, 3. Auflage.

Steinmann, Horst; Löhr, Albert (1992): Grundlagen der Unternehmensethik, Stuttgart 1992.

Stern, Joel (1994): EVA Roundtable. In: Journal of Applied Corporate Finance, Volume 7 Number 2, 1994 S. 61

Stern, Joel; Chew, Donald (1995): The EVA Financial Management System, in: Journal of Applied Corporate Finance, Vol. 8 No. 2, 1995, S. 32-46.

Stewart, Bennett (1991): The quest for value – a guide for senior managers, Washington 1991.

Stewart, Bennett (1994): EVA: Fact and Fanatasy, in: Journal of Applied Corporate Finance, Vol 7 No. 2, 1994, S. 71-84.

Stippel, Peter (1998): Kunde schlägt Shareholder, in: Absatzwirtschaft 4/98, S. 14-15.

Sunderland, Frank; Kane, Michael (1996): Measuring Productivity on a Value Basis, in: National Productivity Review, Autumn 1996, S. 57-76.

Thielmann, Ulrich; Maak Thomas (1996): Gewinnmaximierung als erwünschte Tugend? in: Neue Zürcher Zeitung vom 22. August 1996.

Thom, Norbert (1999): Stellenwert der Humanressourcen in der Shareholder-Stakeholder Value Debatte, in: Kumar, Brij, Nino; Osterloh, Margit, Schreyögg, Georg (Hrsg.): Unternehmensethik und die Transformation des Wettbewerbs, Stuttgart 1999.

Tomczak, Thorsten; Reinecke, Sven (1999): Der Marketing Mix braucht eine Ergänzung, in: Absatzwirtschaft 7/99, S. 32-36.

Unzeitig, Eduard; Köthner Dietmar (1995): Shareholder Value Analyse, Stuttgart 1995.

Ulrich, Peter (1977): Die Großunternehmung als quasi öffentliche Institution, Stuttgart 1977.

Ulrich, Hans (1987): Unternehmenspolitik, 2. Auflage, Bern 1987.

Ulrich, Peter (1999): Was ist "gute" Unternehmensführung? Zur normativen Diskussion der Shareholder-Stakeholder-Debatte, in: Kumar, Brij, Nino; Osterloh, Margit, Schreyögg, Georg (Hrsg.): Unternehmensethik und die Transformation des Wettbewerbs, Stuttgart 1999.

Volkart, Rudolf (1995a): Shareholder Value Management – kritische Überlegungen zur wertorientierten Führung, in: Der Schweizer Treuhänder, 12/95, S. 1064-1068.

Volkart, Rudolf (1995b): Free Cash Flow und Shareholder Value, in: Schweizer Bank, 3/1995

Volkart, Rudolf (1996): Langfristige Shareholder-Orientierung, in: Neue Zürcher Zeitung vom 5. Juli 1996.

Volkart, Rudolf; Labhart, Peter (2000): Value Reporting – zentraler Stein im Shareholder Value Mosaik, in: Neue Züricher Zeitung vom 27. Mai 2000.

Vontobel, Hans-Dieter (1996): "Shareholder Value"-ein trügerischer Reiz? Ein Plädoyer wider die Darwinisierung der Sitten, in: Neue Zürcher Zeitung vom 19.7.1996.

Voss, Markus (1999): Wer schafft Wert? Wer vernichtet Wert? In: Capital 9/1999, S. 38-60.

Wagner, Franz (1997): Shareholder Value zwischen Kapitalmarkt und Unternehmensinteresse, in: Betriebswirtschaftliche Forschung und Praxis, 5/1997, S. 473-498.

Watts, Christopher; Wootliff, Benjamin (1997): The rise of the Euroactivist, in: Institutional Investor, June 1997, S. 41-45.

Weber, Bruno; Bernath, Etienne (1995): Die Reize des "Shareholder Value"-Konzepts. Ein Instrument für verbesserte Leistungen des Verwaltungsrats, in: Neue Zürcher Zeitung vom 12. Dezember 1995.

Weber, Jürgen (1985): Kostenrechnung als Controlling-Instrument, in: Kostenrechnungspraxis, Sonderheft 1985, S. 23-31.

Weber, Jürgen(1993): Einführung in das Controlling, 4. Auflage, Stuttgart 1993.

Weber, Jürgen (1997a): Eine Umorientierung des Controllings ist überfällig, in: Blick durch die Wirtschaft vom 10. Juni 1997.

Weber, Jürgen; Knorren Norbert (1997b): Implementierung Shareholder Value, Vallendar 1997.

Weber, Jürgen; Knorren Norbert (1997c): Shareholder Value, Eine Controlling-Perspektive, Vallendar 1997.

Weber, Jürgen; Schäffer, Utz (1998): Balanced Scorecard – Gedanken zur Einordnung des Konzepts in das bisherige Controlling-Instrumentarium, in: Zeitschrift für Planung, Bd. 9, Nr. 4, 1998, S. 341-365.

Wenger, Ekkehard: (1997): Im Selbstbedienungsladen wird der Privatanleger noch immer verhöhnt, in: Wirtschaftsdienst V, S. 254-258.

Werder von, Axel; Talaulicar, Till (1999): Unternehmensziele und Argumentationsrationalität: Zur fundierten Entscheidung zwischen Shareholder- und Stakeholder-Ansatz, in: Kumar, Brij, Nino; Osterloh, Margit; Schreyögg, Georg (Hrsg.): Unternehmensethik und die Transformation des Wettbewerbs, Stuttgart 1999.

Wöhe, Günter (1986): Einführung in die Allgemeine Betriebswirtschaftslehre, 16. Auflage, München 1986.

Woll, Arthur (1996): Wirtschaftslexikon, 8. Aufl., München 1996.

Zens, Nikolaus; Rehnen, Antonius (1994): Die Bewertung von Unternehmen und strategischen Geschäftseinheiten mit Hilfe des Shareholder Value-Konzepts, in: Höfner, Klaus; Pohl, Andreas (Hrsg.): Wertsteigerungsmanagement: das Shareholder Value-Konzept, Frankfurt/Main 1994, S. 85-115.

Zimmerer, Carl (1979): Die Bilanzwahrheit und die Bilanzlüge, Wiesbaden 1979.